VERTREK

VERTREK

DE VOORTGEZETTE ODYSSEE

KEITH PAULUSSE

CITI OF
BOOKS

CITIOFBOOKS, INC.
3736 Eubank NE Suite A1
Albuquerque, NM 87111-3579
www.citiofbooks.com
Hotline: 1 (877) 389-2759
Fax: 1 (505) 930-7244

Ordering Information:

Quantity sales. Special discounts are available on quantity purchases by corporations, associations, and others. For details, contact the publisher at the address above.

Printed in the United States of America.

ISBN-13:   Softcover   978-1-963209-56-3
              Ebook   978-1-963209-57-0

Library of Congress Control Number: 2024902079

CONTENTS

VOORWOORD

Stap binnen in het vervolg van "Vertrek," waar het Nederlandse-Australische migratieverhaal van een jonge polderjongen verder tot leven komt terwijl hij opgroeit tot een Australische man. Deze nieuwe Nederlandse editie onthult nog diepere inzichten in de persoonlijke en intieme ervaringen van migranten, met oprechte opmerkingen van lezers van de eerste editie en extra hoofdstukken die de totale cultuurshock benadrukken bij mijn terugkeer naar Nederland. Ik heb deze reeks na mijn eerste Vertrek "Vertrek: De Voortgezette Odyssee" voortgezet genoemd, wat de voortzetting en ontwikkeling van het oorspronkelijke verhaal symboliseert.

Vertrek richt zich voornamelijk op het ontrafelen van de erfenis van Nederlandse migrantenkinderen, zoals ik. Het benadrukt thema's als veerkracht, erfenis, zelfontdekking en het creëren van een eigen identiteit en karakter, die in dit boek worden beleefd en spannend verteld. Het legt de nadruk op het idee dat deze kinderen blijvende indrukken achterlaten terwijl ze de uitdagingen van hun migratie-ervaringen doorstaan. 'Vertrek Odyssey voortgezet' nodigt lezers uit om dieper in te gaan op de complexe draden van hun identiteit en de impact van hun verleden.

Wat voor impact heeft de eerste editie van 'Vertrek' gehad? Sinds de debuut in tweeduizend vijftien heeft 'Vertrek' een enorme invloed gehad, wat de interesse heeft gewekt van diverse groepen, zoals lezers, immigranten, de LGBTQ+ gemeenschap, sociologen en antropologen. Opmerkelijk is dat het zelfs wordt gebruikt als lesmateriaal in Gambia, Nigeria en Kenia, waar het een ander perspectief biedt op het leven dan het stereotiepe beeld van gemakkelijke privileges voor elke witte jongen in Europa. 'Vertrek' toont aan dat dit absoluut niet het geval is. Integendeel, het benadrukt dat alles een strijd is van vastberadenheid en doorzettingsvermogen.

Vertrek heeft werkelijk prachtige verhalen, diepe emoties en verbindingen tussen generaties en continenten weten te smeden. Het is een ongelooflijke reis geweest om te zien hoe dit boek levens van zoveel mensen heeft geraakt. In Hoofdstuk vierendertig vindt u enkele van de families met wie ik sinds twintigfijftien in contact ben gekomen.

Wat me nog meer aangreep, was de weerklank van "Vertrek" onder oudere Nederlandse individuen, waarvan sommigen worstelen met dementie. Het lezen van het boek bracht herinneringen naar boven en zij vonden troost en verbinding via de pagina's ervan. Velen van hen hebben zelfs gevraagd mijn Vertrek.-posters, om een gevoel van nostalgie en warmte te brengen in hun kamers. Het was hartverwarmend om te zien hoe dit verhaal bij hen binnenkwam en een gevoel van comfort bracht in hun wereld.

Mijn boeken zijn geschreven in ouderwets Nederlands, voornamelijk bevattend Zeeuwse uitdrukkingen uit de jaren 50. In dit boek zul je niet veel Dunglish tegenkomen, wat nu lijkt te heersen in de omgangstaal. Ongeveer twee op de tien woorden zijn Engelse woorden, die vaak ter plekke verzonnen worden en dan vervormd worden uitgesproken. Nee hoor, mijn ouderwets Nederlands, samen met mijn dikke Van Dale uit Zeeuws-Vlaanderen, is goed genoeg voor mij. O ja, laatst had een lezer het over algemeen beschaafd Nederlands, beschaafd? Dat meen je niet, met zoveel grof vloekende Nederlanders. Nee hoor, Nederlanders moeten hard werken om Dunglish beschaafd te maken. Nogmaals, welkom bij mijn vele lezers. Zoals altijd zult u geboeid worden door de meeslepende verhalen van Australië's polderjongens. Dank u voor het kopen van dit boek, zo kan ik weer boter op mijn brood doen. Ik groet u.

Mornington 11/9/2015

Dear Keith, (Kees),

Yesterday afternoon I finished reading your book, with only a break for a few hours sleep and doing the most essential chores. I just couldn't put it down! My reaction can't be described in just <u>one</u> word. It took me on a rollercoaster of emotions only someone that has experienced the "Vertrek" from Nederland can relate to that. I liked the sentimental way you told. your story. It's the only way I can describe it. I hope I got that right! Our story was very different, but there were similarities. We left Rotterdam on the "Waterman". on the 29th of Oct. 1955 and travelled via the Panama canal, arriving in Melbourne the 4th of Dec. 1955.

HOOFDSTUK 1

Dit verhaal begint met het leven van een jonge man, een tiener uit de bruisende havenstad Terneuzen in Zeeuws Vlaanderen. Hij was niets buitengewoons, behalve het feit dat hij drie keer was blijven zitten op de lagere school.

Hij is niets dat buitengewoon is anders dat hij drie keer blijven zitten is op de lagere school in Nederland enkel om dat hij niet goed met rekenen was, hij was denderend in taal, aardrijkskunde en geschiedenis, voetballen en zingen en tooneel. Maar in Nederland waren er regels voor domme jongens die niet goed konden optellen, regels zijn regels. Zijn ouders werden het beu pakte hun zaakje op en emigreerden naar Australië ook zij waren blijkbaar ziek van al onnodige regels.

Deze jonge man was bijna altijd opgelucht , en was heel veel geliefd bij alle familie leden en wel bij vier Opa's en Oma's, en dan verlaat je Nederland hart verscheurend afscheid om nooit te vergeten. Wat je aandacht trekt krijg je zei Piet z'n vader …en zo vele dingen trokken mijn aandacht bij miin Vertrek het moment wij op ons schip de Johan van Oldenbarnevelt, nu ik toch je aandacht hebt koopt dit boek en zie wat er gebeurt, je zal blozen omdat het eerlijk en vooral authentiek is en niets the verborgen heeft , je zal, schateren van het lachen als Josephine van Benfica en Fransien van der Klep Nederlandse huis vrouwen die altijd wachten bij de brieven bus om de knappe stoere Nederlandse postbode te verleiden.

Dan komen er tranen omdat Nederlandse vrienden sterven en soms zelfmoord pleegde. En je zult vergist worden hoe de Nederlandse immigranten families zich zo snel betrokken met Australiërs om mee doen met musicals, Groote toneel, stukken. En natuurlijk zal u geïnspireerd worden door de Nederlandse onderneming geest hoe van straat arm in in mum van tijd soms waren er drie mummiën voor nodig tot steen rijk, nee dat is een grapje. Maar nu serious. O ja en Dan is er nog iets spanned en mooi hoe hij uit de kast kwam heel mooi romantisch verhaal O ja en Dan is er nog iets spanned en mooi hoe hij uit de kast kwam heel mooi romantisch verhaal.

Vertrek is een verhaal over de post-oorlogse Nederlands-Australische migranten en mijn familie. Het is echter geen gewoon verhaal. Het is doordrenkt met spanning, contrasten en onverwachte wendingen die je op het puntje van je stoel zullen houden. Verwacht geen sensationele tabloid-drama's van disfunctionele relaties, affaires, misbruik of geweld. Nee, dit verhaal gaat over iets veel diepgaanders.

Deze editie ,"Voortgezette Odyssee van Vertrek "heeft werkelijk verhalen, emoties en verbindingen samengebracht die generaties en continenten omspannen. Het is een ongelooflijke reis geweest om de impact van dit boek te aanschouwen en te zien hoe het de levens van zoveel mensen heeft geraakt. Hieronder enkele van deze families met wie ik in contact bent gekomen since 2015.

Vertrek is in feite een sociale biografie en gaat verder dan een traditionele biografie, die zich voornamelijk richt op iemands persoonlijke prestaties en ervaringen. In plaats daarvan onderzoekt het hoe het leven van de persoon is gevormd door sociale krachten, waaronder hun familieachtergrond, onderwijskansen, sociale klasse, ras, gender en andere aspecten die een rol spelen bij hun socialisatie en identiteitsvorming.

Het woord 'vertrek' is een krachtig en betoverend Nederlands woord dat nieuwe mogelijkheden en veranderingen symboliseert. Het gaat niet alleen over het fysiek achterlaten van een plek, maar ook over het ontdekken van nieuwe horizonnen en het transformeren van iemands levens- en werkomgeving. Het woord 'vertrek' roept altijd een gevoel van hoop, verwachting, moed en vastberadenheid op, waarbij mensen moedig nieuwe richtingen durven inslaan in hun leven.

Daarnaast kan het woord 'vertrek' ook verwijzen naar een overgang naar een andere betekenis, een verandering die vaak onvermijdelijk is in het leven. Het belichaamt de kracht van verandering en vooruitgang die wereldwijd wordt nagestreefd. Kortom, 'vertrek' vertegenwoordigt de kronkelige reis van het leven, met zijn ups en downs, hindernissen en triomfen. Het herinnert ons eraan dat we altijd de keuze hebben om nieuwe wegen te bewandelen en onze eigen bestemming in handen te nemen.

Als een nieuwsgierige elfjarige jongen uit de maritieme havenstad Terneuzen in Zeeuws Vlaanderen, maakte ik samen met mijn ouders en twee jongere zussen de grote sprong naar Australië. Tijdens mijn avontuurlijke kindertijd was ik gefascineerd door dezelfde dingen waar de meeste jongens zich tot aangetrokken voelen - het bouwen van hutten, knutselen aan skelters en zelfs tunnels graven. Of het nu winter of zomer was, ik vond altijd tijd om te voetballen, te zwemmen en uitgebreide fietstochten te maken door de Zeeuwse polders, samen met neefjes en nichtjes en mijn Karel Doorman scoutinggroep en vrienden.

Toch was er één ding dat mij onderscheidde van de rest: mijn liefde voor boeken. Ik verslond verhalen in het Engels, Nederlands en Frans en vond het heerlijk om die verhalen tot leven te brengen door middel van pantomime en zang. Mijn nieuwsgierigheid wist geen grenzen en ik verwonderde me over de vele mysteries van de wereld om me heen. En nog een andere onderscheiding was dat ik drie keer was blijven zitten op de lagere school, enkel om dat ik niet goed met rekenen was, maar wel goed in taal, schrijven en lezen, maar het onderwijs zei, "regels zijn regels" en zo was het.

Nu, ik deze woorden met jullie deel, wil ik jullie meenemen op een reis door mijn leven en die van vijftien andere Nederlandse immigranten families. Een reis vol avonturen, ontdekkingen en onverwachte wendingen. Bereid je voor op een opwindende ervaring terwijl we samen door de pagina's van mijn verhaal bladeren want het zal ook je eigen geheugen en waarden en doelen opweken en de tijd nog eens herleeft.

Stel je een dertienjarige jongen voor die in een Australische boterfabriek werkt, zijn handen vuil maakt en zijn plek in de wereld begint te vinden. Een jongen die geestelijk misbruikt wordt op een Drysdale marktuin, maar weigert zijn kracht te laten ondermijnen. Dit is geen verhaal van zieligheid, maar van veerkracht en doorzettingsvermogen.

Terwijl hij opgroeit tot een jonge man, wordt hij geconfronteerd met immense culturele verschillen. In de klas heerst zelfs een culturele oorlog . Het land waar hij vertoeft, heeft weinig Handvest van de Mensenrechten en de wet biedt geen bescherming tegen dergelijke schendingen. Maar uit deze duisternis ontstaat ook iets bijzonders.

Het is een verhaal dat het ontwaken van de zintuigen illustreert, de ervaringen van spiritualiteit en seksualiteit verbindend. De geleidelijke groei van een jongen naar man, gekenmerkt door een gevoel van zelfbehoud en empowerment. Woorden zoals moed, veerkracht, trots en doorzettingsvermogen nemen een prominente rol in. De immigratie naar Australië heeft mij zelfvertrouwen geschonken, waar ik blijvend trots op ben.

En dit verhaal is niet alleen van mij. Het is een samensmelting van de ervaringen van de Paulusse familie, en vijftien andere Nederlandse gezinnen en talrijke Australische vrienden die er niet meer zijn. Hun verhalen leven voort, als kostbare lessen en waardevolle mentoren in mijn leven. Hun vermogen om lief te hebben en oprecht te zijn, straalt door in iedere bladzijde van dit verhaal. Bereid je voor om weggeblazen te worden door de enorme kracht en menselijkheid die deze pagina's uitstralen.

Het viel me op dat iedereen die ik ontmoette op het werk of op school een sterke connectie met Nederland had. Dit bracht me tot de conclusie dat de Australische identiteit, hoe vaag deze ook mag zijn, vele historische invloeden uit Nederland bevat. Zelfs Aboriginal woorden zijn doorspekt met honderden Nederlandse woorden, wat bewijs is van de vermenging van honderden Nederlandse schipbreukelingen met de inheemse bevolking, zo'n vierhonderd jaar geleden.

Van jongs af aan werd ik gestimuleerd door mijn ouders, Bets en Piet, om mijn eigen identiteit te ontwikkelen en te vormen - er werd niets op mij geprojecteerd. Ik werd aangemoedigd om mijn eigen beslissingen te nemen, hoewel ze mij voorzagen van materialen, gereedschappen en kansen. We waren geen intellectuelen, maar gewone mensen die ernstige boeken lazen, kunstwerken creëerden en mensen die de maatschappij observeerden. In onze bescheiden familiebibliotheek werd ik omringd en beïnvloed door een breed scala aan schrijvers, kunstenaars, vooruitstrevende denkers, wetenschappers en monniken.

Deze bronnen gebruikte ik om vorm te geven aan mijn identiteit. Op jonge leeftijd besefte ik al dat mijn empathie en mededogen voor mensen anders waren - ik vond het moeilijk om het slechte in mensen te zien en dat is tot op de dag van vandaag zo gebleven.

Deze sociale biografie is geen academisch werk en toont de rauwe realiteit zonder interpretatiefilter. Het is gebaseerd op grondig verifieerbare historische feiten en interviews met talloze mensen. Leesgroepen en de studenten van de School of Languages hebben waardevolle feedback geleverd op de manuscripten.

Vertrek gaat ook over de waarde van mondelinge geschiedenis en de invloed van Stud Terkel, die ik als mentor heb gekozen. Stud Terkel was een Amerikaanse mondelinge historicus die gewone mensen en hun ervaringen vastlegde. Zelf heb ik ook veel immigranten geïnterviewd en hun verhalen vastgelegd. De Australische Aboriginals hebben ook een mondelinge geschiedenis, waarbij verhalen van generatie op generatie worden doorgegeven. Het boek "Hard Times: An Oral History of the Great Depression" van Stud Terkel heeft mij sterk beïnvloed en geïnspireerd bij het schrijven van Vertrek. Ik geloof dat iedereen, ongeacht hun achtergrond, waardevolle bijdragen kan leveren aan het vertellen van onze geschiedenis en dat de perceptie van mensen hun werkelijkheid vormt. Hoewel sommige academici mondelinge geschiedenis als minder betrouwbaar beschouwen, heeft het Hooggerechtshof van Canada in 1997 besloten dat mondelinge geschiedenis even geldig en betrouwbaar is als geschreven geschiedenis.

Hier met Lizzie , Marianne en mezelf, vindend onze weg in Australië 1961

HOOFDSTUK 2

De Puzzelachtige Beslissing: Het Achterlaten van Nederland voor de Belofte van Australië

Afscheid, Australië is zo ver weg.

We vermijden het woord 'vaarwel', omdat het te pijnlijk is voor het hart. Zoals Alfred Tennyson zei: 'Zeg nooit vaarwel, want vaarwel impliceert het achterlaten en het achterlaten betekent vergeten.'

Mijn ouders, Piet en Bets, kozen voor 'tot ziens', als een belofte van weerzien. In Australië zeggen we 'see you later'. Op dat moment realiseerden zich nog niet dat het veertig lange jaren zouden duren voordat ze terug zouden keren naar Terneuzen. Het was niet moeilijk om om drie uur 's ochtends de dag van ons vertrek naar Australe uit bed te komen want ik kon toch niet slapen van all de spanning . Zelfs op elfjarige leeftijd begreep ik dat ik aan een groots avontuur zou beginnen. De avond voor ons vertrek vertelde opa Kees Paulusse mij dat ik me moest voorstellen dat ik in de voetsporen trad van de wereldberoemde Nederlandse ontdekkingsreizigers Abel Tasman, Willem Barents en Willem Jansz, die in 1606 Australië ontdekten. Hij zei: "Je bent nu een grote jongen, wees moedig en vastberaden voor jezelf en je ouders, geef niet op als dingen moeilijk worden en veer terug na teleurstellingen, dat noemen we veerkracht." Ik nam al deze woorden ter harte, omdat ik veel van mijn opa hield.

Heel vroeg op de donkere ochtend van 11 november 1961 vertrokken we in een prachtige nieuwe Bentley, samen met drie andere auto's waarin mijn ooms, tantes, neefjes en nichtjes zaten. Ik genoot van de luxe, zijdezachte kalfsleren stoelen en het prachtige kersenrode houten dashboard. De geur van Nederlandse sigaren en de rustgevende geur van 4711 eau de cologne van mijn moeder Bets vulden de lucht. De chauffeur van de Bentley was een vriendelijke, opgewekte man die een goede vriend van mijn vader was. Ze hadden samen in het Bataljon Zeeland gediend tijdens hun tijd in Nederlands-Indië. Ik was zo opgewonden over het idee om in zo'n prestigieuze auto te rijden en vond het jammer dat geen van mijn vrienden me kon zien vertrekken in de Bentley. Terwijl ik stil lag op de warme, comfortabele achterbank van de Bentley en mijn tranen stroomden, niemand kon mijn tranen zien in het donker. Oh, als ze maar wisten hoe ik me voelde, ik wou niet weg.

Een dikke mist afkomstig van de Noordzee belemmerde ons zicht en we konden de veerboot bij Perkpolder niet nemen om de Schelde over te steken. In plaats daarvan moesten we via Antwerpen door België reizen. Hoewel ik teleurgesteld was dat we niet konden stoppen voor Belgische chocolade en wafels in Antwerpen, reden we toch verder door de tunnel onder de Schelde, waardoor we het centrum van de stad konden vermijden. Ik nam stilletjes afscheid van Antwerpen, een stad bekend om zijn rijke geschiedenis en beroemde inwoner Peter Paul Rubens.

Mijn grootouders, tantes, ooms, neven en vrienden vonden het moeilijk om te begrijpen waarom we naar Australië wilden emigreren en probeerden ons vaak te overtuigen om te blijven. De angsten over een mogelijk pijnlijke scheiding kwamen steeds dichterbij naarmate we Amsterdam naderden. In mijn gedachten kon ik het gesprek horen dat ze waarschijnlijk zouden voeren in hun auto's die ons volgden, "Waarom zouden Bets en Piet naar Australië emigreren? Australië was van alle plaatsen zo ver weg, een reis van vijf weken met een passagiersschip. Sommige familieleden hadden Canada voorgesteld, slechts zeven dagen reizen over de Atlantische Oceaan; Duizenden Nederlandse meisjes, oorlogsbruiden, en een gelijk aantal Nederlandse soldaten waren daar naartoe gegaan, maar Australië? Zo ver weg! Vliegen duurt slechts drie dagen, maar het is erg duur en onveilig. De tantes hadden liever dat we zouden vliegen, maar ze wisten dat de familie zich niet op zijn gemak voelde bij vliegen, vooral toen mijn achtentwintigjarige oom Bram Paulusse tragisch was omgekomen in 1957 in een KLM Constellation, de Neutron, neerstortte op het eiland Biak, Nederlands Nieuw-Guinea.

Ik begreep niet waarom Bets en Piet 6.000 Nederlandse guldens betaalden om onafhankelijke naar Australië te emigreren. Waarom zouden we Nederland verlaten, waar we genoten van een hoge levensstandaard, ons eigen huis kochten op een privéwoningbouwproject, en een Austin A90 bezaten, destijds een prestigieuze auto. Piet had een grote moderne caravan gebouwd in Cadzand, een populair strandresort, waar we zomer- en herfstvakanties doorbrachten met vrienden en familie. Hij had onlangs ontslag genomen als werkopzichter bij OVET, een Frans stuwadoorsbedrijf. Nu was hij een zelfstandig ondernemer en bouwde hij model vintage Nederlandse schepen, die erg populair waren bij rijke Amerikaanse toeristen die de oude stad Veere bezochten waar zijn schepen te koop stonden, en er veel geld voor betaalden.

Er bleef twijfel in mijn achterhoofd knagen over de wijsheid van mijn ouders om ons mooie en welvarende Zeeland te verlaten, met zijn gezonde natuurlijke omgeving van zee, rivieren, meren, duinen en een groeiende economie. Er was prachtige natuur en uitgestrekte gewassen en bomen en als jongen genoot veel van de groote stranden en de traditionele oude boerderijen en windmolens verspreid door het Zeeuws-Vlaamse land.

Zelf twijfelde aan de nauwkeurigheid van de Nederlandse regering en koningin Juliana, die zei dat Nederland vol was. Ondanks deze uitspraak begonnen duizenden Turkse, Marokkaanse en Italiaanse gastarbeiders Nederland binnen te stromen, wat resulteerde in een stroom van immigranten die nodig waren om de Nederlandse economie en industriële complexen te stimuleren. Ik had ook vrienden gemaakt op school met veel Hongaarse vluchtelingen die zich na de onderdrukking van de Hongaarse opstand in 1956 in Terneuzen hadden gevestigd. Er leek ruimte te zijn voor iedereen en alles.

Net als Australië was Nederland bezig om een multicultureel land van migranten te worden. Het had een eersteklas reputatie als toevluchtsoord voor vluchtelingen. We lieten liefde, welvaart en voorspoed achter ons. Als elfjarige kon ik het eens zijn met mijn ooms; ik was zelf ook nog steeds in de war over waarom mijn ouders hun opvallende rijkdom en comfortabele leven in Zeeland achterlieten. Terneuzen lag slechts dertig kilometer verwijderd van de bekende middeleeuwse steden Gent, Brugge en het prachtige Antwerpen. Deze

Vlaamse steden barstten van overvloedige kunst, Vlaamse cultuur en oude, museumachtige kathedralen met originele werken van Van Eyck, Peter Paul Rubens, Pieter Bruegel de Oude, Jan Gossaert en anderen. Het bezoeken van deze oude steden en stadjes zou ik zeker missen tijdens mijn fietstochten, maar ik besefte dat ik niet terug kon fietsen vanuit Australië. Ik hield van de Nederlandse geschiedenis, muziek, kunst en cultuur, evenals het eten, zoals gebak en de traditionele windmolens die het platteland sierden.

Ook dacht ik over het Sinterklaasfeest altijd een magische tijd in Nederland waarin cadeaus worden uitgewisseld en speciale lekkernijen worden genoten. Op 5 december vieren we Sinterklaas en Zwarte Piet, een traditie die diep geworteld is in de Nederlandse cultuur. Het hoogtepunt van de viering is het geven van cadeautjes en het genieten van heerlijke snoepjes en koekjes, zoals marsepein varkens. Deze lekkernijen zijn uniek voor het Sinterklaasfeest en ik herinner me dat ik er als kind dol op was. Helaas zijn ze niet te vinden in Australië, het land waar we naartoe zijn verhuisd. Ondanks het gemis van deze speciale lekkernijen, realiseerde ik me later dat het Sinterklaasfeest veel meer te bieden had dan alleen cadeaus en snoep.

Ik begon te begrijpen waarom we Nederland verlieten en naar Australië gingen. Mijn vader Piet verzekerde me dat Australië veel interessante plekken had om te verkennen. Hij vertelde me dat Australiërs, net als Belgen, gemakkelijk in de omgang zijn en een eigenzinnige flair hebben. Dit had hij ontdekt tijdens de Tweede Wereldoorlog, toen hij vrienden maakte met Australische soldaten. Zijn ervaring en nieuwsgierigheid naar Australië prikkelden ook mijn eigen interesse.

Als elf jaarig jongetje en nog jongere jong waren we overweldigd en verward door de aanblik van zoveel familieleden en vrienden die ons allemaal wilden knuffelen. Vijf uur geleden namen we afscheid van Oma Paulusse, die ernstig ziek was en in bed lag. Ze werd verzorgd door Tante Janna, haar op één na oudste dochter. Oma verzamelde al haar kracht en moed om ons succes te wensen, ons haar liefdevolle steun te geven en ons te verzekeren dat we een nieuw thuis zouden vinden in Australië. Terwijl de voordeur zachtjes achter haar dichtviel, riep ze uit: 'Volgend jaar kom ik je bezoeken in Australië!' Ondanks haar naderende einde bleef ze positief en ambitieus, altijd op zoek naar een hoger niveau in het leven. We hielden zielsveel van haar.

Onze ooms, tantes en grootouders gaven ons waardevol advies en handige tips voor ons verblijf in Australië.

Ze spoorden ons aan om de Engelse taal goed te ontwikkelen, naar onze ouders te luisteren, eerlijk en integer te zijn en tegelijkertijd trots te blijven op ons Nederlandse erfgoed. We werden met een lachertje gemotiveerd om onze Australische vrienden niet te laten winnen met voetbal, en te onthouden dat perfecte liefde angst kan verdrijven. Opa benadrukte het belang van innerlijke moed en het volgen van ons hart. We werden ook aangemoedigd om net zo moedig te zijn als Tromp en Piet Hein, en nooit op te geven! Daarnaast werden we gewaarschuwd om voorzichtig te zijn voor haaien, vliegen, grote spinnen en giftige slangen. Ze herinnerde on niet te vergeten dat onze voorouders Australië al in 1606 hebben ontdekt en dat Abel Tasman het Nieuw Holland noemde.

Bets' ouders, oma en opa de Blaeij (Dries en Lies de Blaeij voor hun vrienden), waren niet aanwezig bij de Java Kade in Amsterdam toen we vertrokken. De avond ervoor hadden we afscheidsgroeten uitgewisseld en gebeden gezegd. Op hun oude dag waren ze verdrietig om te zien dat Bets, hun jongste kind van zeven, migreerde naar de andere kant van de wereld.

Bets' ouders waren calvinistische christenen en ik had een heel sterke band met oma de Blaeij. We hadden vaak eindeloze gesprekken over de Reformatie, bijbelse en filosofische geschiedenis. Toen ik elf jaar oud was, vertelde oma me niet iets te ingewikkeld maar pas veel later, toen ik zes maanden bij haar in Nederland doorbracht om te voorkomen dat ik werd opgeroepen om te vechten op de slagvelden van Vietnam.

Afscheid nemen van de buren.

Twee dagen voor ons vertrek organiseerde Bets samen met Piet een afscheidsborrel in de Korenbloem straat 15 in de Bloemen buurt. Tantes, ooms, neven en nichten wilden allemaal graag aanwezig zijn om ons uit te zwaaien, maar konden niet fysiek aanwezig zijn. De emoties hingen zwaar in de lucht. Tante Leine, de één na oudste zus van oma Francien, had tijdens de Tweede Wereldoorlog haar man verloren toen het schip waarop ze zaten werd gebombardeerd. Piet was altijd een grote steun voor haar geweest tijdens die droevige en verschrikkelijke periode van verwoesting en verlies. Nu verloor ze haar neef aan Australië. Het verdriet was tastbaar en de herinneringen aan het verlies kwamen weer boven.Op die middag werden er glaasjes jenever geschonken voor de mannen, en advocaat met koffie voor de vrouwen. Later vertelde Piet me dat deze drankjes bedoeld waren om ons verdriet te verzachten, omdat hij en ik het allebei moeilijk vonden om afscheid te nemen. Hoewel het gebaar vriendelijk en goedbedoeld was, wisten we dat geen drank ons diepe verdriet kon verzachten.

Mijn neef Adrie en nicht Maatje Bril hadden ooit hun eigen bakkerij en patisserie op Othene. Ze maakten heerlijke worstenbroodjes en fruitige taartjes met verse slagroom. Bijna iedereen kende de beroemde bakker van Noten. Als kinderen genoten we altijd van hun lekkernijen, totdat onze buikjes vol waren. Het was altijd verdrietig om afscheid te nemen, vooral wanneer volwassenen begonnen te huilen en te snikken. In deze zoete lekkernijen vonden we troost en herinnerden we ons gelukkige momenten.

Het was hartverscheurend voor Buurvrouw DeMaat om afscheid te nemen van Lizzie en mijn moeder. Zelfs geen hoeveelheid jenever of advocaat kon haar verdriet verzachten, ook al dronk ze toch al geen alcohol. De buren De Bad, die twee huizen verderop woonden, waren ernstige, maar zeer vriendelijke religieuze mensen. Buurvrouw De Bad begon elke ochtend om zeven uur luidruchtige Bijbelse psalmen te zingen terwijl ze de ramen waste en de stoep schoonmaakte, maar ze zong wel zuiver. Vroeger werd dit soms als een bron van irritatie gezien, maar nu liet het een lege plek achter en versterkte het het besef van verlies.

Na de oorlog waren enkele buren voormalige NSB'ers, leden van de Nederlandse nazipartij die aan de kant van Hitler stonden. Hoewel we allemaal wisten wat ze hadden gedaan, probeerden we door te gaan. "De oorlog is voorbij," zei Piet, "een nieuw leven wacht." Deze buren waren naar internerings- of heropvoedingskampen gestuurd en hadden te maken gehad met publieke onderzoeken. Hoewel gerechtigheid zijn beloop had gehad en de rechtsstaat was nageleefd, brachten hun aanwezigheid herinneringen aan de oorlog met zich mee. Het was moeilijk om afscheid te nemen, wetende welke donkere geschiedenis er achter hen lag.

De buren stelden me vragen zoals kom je nog terug als je weggaat. Zelf had ik het moeilijk met al deze herinneringen, de buren, die regelmatig bij Bets langskwamen om een beetje suiker, meel, of een ei te lenen omdat ze zonder zaten, zouden zeker gemist worden. Voor ons als kinderen was afscheid nemen zeker een speciale gelegenheid. We droegen onze beste kleding en werden aangemoedigd om ons keurig en fatsoenlijk te gedragen. Bets en Piet waren er trots op hoe we ons gedroegen.

Persoonlijk vond ik afscheid nemen verschrikkelijk. Het voelde alsof er emotionele banden van liefde en gehechtheid verbroken werden en het betekende vaak het einde van een tijdperk of het verlies van een relatie. Bij afscheid moesten we onze geliefden missen en werden we beroofd van de fysieke zintuigen, zoals het horen van elkaars stemmen. Vooral wanneer er grote afstanden waren, zoals naar Australië, duurde het lang voordat pakketjes en post aankwamen. Ik verafschuwde de lange periode van scheiding die volgde op het afscheid, maar realiseerde me dat sommige mensen helemaal alleen achterbleven.

Tegenwoordig, met de technologie van onze iPhones, zijn permanente scheidingen niet meer aan de orde. We zijn virtueel verbonden met elkaar via sociale media zoals Facebook en Twitter. In 1961 was afscheid nemen echter een realiteit die gepaard ging met hartverscheurende momenten voorafgaand aan het vertrek.

Hoewel afscheid nemen nooit gemakkelijk is en de emoties soms overweldigend zijn, zijn het juist deze momenten die ons aansporen om verder te gaan. We kunnen putten uit de kracht van herinneringen en de hoop op een betere toekomst. In ons hart dragen we de liefde, het verdriet en de ervaringen die we met elkaar hebben gedeeld. En met die gedachte in ons achterhoofd gaan we vol vertrouwen het nieuwe hoofdstuk van ons leven tegemoet.

HOOFDSTUK 3

De Beroemde MV Johan van Oldenbarnevelt: Van coloniale liner en troepentransportschip tot Migrantentransport, Een Verhaal van Triomf en Hereniging

De regen viel in dikke druppels terwijl we aan boord stonden zwaaiend over de teakhouten railing, stil en triest. Het was een dag van contrasten - zowel de beste als de slechtste. Na een opmerkelijke rit door de straten van Amsterdam, bereikten we eindelijk de Java Kade passagiersterminal en zagen we daar het prachtige en iconische MV Johan van Oldenbarnevelt. Dit enorm schip was ooit gebouwd voor de route naar Nederlandse Oost-Indië en werd ter water gelaten in 1929; destijds was het het grootste passagiersschip ooit gebouwd in Nederland.

Als jongen was ik gevuld met onverzadigbare nieuwsgierigheid naar de opwinding van het zien van grote, mooie schepen. Ik voelde een sterke drang om dit schip te verkennen en intiem te worden, alsof het een ziel had zoals een mens. Maar ik wist dat deze gedachten alleen deel uitmaakten van mijn begrip van aantrekkelijke dingen. Of het nu gaat om personages, dieren of esthetisch ontwerp, de dingen waar we verliefd op worden, geven betekenis en warmte aan de menselijke psychologie. We worden eraan gehecht en rouwen wanneer we afscheid moeten nemen van wat we hebben liefgehad. Het vertrek doet pijn.

Na het lezen van epische oorlogsverhalen over dit prachtige schip, begreep ik waarom het liefkozend bekend stond bij alle Engelstalige passagiers als the JVO. Johan van Oldenbarnevelt is immers een lange naam. Nederlandse migranten naar Australië koesterden net zo'n grote genegenheid voor het schip, daarom noemden zij het 'De Johan'. Het schip vervoerde duizenden Australische soldaten van het Midden-Oosten naar Australië om hun thuisland te verdedigen tegen een Japanse invasie. Slechts zes maanden voordat wij aan boord gingen, had de Australische regering de JVO opnieuw gecharterd om Australische troepen te vervoeren naar de personeelsuitwisseling in Penang voor de Royal Australian Air Force-basis in Maleisië. Voor mijn vader Piet was het extra opwindend om haar weer te zien; dit was de tweede keer dat hij aan boord ging van de JVO. De eerste keer was toen het Bataljon Zeeland in het begin van 1948 terugvoer vanuit Indonesië nadat zij de onafhankelijkheid hadden uitgeroepen. Direct na de Japanse capitulatie bracht de JVO duizenden Nederlandse burgers en militair personeel terug, die in Japanse werkkampen hadden gezeten, inclusief de beruchte Birma-spoorlijn.

Ondanks de regen en het typische bewolkte winterweer, merkte ik nauwelijks de kou en het grijs op. Dit voegde allemaal toe aan de dubbelzinnige gelegenheid, omdat het niet echt als een vrolijke gelegenheid kon worden bestempeld. Mijn emoties waren gemengd en gingen op en neer als een jojo. Toch was ik vol opwinding over alles wat er om me heen gebeurde. Alleen al door naar de JVO te kijken, werd mijn broze gemoed verstrooid, waardoor mijn gevoelens van afscheid en scheiding werden verlicht. Het leek allemaal alsof ik deze scènes al eerder had meegemaakt; er ontstond een soort 'déjà vu' in mijn hoofd, alsof het een voormalige gebeurtenis was. Mijn geest veranderde toen ik naar de JVO keek, het werd een surrealistisch beeld dat terugging naar het verleden, maar zich toch in het heden bevond. Het voelde als een onwerkelijke en fantastische droom. Ik was bekend met haar naam, Johan van Oldenbarnevelt, een Nederlandse staatsman die een belangrijke rol speelde in de strijd voor onafhankelijkheid van Spanje en de oprichting van de Nederlandse Republiek.

Ze waren allemaal daar, mijn familie zag eruit als iedereen, gekleed in hun zware winterjassen, sjaals, hoeden en petten, zich vermengend met honderden andere passagiers die, net als wij, hun entourages van afscheidnemende familieleden hadden. Al passagiers en sjouwers waren de looplanken op en neer aan het sjouwen, geholpen door knappe, goedgebouwde maar slanke jonge Javaanse en Batak-stewards; de Nederlanders noemden hen djongossen. Ze droegen Nederlandse baby's, peuters en jonge kinderen, pakjes en tassen naar de hutten. Op de loopplanken kon men de sjouwers zien worstelen met indrukwekkende oude koloniale Nederlandse bagagekoffers, het type dat dubbel fungeert als kasten zo groot dat je er je kleding in kunt hangen. Een band, de muzikanten gekleed in matrozenkostuums, zorgde voor een gevoel van opwinding, waardoor afscheid nemen veel dramatischer werd, vooral bij het spelen van populaire Nederlandse deuntjes, waaronder een meeslepende uitvoering van de oorlogszangeres Vera Lynn's 'We'll Meet Again', blijkbaar een signaal voor passagiers om haast te maken om aan boord te gaan. Al deze mensen waren aan het rondlopen, bewegen en kleurrijke slingers naar het schip gooien.

Terwijl ik naar de menigte lang van postuur sigaarrokende Nederlanders keek die zich zelfverzekerd en licht arrogant gedroegen, leek het bijna alsof ze speciaal voor ons waren gekomen, om mijn ouders Piet en Bets, mijn zussen Lizzie en Marianne, en mijzelf uit te zwaaien naar Australië. Het tafereel leek dramatisch en vol vreugde, zoals iedereen wachtte op het moment dat ons schip zou vertrekken. Maar toen we eenmaal aan boord gingen van het luxe schip, werden de flitsen van déjà vu intenser. Was ik al eerder hier geweest in een vorig leven? Ik geloofde eigenlijk niet in reïncarnatie of iets dergelijks, maar soms vermaakte ik me wel met die gedachte in mijn dromen en fantasieën. Misschien kwam het ook doordat ik zoveel had gelezen en gehoord over de rijke Javaanse houtsnijwerken die in teakhouten panelen waren verwerkt, en die op een elegante manier waren versierd met Javaans-Nederlandse patronen.

Het interieur van de JVO was een mix van art nouveau en Art Deco-glamour: ingelijste teakhouten ramen met glaskunst-ontwerpen geïnspireerd door Frank Lloyd Wright, een Amerikaanse architect en interieurontwerper van grote faam. In de statige rook- en schrijfkamers waren handgeblazen glazen fittingen, teakhouten en marmeren wandbekleding te vinden, alles bij elkaar een eclectische en prachtige verzameling van creativiteit en stijl. Met grote emotie en intensiteit kan het als volgt herschreven worden: In de glorierijke JVO bevonden zich de interieurvisionairs die bij naam bekend stonden en door iedereen gerespecteerd werden. De meesterlijke beeldhouwkunst van de Nederlandse Lambertus Zijls en het onderscheidende ontwerp van Carel Adolph Lion Cachet waren slechts enkele van de hoogtepunten die de Nederlandse gevoeligheden van interieurwarmte, stijl en sfeer op unieke wijze belichten. Het monumentale werk van Cachet bracht een sfeer van elegantie en moderniteit met zich mee door het gebruik van art nouveau en art deco-stijlen. In tegenstelling hiermee versterkten de marmeren sculpturen van Zijls de sublieme Nederlandse warmte, stijl en sfeer. Terwijl ik me verdiepte in de magnifieke interieurdecoraties van de JVO, werd ik volledig overweldigd door de geschiedenis en het vakmanschap waarmee elk detail was vervaardigd. De opwinding van onze naderende reis naar Australië en de verbluffende pracht van onze accommodaties bracht me totaal van mijn stuk. Stel je voor het was net of ik in het hart was van het bruisende Nederlands-Indië, met zijn prachtige koloniale clubs en weelderige Amsterdamse koopmansmaatschappijen, bevond zich een serene en elegante staatskamer. Het plafond was versierd met glinsterend rood koper, bekroond met al even prachtige art-nouveau-koepels van handgeblazen glazen lichtarmaturen. Hier voelde je de warme en gezellige sfeer die typisch was voor de dan Nederlandse cultuur. Mijn passie voor esthetische schoonheid en design werd al op jonge leeftijd aangewakkerd. Ik herinner me nog hoe Piet me leerde om houten vormen te snijden en om zeilschepen te maken van oude en versleten houten klompen.

Maar toen brak de tijd aan dat we moesten vertrekken. Tranen stroomden alweer over mijn wangen terwijl ik aan de reling stond en uitkeek over de wateren. Streamers fladderden om ons heen als kleurrijke sneeuwstormen en mijn handen klemden zich vast aan mijn enige fysieke band met mijn familie aan land. Ik probeerde mijn tranen weg te vegen, maar het lukte me niet. Ik moest sterk blijven voor mijn familie, maar het was moeilijk. Toen reikte mijn moeder naar haar handtas en gaf me haar oude haarnetje om mijn tranen mee weg te vegen. Haar zakdoekje was doordrenkt van haar eigen tranen, maar ze was nog steeds in staat om te lachen en lichte grapjes te maken om ons op te beuren. Het was een trieste, druilerige dag waarop we zowel het beste als het slechtste meemaakten. We waren allemaal aan boord en probeerden stoïcijns te blijven, maar we huilden toch. Mijn jongere zussen beleefden volop plezier in de feestelijke sfeer en speelden met vrolijke feestversieringen die overal op het passagiersdek lagen. Maar mijn hart was zwaar. Ik wilde mijn geliefde Nederland niet verlaten en voelde me bedroefd bij het afscheid nemen van alles wat mij vertrouwd was. Gelukkig was Piet daar om me te steunen en me moed te geven. Hij liet me het hout zien waarin Nederlandse soldaten hun namen hadden gekerfd en tot mijn verrassing zag ik de naam van Piet zelf, door hemzelf na de oorlog ingekerfd. Hoewel ik ontroerd was, vond ik het walgelijk dat in het mooie en dure hout te kerven.

Mijn hart brak toen het schip, de JVO, eindelijk losmaakte van de trossen en we vertrokken richting Australië. Mensen begonnen afscheidsliederen te zingen en er hing een emotionele sfeer. Ik voelde me overweldigd door het verdriet en de fysieke reactie in mijn lichaam was voelbaar. Toen ik het lied "Ik hou van Holland" hoorde, raakte het me recht in mijn ziel. Het beeld van de wuivende zakdoeken van mijn tantes en ooms vervaagde geleidelijk uit het zicht, maar hun verlangende gezichten blijven voor altijd in mijn geheugen gegrift.

Terwijl we langzaam door het Noordzeekanaal stoomden, stond ik bij het roer en keek ik naar de horizon, weer vragend of deze verhuizing naar Australië de juiste stap was. Ik voelde mezelf twijfelen, maar realiseerde me dat ik als oudste zoon sterk moest zijn. Ik besefte dat dit het begin was van een nieuw leven, en hoe moeilijk het ook was om alles los te moeten laten, ik keek uit naar wat de toekomst zou brengen.

Mensen kwamen samen om elkaar te steunen en troosten. Bets en Piet zaten stil op comfortabele ligstoelen, nog aan het bijkomen van de emotionele tol van de scheiding. Ze hielden kopjes warme erwtensoep vast, een troostend gerecht dat symbolisch is voor de Nederlandse keuken. Marianne's luide boer brak de stilte en Lizzie speelde met haar nieuwe poppen en afscheidscadeaus. Bijna honderd vrienden hadden ons afscheidswensen gestuurd in verschillende talen, die we nu voorlazen terwijl we slurpten van onze soep. Dit gaf ons hoop en een gevoel van saamhorigheid. Na deze emotionele dag werden we opgeroepen om ons te verzamelen op het promenadedek voor veiligheidsprocedures. Station nummer 27 was de plek waar we onze reddingsvesten konden vinden en vastmaken terwijl we in- en uitstapten van reddingsboten. Bets, Piet en andere volwassenen zorgden ervoor dat kinderen begrepen hoe belangrijk deze oefening was voor onze veiligheid.

Bets verzekerde ons dat er genoeg reddingsboten waren voor alle passagiers, in tegenstelling tot de Titanic, die alleen reddingsboten had om 700 mensen van de 2.500 aan boord te redden. We waren gefascineerd door de noodvoorzieningen, die waterzuiverende en ontziltingstabletten, speciale glucosezoutjes en mijn favoriete, zeer voedzame Nederlandse Liga-biscuitjes bevatten. Er was ook medische en chirurgische apparatuur, zoals botzagen voor amputaties en sterke pijnstillers, evenals een fles brandy om iedereen warm of gelukkig te houden in geval van nood. Ik herinnerde me het motto van de Boy Scouts: Wees voorbereid. Lizzie en ik bespraken het samenstellen van zo'n noodpakket voor wanneer we in Australië zouden aankomen.

De volgende ochtend voeren we om tien uur door het Engelse Kanaal, tussen het eiland Wight en de haven van Southampton. Ik was nog steeds aan het genieten van mijn eerste heerlijke ontbijt: vers geperste jus d'orange, vier soorten Nederlands brood, verschillende soorten kaas - Gouda, Maasdam, Volendam, Edam, Leidse en Boerenkaas - en haver met Canadese mapel siroop Yum! Bets was erg blij dat ze zich geen zorgen hoefde te maken over het bereiden van ontbijt, lunch of diner voor de komende vijf weken. Ze dacht dat ze een welverdiende rust verdiende voordat het harde werk begon toen we Australië bereikten. Het was allemaal een nieuwe ervaring voor ons, inclusief bediend worden door jonge, beleefde Indonesische stewards gekleed in hun onberispelijke witte eetzaal uniformen. Ze deden alles, zelfs het schoonmaken van onze hutten en het voeden van kleine kinderen. Mijn ouders wilden Marianne, die op dat moment negen maanden oud was, niet door een dienstmeisje laten voeden, dus besloten ze om haar zelf te voeden. Ik voelde me enigszins ongemakkelijk bij het idee van een dienstmeisje, maar Piet stelde me gerust door te zeggen dat de Indonesische stewards ook gezinnen moesten onderhouden en dankbaar waren voor hun baan. Wij zijn allemaal dienaren van iemand, zo redeneerde hij.

Na onze aankomst in Southampton, Engeland, namen we een iconische zwarte Britse taxi van Southampton Dock naar het stadscentrum. Ik was verbaasd over hoe goed Piet Engels sprak en hoe goed hij begrepen werd door anderen. Het viel me ook op dat Engelsen over het algemeen beleefde mensen zijn. Bets sprak ook goed Engels omdat zij en een buurvrouw, Truus Riemens, een zesmaandelijkse cursus Engels hadden gevolgd voordat we vertrokken.

We stopten als eerste bij een stadswinkelstraat om ansichtkaarten te kopen. Piet kocht veel kaarten, bijna allemaal met ons schip, de Johan van Oldenbarnevelt, erop afgebeeld. Ik schreef de adressen op die ik uit mijn hoofd kende en Piet schreef de begroetingen. Het duurde even voordat we klaar waren en de postzegels kostten twee Engelse ponden. Ik noemde deze kaarten altijd "afgunstkaarten" omdat ik altijd jaloers was als ik kaarten van vrienden ontving die op exotische vakantiebestemmingen waren geweest. Maar toch was ik altijd blij om deze kaarten te ontvangen, omdat ze lieten zien dat ze tenminste aan mij dachten.

Het sturen van kaarten lijkt bijna verplicht in Nederland en is vergelijkbaar geworden met het versturen van verjaardagskaarten. Nadat we onze kaarten hadden verstuurd, gingen we naar het Sea City Museum. Piet wilde namelijk zoveel mogelijk te weten komen over verschillende culturen en de historische verbinding van de stad met de zee. Hij benadrukte ook hoe belangrijk het was om talen te leren om zo de normen en waarden van andere landen beter te kunnen begrijpen.

Toen we Southampton verlieten met de JVO, raakten we echter meteen een heftige storm in de Golf van Biskaje. Piet en ik waren onder de indruk van de kracht van de zee terwijl we met onze 23.000 ton JVO langzaam de golven trotseerden. De reusachtige golven klonken als bombardementen en kwamen neer op het bovendek. Vader Piet schatte de hoogte van de golven op vijftig meter terwijl ze op dekken bonkten en ons doordrenkten met ijzig, zout smakend water.

Naarmate de windvlagen in kracht toenamen, werden we onmiddellijk naar binnen bevolen om te voorkomen dat we weggevaagd werden door het wilde, kokende water. De zeeën werden ruwer en de kracht van de storm nam toe. De dertig jaar oude JVO zakte meer in de troggen van de golven dan op de toppen en haar motoren hielden nog steeds een gestaag tempo aan, alsof ze wilden zeggen: "Meer wind, meer kracht." Na vijftien minuten werd het hele gezin echter zeeziek van de bewegingen van het schip. De zeeziekte had ons in zijn greep. Piet suggereerde dat we onze ogen moesten sluiten en gewoon moesten liggen, maar het was makkelijker gezegd dan gedaan. De zware Javaans-Nederlandse teakhouten stoelen leken als een slee door de eetkamer te glijden. Behalve enkele passagiers, waaronder Piet, genoten van hun ontbijt, koffie en cake en hun diner. De rest van de familie lag ziek in hun frisse hutten en ik wenste zowat dat ik doodging. De zeeziekte had ons bijna waanzinnig gemaakt. Het deed me denken aan de Spaanse Armada en de vaardigheden en de fysieke kracht die nodig waren voor de zeilschepen van de VOC om door dit weer te varen. Echter, gelukkig kwamen de schepen van de VOC meestal veilig terug met hun specerijen, zilver en goud. Toen mijn zeeziekte langzaam verdween, viel ik in een diepe slaap. Na een wilde overtocht door de Golf van Biskaje, kwam de JVO aan in de kalme Middellandse Zee. De reis door deze zee was vol geschiedenis en bezienswaardigheden, waaronder de Rots van Gibraltar die ooit in Nederlandse handen was en nu Brits bezit is. Vervolgens bereikten we het prachtige Malta, waar eerste stuurman Fritz Van De Velde ons een emotioneel verhaal vertelde over de moed van de Maltezen tijdens de voortdurende bombardementen van de nazi-Luftwaffe op Valletta. Het is onvoorstelbaar om te bedenken dat slechts zeventien jaar later, wij op dezelfde plek onze reis voortzetten.

Geschiedenis verbindt ons allemaal, en dat werd opnieuw duidelijk toen de JVO langs de plek voer waar haar zusterschip, de MV Marnix van Sint Aldegonde, was getorpedeerd door nazi-vliegtuigen in 1943. Het schip was slechts tachtig zeemijlen van onze locatie verwijderd toen het werd geraakt. Er waren 3000 troepen en bemanningsleden aan boord die van Liverpool naar Noord-Afrika werden vervoerd. Ondanks de inspanningen om het schip te redden, zonk het voordat het de haven kon bereiken. Gelukkig overleefden alle troepen de aanval en werden ze veilig aan land gebracht. Het schip was vernoemd naar de man die 'Het Wilhelmus', het oudste volkslied ter wereld, schreef voor de Nederlandse Republiek.

Terwijl we Alexandrië in de verte zagen liggen, waren we ons ervan bewust dat we door deze reis verbonden waren met zoveel gebeurtenissen en mensen uit het verleden. De geschiedenis blijft ons inspireren en ons herinneren aan onze gemeenschappelijke banden. Wij observeerden het opgeblazen standbeeld van de Franse ingenieur Ferdinand Lesseps, die het Suezkanaal had uitgegraven. Dit kanaal verkleinde aanzienlijk de zeilafstanden en -tijden tussen het Westen en het Oosten. Tenslotte werd ons geadviseerd op te passen voor oplichters en dieven, maar een van onze reisgezellen merkte op dat menselijke natuur overal hetzelfde is daar bedoelde hij mee, niet betrouwbaar.

Het leven kent zowel goede als slechte aspecten. Het is echter niet juist om een bepaalde groep mensen negatief te stigmatiseren. Ondanks dit advies hebben we toch voorzorgsmaatregelen genomen door onze hutten op slot te doen en persoonlijke spullen op te bergen. Er waren Arabische handelaren aan boord die souvenirs wilden verkopen, met name leren ingelegde en marmeren beelden van Egyptische godinnen. Veel Egyptische kooplieden droegen traditionele kaftans, en waren aandringers in hunpraten. Ze lachten en gebaarden naar me om te komen kijken wat ze te koop hadden. Eén van de handelaren vroeg om eventjes mijn verzilverde Parker balpen, waarop de hele Psalm 23 was gegraveerd. Deze pen was een cadeau van Tante Jaantje en ik hechtte er veel waarde aan. De Egyptische handelaar beweerde echter dat dit zijn pen en wilde de pen niet terug geven, hij had de verkeerde persoon uitgekozen om deze truc te proberen. Ik stond op het punt om te vechten om mijn pen terug te krijgen, maar mijn pa Piet kwam gelukkig tussenbeide. Om mijn pen terug te krijgen, moest hij een albasten hoofd van koningin Nefertiti kopen. Nadat de Egyptische handelaar dit hoofd had verkocht aan mijn pa, gaf hij vreedzaam mijn pen terug. Toen we door het Grote Bittermeer voeren, waren we geïntrigeerd dat op een bepaald moment de Rode Zee verbonden was. Ik vroeg me af waarom er geen sluizen waren op het Suezkanaal, in tegenstelling tot sluizen in Nederland. Stuurman Frits legde uit dat er geen behoefte was aan sluizen omdat het waterpeil in de Middellandse Zee hetzelfde was als dat van de Rode Zee.

Het ontschepen in Aden voor een korte trip bleek een enorme blunder te zijn, want verschillende passagiers, waaronder Bets, werden overvallen en beroofd. Zij werd bestolen van haar waardevolle handtas door een schurkachtige Arabische handelaar, maar gelukkig bleken er slechts twee zakdoeken en een klein flesje eau de cologne 4711 in te zitten. Helaas hebben deze ervaringen bijgedragen aan het stereotype van Arabieren als corrupt, chantabel en onbetrouwbaar. Op jonge leeftijd besefte ik echter al dat het verkeerd is om personen, volkeren of groepen te stigmatiseren. Deze stereotypen worden vaak gebruikt door mensen, organisaties, marketeers en propagandisten om hun vooroordelen te bevestigen en hun eigen agenda te bevorderen. Na Aden zette de Johan koers richting Australië, met nog twee-en-een-halve week te gaan.

HOOFDSTUK 4

Zeilen door kalmte: het loslaten van een innerlijke dialoog van bewust zijn van een jongen peinzend op het teakdek de zee uitkijken

De prachtige teakhouten dekstoelen van de Johan van Oldenbarnevelt waren niet alleen ongelooflijk comfortabel om in te ontspannen, maar ook een broedplaats voor dromen, fantasieën en rustige momenten. Buiten, in de frisse lucht, luisterde ik naar levendige gesprekken en raakte gefascineerd door de stralende mensen die vol zelfvertrouwen en stijlvol gekleed waren. Op het bovendek, in een afgelegen hoek, was er een ruimte om te lezen en te reflecteren, terwijl je uitkeek over de zee die zich openbaarde. Het kijken naar de horizon had bijna een hypnotisch effect op mij en prikkelde mijn gedachten op een plezierige manier. De zee bracht mijn zintuigen tot leven. Voor het eerst kwam ik echt tot mezelf en startte ik een innerlijke dialoog vol vragen: wie ben ik? Vinden mensen me aardig? Ben ik mooi? Het bewustzijn dat ik toen ontwikkelde en de intense ervaring van alles wat voorheen onopgemerkt was gebleven, vormden de basis van mijn emoties. Ik voelde het in mijn lichaam: ik was één met de natuur en mijn bewustzijn reikte tot aan de sterren en verder.

Tijdens de bijna 5 weken lange reis naar Australië verslond ik het merendeel van mijn afscheidscadeaus, die stuk voor stuk uit boeken bestonden. Vooral "Holland's Glory" van Jan de Hartog las ik van kaft tot kaft. Jan van Leeuwens verhalen over Nederland spraken me ook aan, maar het absolute hoogtepunt voor mij was het boek "Alleen op de Wereld" - een aanrader van tante Janna zelf! Dit boek vertelt het verhaal van Remy, een weesjongen die niemand had totdat hij Vitalis ontmoette, een straatartiest en vriend die als echte vader voor hem zorgde. Het boeide me jarenlang en raakte me diep. Het leerde me op jonge leeftijd de waarde van empathie en wekte in mij een verlangen naar nabijheid, verbondenheid en gezelschap. Het is een inspirerend en meeslepend verhaal over sociale rechtvaardigheid, vriendelijkheid naar elkaar toe en mededogen. Het boek stal mijn hart en ik las het keer op keer opnieuw.

Mijn ouders moedigden me aan om vriendschappen te sluiten met jongens, vooral met Engelse jongens van mijn leeftijd die inscheepten in Southampton. Dit was een geweldige kans om mijn Engelse vaardigheden te verbeteren, omdat ik destijds nog worstelde met het mixen van Nederlands en Engels. Ik werd vrienden met zowel de Engelse jongens als de Nederlandse jongens aan boord, en we brachten veel tijd door met het spelen van Scrabble, maar dan op de Nederlandse manier. De meeste jongens kwamen uit Noord-Holland, terwijl ik zelf uit Zeeuws-Vlaanderen kwam. Als Zeeuw sprak ik met een duidelijk plattelandsaccent, maar ik probeerde dit zoveel mogelijk te verbergen door algemeen Nederlands te praten. Maar elke keer dat ik ontspande, sijpelde mijn Zeeuwse accent door en dit zorgde voor veel gelach onder de andere Nederlandse jongens, innerlijk vond ik dit veel gelach op de Zeeuwse taal niet leuk maar ik hield dit voor mij zelf.

Het viel ons meteen op dat Nederlandse jongens fysiek verschillen van Engelse jongens. Nederlandse jongens waren over het algemeen steviger en groter, en hadden ook veel sterkere benen. In vergelijking leken de benen van de Engelse jongens meer op luciferstokjes. Deze verschillen waren duidelijk zichtbaar tijdens het voetballen, waar de goed ontwikkelde benen van de Nederlandse jongens hen een voordeel gaven. Mijn vader merkte op dat dit waarschijnlijk te maken had met onze genen die zich gedurende vele generaties hadden ontwikkeld door het harde werk op de klei in de Nederlandse polders, waarbij het land bedwongen moest worden. Daardoor hadden we sterke en gespierde lichamen gekregen.

Opvallend genoeg bestaat er altijd een haat- liefdeverhouding tussen Nederland en Engeland. Ondanks dit feit ontwikkelden we snel en gemakkelijk vriendschappen met Engelse jongens, waaronder John. Hij bood aan om mijn 'broken English ' te verbeteren, terwijl ik van mening was dat mijn Engelse vaardigheid helemaal niet ' broken' of slecht was. Desondanks was hij een fantastische leraar Engels. John had op een privé-jongensschool gezeten, terwijl ik op een gemengde Nederlandse Hervormde basisschool had gezeten. Ook merkte al snel een verschil op tussen Engeland, waar mensen zich bewust zijn van hun klasse, en Nederland, waar gelijkheid en egalitarisme belangrijk zijn, hoe zou het in Australië zijn vroeg ik mijn toen al af.

Bets was hoofdzakelijk bezig met haar twee dochters: zesjarige Lizzie en de nog maar zeven maanden oude Marianne. Gelukkig was er veel entertainment aan boord voor kinderen en tieners. Er waren tal van activiteiten, zoals knutselen, het verkennen van het schip met zijn imposante motoren en het ontdekken van de binnenkant van het schip. Daarnaast waren er sportevenementen in het zwembad, spellen op het dek zoals deckpool, en werden er meerdere keren per week kinderfilms vertoond in de bioscoop. Lizzie deed mee aan een verkleedfeestje en was verkleed als Roodkapje, terwijl ik verkleed was als Robin Hood. We hebben allemaal enorm veel plezier gehad, hoewel we een beetje teleurgesteld waren dat we geen prijs hadden gewonnen, zelfs geen troostprijs. Bets glimlachte en zei: "Was het niet geweldig om creatief te zijn, je eigen fantasie te gebruiken en plezier te hebben?

Ze had gelijk. Wie maakte zich druk om een prijs? Het gevoel van voldoening dat we deelnamen, was al genoeg beloning. Mijn zussen brachten veel tijd door op de kleuterschool die gerund werd door Nederlandse en Duitse kindermeisjes. Alles was stipt op tijd, schoon en perfect. Peuters die ongehoorzaam waren, werden vriendelijk en onmiddellijk door een Verkade karamelsnoepje gehypnotiseerd, de zwakte van elk Nederlands kind.

Toen we de evenaar overstaken, verzamelden passagiers zich op het bovendek om de aankomst van Koning Neptunus, Minerva en hun zeemeermin-helpers te bekijken. Piet had ons verteld over een ritueel dat zou plaatsvinden toen we de evenaar overstaken, waarbij de eerste keer overstekers werden gedoopt in het zwembad van het schip; kinderen onder de vijftien waren veilig. Dat maakte me blij, want ik zag er niet naar uit om bedekt te worden met zwarte schoensmeer en veren, of bijna naakt uitgekleed te worden en bedekt te worden met suiker siroop. Daarom zou ik geen deel uitmaken van deze doopceremonie, maar zou ik wel een goed plekje zoeken om het Neptune-debauchery, zoals betasten, teersmeren, prikken en veren, te bekijken.

Een vrouw riep me en zei: "Kom bij ons staan, lieverd, dan kun je beter zien." Dit was de eerste keer dat ik ooit door een vreemde vrouw werd aangesproken met lieverd. De vrouw zei dat haar naam Noelene was en stelde me voor aan haar man, Jack. Ik had geen idee wat "man" betekende. Jack zei: "Leuk je te ontmoeten Sonny ." Wauw, dacht ik, twee nieuwe namen: lieverd en Sonny . Welke zou ik kiezen? Mevrouw Noelene en Jack vertelden dat ze uit Benalla gelegen in de staat Victoria, waar wij ook naar toe gingen.

Oh, wat was ik blij om de eerste Australiërs in mijn leven the ontmoeten. Noelene zei dat ik haar gewoon bij haar voornaam moest noemen en haar man Jack zou ook geen "Meneer" hoeven genoemd worden. Volgens Noelene noemen mensen elkaar in Australië meestal bij hun voornaam. Ik vertelde haar dat ik niet graag "lieverd" genoemd werd, maar dat mijn naam Kees was. Noelene legde uit dat "lieverd" een koosnaampje was en omdat ik "schattig was", noemde ze me zo. Jack gebruikte "Sonny" als bijnaam voor mij omdat hij namen niet kon onthouden vanwege zijn slechte geheugen. Hij vertelde me echter dat hij goed was in het bedenken van namen en bood aan om me "Clog Wog", "Tulip", of "Dutchie" te noemen als bijnamen. Noelene werd een beetje beschaamd en vroeg Jack om fatsoen te tonen zodat hij de Nederlandse jongen niet ongemakkelijk zou maken. Ik glimlachte en accepteerde "Sonny" als bijnaam, maar vertelde hen dat "Tulp" zelfs als grap niet gepast was. Noelene zei dat ze van Nederland hielden en alle tulpen en windmolens bewonderden, vooral in Kinderdijk. Ze nodigde me uit om hen te bezoeken in Benalla, dat niet ver van Bonegilla - het migratie-assimilatiekamp - lag. Ze vertelde me dat Benalla de rozenhoofdstad van Australië was en dat ik de honderden soorten rozen kon zien. Ze beloofde ook om me te trakteren op een Aussie Bee Sting (een cake met gele vanille dikke pudding in het midden) en een Australische meat pie, omdat ik zou "houden van haar landelijke kookkunsten". Ik was onder de indruk van het vriendelijke, informele en gastvrije Australische paar. Hun manier van Engels spreken verschilde echter van wat ik had geleerd. De intonaties en inflecties verrasten me en ik vroeg me af of Noelene's nasale stem typisch was voor alle Australische vrouwen.

Noelene leek als twee druppels water op de Amerikaanse roodharige comédienne Lucille Ball, inclusief het permanent haar spelling .Ze zag er schattiger uit dan Lucille; ik vond de opening tussen haar voortanden en de overmaatse borst leuk, waar ik als elfjarige jongen de neiging had om spieren bij mannen en borsten bij vrouwen op te merken. Haar handen waren groot en lang, met vingers die geschikt waren om piano te spelen, net gelakt met felrode nagellak die overeenkwam met haar teennagels. Jack, wel, hij leek op de Australische acteur Rod Taylor, die ik leuk vond in de H.G. Wells-film The Time Machine uit de jaren zestig, die overigens tijdens deze reis op de JVO werd vertoond. Qua uiterlijk leek Jack alleen op Rod Taylor; zijn Engels klonk mompelend omdat hij zijn mond niet veel leek te openen wanneer hij sprak. Ik vroeg me af of dat kwam doordat hij slechte tandprotheses had, niet zoals zijn vrouw Noelene, die duidelijk en heel luid sprak, maar met een nasale, ritmische toon en platte klinkers, vooral aan het einde van een zin.

Hier ontdekte ik dat er een groot verschil was tussen het Australisch Engels en het Engels van de rest van de wereld. Beide Jack en Noelene, zoals ik later ontdekte, stonden bekend als de flip-floppende Aussies omdat ze allebei teenslippers droegen en als ze over de dekken liepen, kon je het geluid van hun teenslippers horen. "Iedereen draagt slippers in Australië, liefje, dus je kunt er maar beter aan wennen", zei ze. "Slippers zijn erg comfy "zei Jack. "Comfy "? vroeg ik, "Wat betekent dat? Noelene legde uit dat in Australië veel woorden vaak worden afgekort met een y of een ie. Ze gaf me enkele voorbeelden zoals Brizzy voor Brisbane, pressie voor cadeau, doggie voor hond, newbie voor iets dat nieuw is, Tassy voor Tasmanië, barbie voor barbecue, brekkie voor ontbijt, bikky voor koekje en brolly voor paraplu. Noelene en Jack leerden me deze Australische taal bijzonderheden en na elke les moest ze lachen, "ze lacht net als de Australische lach vogel de kookaburra" zei Jack. Ik vond het een beetje onbeschoft om je vrouw belachelijk te maken, maar Noelene legde uit dat dit in Australië betekent dat mensen je mogen als ze grapjes maken. Je moet je juist zorgen maken als ze dat niet doen. Toen Jack me een klomp wog noemde, vroeg ik of dat een compliment was. Noelene antwoordde dat het een uiting van genegenheid was. Jack gaf me het boek "They're a Weird Mob" van de Australische auteur Jack O'Grady onder het pseudoniem Nino

Culotta. Dit boek legde de Australische manier van praten uit. Ik was een beetje verbaasd, maar kon me ermee identificeren, omdat we alleen ons Zeeuws- Nederlandse accent gebruikten als we met andere Zeeuwen spraken, niet als we met andere Nederlanders praatten.

Het was een plotselinge uitbarsting van opwinding toen mijn moeder Bets onze hut binnen stormde om aan te kondigen dat de JVO het anker liet vallen in Port Phillip Bay. 'Word wakker, kleed je aan, trek je beste kleren aan,' zei ze dringend. Ik vroeg me af waarom we haast moesten maken, want ik twijfelde of de Australiërs zaten te wachten op Nederlandse migranten. Naar mijn idee zou er geen ontvangstcomité op ons staan te wachten bij onze aankomst. In de verte, zichtbaar voor iedereen, lag de glinsterende stad Melbourne, de hoofdstad van de staat Victoria. De stad ontwaakte uit haar slaap en was gehuld in een mistige nevel.

Net toen ik me afvroeg waarom we ons zo haastten, kwamen Jack en Noelene, samen naar mijn vader en mij, op het promenadedek aan. Jack begroette ons met een onverschrokken 'G'day, mate', terwijl Noelene me begroette met een vrolijk 'Hallo, liefje'. Ze zei en had geen ongelijk: 'Dit is de dag waarop je voet zet op Australische bodem, ons nieuwe thuisland.' De opwinding groeide bij mij toen ik me voorstelde dat ik Willem Janzoon was, de eerste Nederlandse man die in 1606 voet zette op Australische bodem. Ik dacht eraan om grappend een re-enactment te doen van het moment waarop de Nederlanders hun allereerste ontmoeting met de Aboriginals hadden. Dit gebeurde toen zij toestemming vroegen om te landen op Kaap Keerweer op het schiereiland York, bij de meest noordelijke punt van Australie.

"Wauw!" riep Noelene enthousiast uit toen ze Lizzie en Marianne zag aankomen. "Jullie Nederlanders zien er zo piekfijn uit, en zo stralend , echt prachtig! Australië is dankbaar dat jullie hierheen zijn gekomen," verklaarde ze met oprechte bewondering. Haar verwelkoming was werkelijk hartverwarmend en ik geloof dat ze namens alle Australische burgers sprak. We waren duidelijk allemaal geraakt door de warmte en het welbespraakte karakter van deze Australische dame. Plots merkte ze op: "Oh jee, je hebt wat tandpasta op je lippen. Momentje, laat me dat even weghalen met mijn hanky ." Ik twijfelde een beetje aan Noelene's idee om mijn lippen schoon te maken met haar zakdoek, vooral omdat ze er eerder op had gespuugd en de natte plek gebruikte om de tandpasta van mijn lippen te vegen.

Ik vroeg Noelene wat een hanky was en ze zei dat het een afkorting was voor handkerchief, een soort zakdoek om je neus mee af te vegen. Ik schrok bij de gedachte dat ze misschien mijn tandpasta had weggeveegd met een zakdoek die ze voor haar neus had gebruikt. Dit deed me denken aan de tantes en oma's die altijd schoonmaakdoekjes gebruikten om ons gezicht schoon te maken of onze mouwen omsloegen met hun handen. Ik zag dit als liefde en zorgzaamheid van hun kant. Maar nu waren er nieuwe Australische "tantes" die ons al hielpen voordat we geland waren. Jack vertelde me dat sommige vrienden van hem met hun Holden FJ utes waren gekomen omdat hij en Noelene veel zware koffers hadden. Ik vroeg Jack wat voor merk auto een ute was, omdat ik er nog nooit van had gehoord. Hij legde uit dat het een pick-up truck was die in Australië werd gebruikt om goederen op te halen. Holden was een Australisch automerk dat eigendom was van General Motors, vergelijkbaar met Opel auto's in Europa.

Ik was blij met mijn nieuwe kennis over Holdens en utes, vooral die uit Australië. We waren zo opgewonden over het laatste ontbijt op de Johan van Oldenbarnevelt die ochtend, dat ik me niet kan herinneren wat we aten. Maar ik weet wel dat mijn Nederlandse, Engelse en Australische vrienden allemaal verdrietig waren om afscheid te nemen van elkaar. Toch waren we tevreden om eindelijk in Australië aan te komen en onze toekomst daar op te bouwen. Iedereen was opgewonden over het onbekende; vertrekken en aankomen zijn de verhalen van de mensheid. Piet had altijd gezegd dat falen niet erg is, maar niets doen is veel erger. Als je kansen neemt, zullen dingen vaak goed uitpakken. Honderden passagiers verzamelden zich op alle dekken terwijl de JVO sierlijk naar Station Pier voer, geholpen door de havenslepers van Port Melbourne. We keken toe hoe de haven workers trossen vastmaakten aan de achtersteven van het schip. De zon scheen fel en ik kon me niet herinneren ooit zo'n blauwe lucht te hebben gezien. Noelene zei dat het echt blauw was. We mochten niet allemaal tegelijk van boord gaan, dus het duurde vier uur voordat we allemaal aan de wal waren. Piet en ik keken toe hoe ze enorme houten kisten losten ook die van ons. Als vele Nederlandse migranten hadden we onze spullen meegenomen; wasmachines, matrassen, dekens en lakens, kussens, kookpotten, radio's, platenspelers en meer dan dertig vinyl Nederlandse platen. Volgens Bets was dat een medicijn tegen heimwee, want we konden in ieder geval onze bekende platen afspelen.

Er was nog veel meer ingepakt, zoals stoelen, tafels, keukengerei, servies en boeken. Ook hadden we een radiokast van 600 jaar oude eiken balken, afkomstig van een twaalfde- eeuws schip dat gevonden werd toen het Gent naar Terneuzen-kanaal werd gegraven, en die was gemaakt door Opa Kees Paulusse. Ik heb nog steeds dezelfde kast in mijn bibliotheek staan, evenals modellen van schepen, gemaakt door onze voorouders. De experts pakten onze culturele kist in toen deze op de oprit van ons Nederlandse huis stond. Toen deze eenmaal was ingepakt, werd deze verzegeld door de Nederlandse douane en deze is bij aankomst in Melbourne geopend door de Australische douane.

Onze kisten waren 2 bij 3 meter groot en konden acht kubieke meter bevatten. Deze werden gemaakt door Piet en zijn neef Ko Paulusse van zeer dik marien multiplex, gelakt met zwarte contouren aan de binnen- en buitenkant. De kist zag eruit als een kunstwerk, ik dacht aan de kubussen van Gerrit Rietveld of de verticale en horizontale lijnen van Piet Mondriaan. Alles in de familie Paulusse was functioneel en praktisch; onze kist was doelgericht gebouwd. Deze werd gebruikt om onze eerste keuken te maken, en dat is ook daadwerkelijk gebeurd. De kist was bijeen gehouden met messing schroeven; deze zouden later hergebruikt worden als we ons eerste huis zouden bouwen.

Piet en ik hadden ons, samen met vele andere vaders en hun zonen, bij de voor steven opgesteld waar het vrachtruim zich bevond. Tot onze grote vreugde zagen we onze kist uitgeladen worden. We luisterden in stilte toe terwijl andere toeschouwers positief commentaar gaven op onze kist als een kunstwerk. Ik besefte dat ons leven weer op de rails kwam met de komst van onze Nederlandse culturele kist; zo begon ik onze houten, zelfgemaakte container te noemen: onze cultuurkist, de doos vol herinneringen, de tastbare zaken van de Nederlandse cultuur. Ik zag de kist ook als een metafoor voor de rituele overgang van migranten. Migranten vertrekken en pakken ritueel hun materiële leven in een kist. We hebben allemaal kisten met al onze bezittingen; onze cultuur, normen en waarden, geloof en geschiedenis zitten allemaal in kisten en als we troost nodig hadden in goede en slechte tijden, gingen we naar onze kisten om te vinden wat we nodig hadden. Ik realiseerde me niet, terwijl we het uitladen van de kist bekeken, dat deze kist twaalf maanden later als een tijdige slaapkamer zou dienen. Terwijl ik dit verhaal schrijf, zit ik op eetkamerstoelen die in die kist zaten, inclusief veel boeken in mijn bibliotheek.

Nu was het tijd voor ons gezin om van boord te gaan van de Johan van Oldenbarnevelt, het schip van hoop waarop ik mijn eerste Australiërs ontmoette, relaties opbouwde en onze eerste zinnen in het Australische Engels leerde. Ik had niet kunnen bedenken dat het schip minder dan een jaar later verkocht zou worden aan een Grieks scheepvaartbedrijf onder de nieuwe naam MV Lakonia en dat de oude JVO door een tragedie getroffen zou worden, vernietigd zou worden door brand en zou zinken, waarbij 150 levens verloren zouden gaan.

HOOFDSTUK 5

Aankomst in Melbourne; dertig Nederlandse immigranten stapten in de krakkemikkige oude lawaaierige bus met een lekkende uitlaat, vergif; Treinen Ratelen langs Magische Australische Achtertuinen: Boomhutten, Moestuinen en Cricketwedstrijden

Welkom in Straya,' zei de uniform geklede man, terwijl Bets en Piet hun familie voorstelden aan de Australische immigratiedienst. Onze paspoorten werden gecontroleerd, evenals onze vier grote bruine koffers, zwaar beladen met boeken en Piet's gereedschap. 'Hier heb je het,' zei de Australische ambtenaar terwijl hij Piet tien Australische pond gaf om ons te helpen settelen. Hij vertelde Piet niet meer te verwachten; dit is alles wat je krijgt, omdat je onafhankelijke migranten bent. Ik zal nooit vergeten hoe Piet het geld terug gaf en zei: 'Wij accepteren geen geld zonder ervoor te werken, wij zijn bijdragers, geen profiteurs.' Bets, altijd pragmatisch en razendsnel, pakte het geld uit Piet's hand en stopte het in haar Nederlandse portemonnee. De man keek naar Piet en glimlachte, mompelend zoiets als 'Je hebt geluk met zo'n hausfrau," ze vergaf snel en ik zei dat dit waarschijnlijk het enige Duitse woord was dat de ambtenaar kende en dat hij gewoon vriendelijk probeerde te zijn. In de loop der jaren heb ik geleerd dat wanneer Australiërs je plagen of op de hak nemen, betekent dat ze je aardig vinden. We zouden ons zorgen moeten maken als ze ons niet plagen; de Aussies zijn over het algemeen vriendelijke mensen.

Het duurde even voordat wij serieuze Nederlanders moesten wennen aan de humor van de Aussies. De Australische functionaris zag dat Piet in het Nederlandse leger had gediend in Indonesië; toen hij Piet de hand schudde, zei hij dat hij in Balikpapan was geweest met de Nederlanders en stelde zichzelf voor als Bill Myers. Ik was onder de indruk van dit vriendelijke kameraadschappelijke gebaar, waar Piet eerder over had gesproken. Onze zware koffers werden verzorgd door gespierde mannen bij Station Pier; ik vroeg me af of zij ook kameraden waren? Piet gaf ze een fooi en ze zeiden: 'Bedankt.' Nederlanders staan bekend om hun gulle tips. Natuurlijk wisten we toen nog niet dat Australiërs over het algemeen geen fooi geven of, als ze dat wel doen, bekend staan als slechte gevers, die bijna gierig zijn. Ook zou het niet lang duren voordat ik zou leren dat zelfs in Australië niet iedereen je kameraad is.

Ongeveer dertig Nederlandse migranten stapten in de krakkemikkige oude en lawaaierige bus met een lekkende uitlaat, wat de oorzaak was van de dieseldampen. Ik herinner me dat het trilde als een ratelslang terwijl het ons van Station Pier naar Spencer Street Station bracht, het huidige Southern Cross Station. We waren onderweg naar een ontvangstcentrum voor migranten; ons werd verteld dat het net buiten Melbourne was.

Mijn eerste indrukken van Melbourne zijn tot op de dag van vandaag onveranderd, ondanks dat het meer dan zestig jaar geleden was toen Melbourne nog bekend stond als Marvellous Melbourne. Deze eretitel werd verdiend tijdens de goudkoortsperiode, toen de gebouwen en stadsplanning van Melbourne bewonderd werden over de hele wereld. Wat me opviel, waren de talloze elektrische en telefoonkabels die de straten doorkruisten. Daarnaast trokken de gietijzeren pilaren onder de winkelafdaken mijn aandacht, versierd met sierlijke details zo ver het oog reikte. Het roestige uiterlijk van veel gietijzer deed me denken aan oude Amerikaanse westernfilms. Op dat moment beschouwde ik Melbourne als een stad in het wilde westen, met overhangende veranda's langs de winkelstraten van Zuid-Melbourne, vooral toen we door Clarendon Street reden. Tegelijkertijd konden we ook indrukwekkende oude Victoriaanse huizen bewonderen. Pas toen we deze prachtige architectuur zagen, beseften we dat Australië een zeer rijke en interessante geschiedenis heeft. We beseften echter niet dat een groot deel van het vermogen om deze Victoriaanse herenhuizen te bouwen afkomstig was uit de vorige eeuw, tijdens de goudkoortsperiode van Victoria in de jaren 1850.

De douanebeambte in onze bus vertelde dat Melbourne meer decoratief gietijzer heeft dan welke andere stad ter wereld dan ook. Zeilschepen gebruikten gietijzeren ballast; deze ballast werd gelost en gekocht door een van de veertig ijzergieterijen die destijds in Melbourne bestonden. Ze zouden het opnieuw smelten en gebruiken voor de productie van gietijzeren bouwmaterialen, zoals de sierlijke Korinthische gietijzeren pilaren voor de wilde-westen-achtige veranda's, sierlijsten, stoelen en tafels. Iedereen in de bus was gefascineerd en sprak over deze verbazingwekkende Australische veranda's ze geven zo'n sterke Brits-koloniale sfeer aan het straatbeeld, een zekere beschutting tegen de hete Australische zon en bescherming tegen hevige regenbuien en klimaatrampen. We wisten destijds niet dat Melbourne bekend stond om zijn vier-seizoenen-op-één-dag weer en dat het bijna onmogelijk is om het weer van dag tot dag te voorspellen. We merkten op dat veel Australiërs onder de veranda's met hun vrienden praten en sociaal bezig terwijl ze aan het winkelen zijn.

Onderweg naar Spencer Street Station maakte de bus een tussenstop bij het neogotische Menzies Hotel op de hoek van William en Elizabeth Street, waar we wat verfrissingen namen. Het gebouw was werkelijk een lust voor het oog. Helaas werd het negen jaar later gesloopt en vervangen door een kil, smakeloos en steriel glas- en staalgebouw. Ik ben van mening dat Melbourne haar bouwkundig erfgoed had moeten behouden, net zoals steden als Parijs, Amsterdam, Kopenhagen, Brugge, Gent, Antwerpen, Praag, Stockholm, Milaan, enzovoorts. Deze steden tonen aan dat behoud van architectonisch erfgoed juist bijdraagt aan groei, niet andersom.

Toen we 's middags laat aankwamen bij Spencer Street Station, leek het alsof we op een filmset waren beland, vergelijkbaar met de Duitse film Metropolis uit 1927. Het leek alsof gigantische stalen draagbalken verbonden waren met honderden gietijzeren pilaren, met daarbovenop tientallen perrons bedekt met vuile stof en kolenschoorsteenroet. De geur van dieselwalmen overweldigde ons allemaal en zorgde voor hoofdpijn bij Bets en Lizzie. Het sissende geluid van een stoomtrein weergalmde in mij, terwijl de trein duidelijk klaargemaakt werd voor een reis (misschien net als wij), voor een spannend, maar onbekend avontuur. Het was 17.00 uur. Melbournianen waren net klaar met werken; massa's kantoormedewerkers kruisten Spencer

Street in grote menigten, alsof ze kuddes kantoormensen waren die in formatie marcheerden, net als de slaven in Metropolis. Rijen goed geklede mannen, allemaal met hoeden en serieuze gezichten, droegen Gladstone-tassen en waren aangetrokken tot het station als bijen tot honing. Wat we zagen leek precies op het beroemde Australische schilderij 'Collins Street om 17.00 uur' van John Brack, dat we hadden gezien op een tentoonstelling met hedendaagse Australische kunst voordat we hierheen kwamen; het maakte deel uit van onze sociale voorbereiding.

Onze trein stond klaar; de Spirit of Progress, die ons naar Albury en Wodonga zou brengen, was beter dan elke trein waar ik in Nederland op gereisd had. Hij was vervaardigd in de Newport Railway Workshops. We bewonderden het houtwerk, de grote dubbelgelaagde ramen en de zeer comfortabele gestoffeerde leren en pluchen stoelen. Deze technologie gaf ons vertrouwen, omdat het liet zien dat Australië geweldige ingenieurs en vakmensen had. We reisden in de eersteklas coupé; gezien het veele geld dat we hadden betaald voor deze reis naar Australië. Pluchen stoelen, grote ramen en airconditioning hielden ons koel. Even waande ik me weer in de schoot van luxe, alsof we terug waren op de JVO. Piet waarschuwde ons om niet te comfortabel te worden in onze gedachten, want deze luxe zou stoppen zodra we Bonegilla, het migranten assimilatie kamp zouden bereiken.

Mijn zus en ik genoten van het uitzicht door de grote raamen van de trein. Melbourne leek ons zo immens tijdens de reis door de westelijke buitenwijken. Deze buitenwijken interesseerden ons, omdat we een goed zicht hadden op de achtertuinen van mensen. In de jaren '50 tot de jaren '70 waren de Australische achtertuinen erg groot. De trein stopte in een buitenwijk genaamd Sunshine, en dit gaf ons een bijzonder goed zicht op de Australische achtertuinen. Kinderen zwaaiden naar ons vanuit hun achtertuinen of maakten gekke gezichten en wij zwaaiden terug. Een jong meisje had een hut gemaakt in een grote eucalyptusboom, ze noemden het een achtertuin cubby house. Er werden ook groenten verbouwd, wat de Aussies een 'veggie patch' noemden. Bets wees op de grote vogelvoeders. In Zeeland hadden we alleen kleine vogelvoeders.

Achtertuinen leken voor ons op mini-speelplaatsen, met schommels, wippen en andere kinderen die met een stok een bal sloegen. Bets zei dat dit cricket was en dat de Australiërs er erg goed in waren. Misschien zou ik cricket moeten leren spelen om snel vrienden te maken, dacht ik. We merkten vooral op dat de meeste achtertuinen iets hadden dat leek op draaimolens met draden, waar kinderen aan hingen terwijl ze door hun vrienden werden geduwd. Op sommige van die draaimolens hingen vrouwen de was op. Bets zei dat dit de manier was waarop Australische mensen hun wasgoed te drogen hingen. Naast het zien van wat leek op garages, zagen we ook veel kleine schuurtjes gemaakt van golfplaten, net zoals we eerder op de dag hadden gezien toen we naar het Spencer Street Station gingen, overal golfplaten. Ik dacht dat het fijn zou zijn als Noelene en Jack hier waren om al deze dingen in de Australische achtertuin uit te leggen.

Net op dat moment riep een Nederlandse vrouw met een Fries accent vanaf de andere kant van het gangpad en legde uit dat de draaimolen waar we het over hadden een Hills Hoist was, een Australische uitvinding gepatenteerd door een vroege uitvinder, Gilbert Toyne uit Geelong, en verder verbeterd door Lance Hill. De Friese dame voegde ook toe dat die kleine tinnen schuurtjes de plekken waren waar Australische mannen dingen maakten of kapotmaakten, en vaak naar toe vluchtten weg van zeurende vrouwen en veeleisende kinderen. Ze zei verder dat Australische mannen, terwijl ze in hun schuren waren, bier, whisky of zo dronken om hun zenuwen te kalmeren. Lizzie en ik keken nu nog meer gefascineerd toe terwijl we Australiërs hun gazon zagen maaien met voor ons begrip grote benzinemotoren grasmaaiers. In Nederland hadden we zo'n klein gazon dat Piet met een paar kleine grass scharen het knipte op zijn knieën, alles was klaar in vijftien minuten. Ik begon het idee van het maaien van onze gazons met zo'n bijzondere grasmaaier leuk te vinden. Het grotere gazon betekende ook genoeg speelruimte en ruimte voor een moestuin en bloementuin. Oh, ik vond Australië al leuk en de opwinding groeide alleen maar.

Na een uur was de trein nog steeds op volle snelheid en leek het alsof we net buiten Melbourne waren. We werden onrustig. Zouden we na twee uur niet in Bonegilla moeten zijn aangekomen? Opnieuw mengde de Friese dame zich in het gesprek en zei dat het vier tot vijf uur zou duren om bij het migranten assimilatie kamp te komen. Piet legde uit dat Australië een zeer groot eilandnatie was en de afstanden erg lang waren, helemaal niet zoals in Nederland waar we na twee uur in Duitsland, België of Frankrijk zouden zijn. De treinkaartcontroleur kwam onze kant op. Hij was een vriendelijke kerel en vertelde ons dat hij vroeger bij de Australische luchtmacht zat en diende in een gemengde Nederlands-Australische vliegbemanning. Hij stelde zichzelf voor als Wayne en zei dat de Nederlanders meer Mitchell-bommenwerpers hadden dan de Aussie's. De Australiërs hadden echter meer piloten. Hij bewonderde de Nederlanders omdat ze veel beter Engels spraken dan menig Australiër. Hij vertelde dat zijn gemengde Nederlands-Australische bemanning N5-31 perfect Engels spraken en hij leerden van hen een beetje Nederlands; ze voerden aanvallen uit op de Nederlandse Oost-Indië om Japanse posities uit te schakelen. Wayne werd behoorlijk emotioneel en nostalgisch toen hij ons vertelde over zijn oorlogsverhalen van zestien jaar geleden. We waren gefascineerd door de manier waarop hij sprak, met een langzame treuzeling en weinig opening van de mond.

Het werd donker er was weinig schemering en wij kinderen vielen in slaap gesust door het eentonige geluid van de trein na zo'n enerverende dag; iedereen was stil. Ik werd wakker en hoorde een vriendelijke maar assertieve Friese dame die al eerder met ons kinderen had gesproken. Ze stelde zich voor aan mijn ouders, zei dat haar naam mevrouw Annie Feenstra was, en stelde haar man Jan en haar twee zoons, Elko en Wichert-Jan aan ons voor. Haar zoons waren vijf jaar ouder dan ik. Ze leken op goed gebouwde voetballers, typisch Friese jongens, lang, blond en blauwogig. Ik vroeg me af of ze eigenwijs en koppig waren, een karaktertrek van Friezen, of dat ik wat aangeboren vooroordelen liet zien. We hadden de Feenstra's al op de JVO gezien, maar ze praatten Fries en Elko en Wichert-Jan deden veel aan sport en werkten in de sportschool op het schip met hun leeftijdsgenoten. Ze leken niet het type dat graag boeken las, de broers intimideerden me een beetje. De broers Feenstra kwamen bij me zitten. Weet je, zei Elko, we gaan naar een kamp waar migranten onlangs een gewelddadige demonstratie hebben gehouden en geprobeerd hebben het kamp in brand te steken. Hij voegde eraan toe dat we met de trein zouden reizen in plaats van met het vliegtuig, omdat vorig jaar een Fokker Friendship vliegtuig genaamd Abel Tasman neerstortte in de Zee van

Mackay in Queensland, waarbij negenentwintig mensen omkwamen. Vorige maand stortte ook een Viscount vliegtuig neer, het blijkt te zijn neergestort tijdens het opstijgen in Botany Bay, waarbij vijftien mensen om het leven zijn gekomen. Het leek erop dat de reputatie van Australië misschien slechts een mythe was. Vanwege de brochures geloofden we dat de nationale luchtvaartmaatschappij van Australië, Qantas, de beste en veiligste luchtvaartmaatschappij ter wereld was. We hadden echter wel opgemerkt dat de Australiërs zichzelf altijd als wereldstandaard, wereldklasse en de beste ter wereld beschouwden, terwijl wij Nederlanders niet zo nationalistisch waren. De Feenstra-jongens bleven bij me en we bleven veel praten tijdens de rest van de reis naar Albury. Elko begon uit te leggen waarom het Bonegilla-kamp geïsoleerd is. Volgens hem wil de overheid niet dat journalisten de harde omstandigheden ontdekken waarin de geïnterneerden lijden. Ik kon het nauwelijks geloven. Desondanks voegde Elko eraan toe dat dertien kinderen elf jaar geleden waren overleden aan ondervoeding in het Bonegilla-kamp. "Nou, wij zullen niet sterven van de honger," protesteerde ik, redenerend dat wij als Nederlanders voor onszelf konden zorgen. Immers, honderden Australische en Nederlandse soldaten hadden de Japanse krijgsgevangenenkampen in Birma tijdens de Tweede Wereldoorlog overleefd. Ik stelde me voor dat we, indien nodig, konden overleven van kangoeroes en konijnenvlees. Uiteindelijk, na een vijf uur durende treinreis en wat voor ons uitgeputte Nederlanders leek op het midden van het niets, kwamen we aan in Bonegilla. Om 11.30 uur stond het diner klaar in dit voormalige Australische militaire en recreatiekamp speciaal voor Amerikaanse soldaten die vochten in de Stille Oceaan. Het kamp was omgebouwd tot een assimilatiekamp voor migranten om zich aan te passen aan normen en waarden een integraal onderdeel van de Australische samenleving van toen.

HOOFDSTUK 6

Bonegilla;Middernacht Aankomst: Lampen en Ontsmetting: Een Toegangspoort tot Nieuwe Smaakervaringen en Culturele Verkenning

We stapten opnieuw in! Op het treinstation van Albury stond een oude legerdieselbus op ons te wachten. Deze bus zou ons naar Bonegilla Migrant Assimilation Camp brengen, een afgelegen plek veertig kilometer verderop, naast de Hume Weir, een kunstmatig meer. De naam Bonegilla betekent 'drinkplaats' in de Aboriginal-taal, wat perfect paste bij de locatie naast het meer. Uiteindelijk bereikten we vermoeid en verward onze bestemming. Het was zestien minuten na middernacht, en dikke wolken maakten het erg donker. Zodra we uit de bus stapten, werden we naar een enkele, eenzame straatlantaarn geleid. Een Duitssprekende supervisor instrueerde ons om onder de lantaarn in de rij te gaan staan bij de eetzaal, voor desinfectie en om ons klaar te maken voor het avondeten. Ik keek uit naar mijn eerste gekookte diner in Australië en vroeg me af hoe het zou smaken in vergelijking met het Nederlandse eten. Samen met mijn zussen en vader en moeder en veel andere nieuwkomers stonden we in een lange rij te wachten om gedesinfecteerd te worden. Twee stevige vrouwen, gekleed in uniform en werkzaam voor de Australische regering, vroegen ons niet al te vriendelijk om onze ogen dicht te doen, onze handen uit te steken en onze mond te sluiten. Een van de jongens van de familie Feenstra porde me in mijn zij en zei dat dit is wat de Duitsers deden met de Joden voordat ze hen uitroeiden; nu doen de Aussies hetzelfde met ons Nederlanders. Mevrouw Feenstra hoorde zijn opmerkingen en verzekerde me dat dit niet waar was. We werden gedesinfecteerd omdat er een zeeptekort was in Australië, zei ze luid

genoeg zodat iedereen het kon horen. Piet fluisterde me zachtjes toe
dat dit niet waar was; mensen hebben een grote verbeeldingskracht als
ze moe zijn, zei hij. We hebben allemaal een goede nachtrust nodig
in een warm bed. Ondertussen liepen de vrouwen langs ons met een
handmatige pompverstuiver, waarbij ze desinfecterend middel op onze
handen sprayden, waardoor mijn handen nog kouder werden. In mijn
koude handen hield ik een groot, gedeukt, legergroen metalen dienblad
vast, samen met een geëmailleerde kom en bord, een verbogen lepel en
een ongelijke vork die eruitzag alsof hij al door duizenden monden
was gebruikt. Ondertussen probeerde Bets dapper en energiek te zijn,
ondanks een vijf uur durende treinreis vol zorgen en het verzorgen
van haar vermoeide, huilende dochters, Lizzie en baby Marianne. Als
elfjarige, naar voedsel hunkerend en bevriezend in de rij samen met
Piet, kwamen er denkbeeldige beelden bij me op van hoe soepkeukens
er tijdens de depressiejaren uitgezien moeten hebben, of zelfs de
keukens in de concentratiekampen van de nazi's. Daarnaast de ijskoude
nachtlucht en de vreemde omgeving schrok ik op van het geluid van
insecten en dieren en voelde ik de kou door mijn tanden gaan. Ik
verlangde naar warme chocolademelk en mijn winterjas.

Op het einde van het voedselrijke tafels zag ik grote vrouwen in witte
jassen en mutsen. Ze dompelden hun lepels tegelijkertijd in potten
en pannen, waarbij ze mijn aandacht trokken vanwege hun dikke
felrode lippen. Hoewel ik me in eerste instantie geïntimideerd voelde,
realiseerde ik me al snel dat ze vriendelijk waren, bijna als clowns in
een circus, met hun uitgesmeerde lippenstift en gouden tandvullingen.
Hun zachte witte huid contrasteerde prachtig met hun gitzwarte,
golvende haren. Hun donkerbruine ogen keken intens naar mij toen
ze onze rantsoenkaarten stempelden en controleerden. Piet vertelde me
dat ze Russische vrouwen uit de Baltische landen waren, wat ik begreep
toen ze met me in het Russisch toe spraken. Hoewel ik Russische
mensen bewonderde vanwege hun technologische voorsprong, vond
ik het vreemd dat ze niet veel Engels spraken. Ik veronderstelde naïef
dat de mensen die aan de wieg stonden van het ruimtetijdperk allemaal
Engels zouden spreken. Toen ze merkten dat ik geen Russisch begreep,
schakelden ze over op Duits, omdat ze dachten dat ik eruitzag als een
Duitse jongen. "Een slimme Hitler-jongere", zei een van hen, en prees
mijn heldere, gedisciplineerde en gezonde uitstraling.

Piet was ongelukkig over hun opmerkingen, waardoor de situatie niet goed begon. Ik ben ervan overtuigd dat de Russische vrouwen geen kwaad in de zin hadden, aangezien het met goede humor bedoeld was. Een andere Nederlander in de rij legde uit dat het vertalen van humor tussen verschillende culturen moeilijk was. De meeste Nederlandse kinderen hadden een talenknobbel en we hadden twee jaar Duits en vijf jaar Engels geleerd. Ik had een speciale interesse in talen en vond het een uitdaging om verschillende talen van elkaar te kunnen onderscheiden. Het maakte me trots als ik als eerste kon raden uit welk land een taal afkomstig was. Op school werd ons verteld dat het spreken van meerdere talen Nederland een concurrentievoordeel gaf in de economie. Plotseling werd het eten op onze borden gegooid met een doffe plomp; net na tien minuten toen ons werd verteld dat we vroeg in de morgen ontbijt moesten eten. Je kunt je mijn grote verbazing voorstellen toen ik gele brij, groene brij en witte brij kreeg. Het was de eerste keer dat ik pompoen proefde, echt een cultuurschok. In eerste instantie dachten we dat het wortels waren. In Nederland worden pompoenen aan varkens gevoerd, net zoals maïs; mensen eten dit gewoon niet. Het eiwitrijke gerecht van de avond was lamsstoofvlees, en de geur bedierf onze eetlust volledig. De stank die in de eetzaal hing leek meer op bedorven voedsel, een vettige, nare geur die alleen schapenvlees kan veroorzaken. Piet zei dat ik alles moest proberen te eten, vooral het schapenvlees , terwijl Bets voorstelde dat ik mijn neus moest dichtknijpen tijdens het eten van schapen , mutton noemden de Australiërs het, om mijn reukzin uit te schakelen.

Het was opmerkelijk hoe praktisch Bets altijd was. Zo vroeg ik me af of alle moeders zo waren. De realisatie drong tot me door dat we nu in Australië waren, een land dat bekendstaat om zijn schapen! Het was logisch dat ze hun nationale iconen, zoals kangoeroes en schapen, consumeerden. Niet alleen produceerden ze wol, ze voorzagen hun bevolking ook van goedkoop schapenvlees met een onaangename geur. Bets drong er bij ons op aan om het te eten, want het zou als beledigend kunnen worden opgevat door de Australiërs die het serveerden, als we het afwezen. Ik maakte bezwaar en merkte op dat deze vrouwen eerder leken op oversized baboesjka's uit Rusland dan Australiërs, dus waar maakten we ons druk om met betrekking tot dit vieze schapenvlees. Ik was nooit een grote vleeseter geweest, omdat ik het altijd wreed, barbaars en zeker onmenselijk vond om onschuldige dieren te doden. Ik overwoog serieus om ter plekke vegetariër te worden. Piet haalde me over en zei dat ik vlees moest eten voor sterke spieren, en dat hij niet wilde dat ik eruitzag als een magere jongen met luciferstokjes als benen. Terwijl onze familienaam werd geroepen, werden we een voor een uit de eetzaal geleid, waarna een andere functionaris met een Duits accent onze namen individueel noemde terwijl we langs liepen en naar onze onderkomens marcheerden. Iedereen klaagde over het lange stuk marcheren voordat we bij onze blokhutten aankwamen. De leefomstandigheden bestonden uit tweepersoonskamers in hutten gemaakt van golfplaten. Het enige waar ik aan kon denken was slapen; de middernachtelijke kou manifesteerde zich in koude, knapperige vorst terwijl we verder liepen over gras plekken knisperden onder de vorst terwijl we verlangden naar een warm bed. Onze hut bood comfort met donkergrijze dekens van katoen-wol, gesteven en gestreken witte katoenen lakens en eenpersoonsmatrassen. Deze bedden waren fris en schoon, voldoend aan de Nederlandse hygiënische normen van Bets. Uitgeput vielen we snel in slaap.

Bij het ochtendgloren wekte het melodieuze gekraai van Australische eksters (Magpies)ons. Hun gezang overtroefde alle andere geluiden van vogels, die zich ook bevonden in een reusachtige Australische eucalyptusboom, slechts tien meter verwijderd van onze hut. Ondanks de ijskoude temperatuur, gingen we op weg naar het douchegebouw. De frisse geur van eucalyptus vulde onze longen, terwijl in de verte een haan kraaide en het geloei van koeien ons bereikte. Dit wees erop dat er een melkveebedrijf in de buurt was, waar de koeien gemolken werden. In het douchegebouw ontmoetten we enkele Duitsers, die ons begroetten met een vriendelijk 'guten morgen, meine freunde' (goedemorgen, vrienden), denkend dat we zelf Duitsers waren. We beantwoordden hen met een vrolijk 'guten morgen' om vervolgens in het Engels verder te praten. We wilden namelijk geen Duits spreken; we waren immers in Australië, niet in Duitsland, merkte Piet op. Tot onze verrassing spraken de Duitse mannen nauwelijks Engels, dus voerden we het gesprek in het Duits. Op die manier kwamen we erachter dat er duizenden ontheemde etnische Duitsers in Bonegilla verbleven, wat veel verklaarde.

Tijdens onze wandeling naar het douchecomplex kwamen we langs een hut die behoorde tot de Lutherse kerk. Met glimlachende gezichten beseften we dat we weer in de minderheid waren ten opzichte van de Duitsers. Terugkomend van onze vroege ochtenddouche, werden we plotseling opgeschrikt door het geluid van 'Achtung! Achtung!' - een Duits waarschuwingssignaal om aandacht te trekken. We waren al wakker voordat het signaal via het omroepsysteem klonk, precies om 7.00 uur 's ochtends. De Van Ruysdaels, een Nederlands-Joodse familie die naast ons verbleef, klopte angstig op onze deur. Het 'Achtung'-signaal bracht duidelijk onplezierige herinneringen bij hen naar boven. Zij waren naar Australië geëmigreerd om te ontsnappen aan de vreselijke herinneringen van de Nazibezetting van Nederland en hadden in het Nederlandse doorgangskamp Westerbork gezeten. Dit kamp was door de nazi's opgezet als doorgangskamp voor Nederlandse Joden voordat ze werden gedeporteerd naar vernietigingskampen zoals Treblinka of Auschwitz-Birkenau. Gelukkig werden zij op het laatste moment gered door de Amerikanen en Canadezen in 1945, toen zij Noord-Nederland bevrijdden. De achtung-wakker-oproepen brachten ernstige herinneringen naar boven bij Nederlandse Joden en veel andere Nederlanders in Bonegilla, die slechts vijftien jaar geleden waren geïnterneerd in Duitse werkkampen. Westerbork werd in 1938 gebouwd door de Nederlandse overheid als vluchtelingenkamp voor Duitse Joden die op de vlucht waren, maar nadat Nederland zich overgaf, werd het door de nazi's omgebouwd tot een doorgangskamp. Opnieuw werden honderdduizenden Nederlandse mensen, zowel Joden als niet-Joden, zigeuners, enzovoort, naar Westerbork gestuurd. Jehovah's Getuigen en duizenden homoseksuele mannen werden ook opgesloten in Duitse concentratie- of werkkampen.

Nu, in vredestijd, hoorden ze vroeg in de ochtend een Duitse bewaker 'Achtung!' roepen. Bets ging naar mevrouw Van Ruysdael toe om haar wat troost en geruststelling te bieden, terwijl Piet met haar man sprak. Meneer Van Ruysdael vertelde ons dat Westerbork veel leek op Bonegilla, maar er was want voering in de hutten - in de Bonegilla-hutten was er alleen kale golfplaten zonder voering. Nadat we ons hadden opgefrist, gedoucht en aangekleed, verscheen ons hele gezin voor het ontbijt. Deze keer moesten we echter in de rij wachten met onze zojuist uitgegeven rantsoenkaarten. Bets merkte op dat de

Australische ambtenaren in Nederland ons niet hadden geïnformeerd over de rantsoenkaarten. Het voelde voor haar alsof we weer terug waren in de oorlogstijd. De Russische dames, die ons ons onvergetelijke eerste Australische diner hadden geserveerd, waren er weer om het ontbijt te verzorgen. Dit keer serveerden ze dikke, klontige en kleverige havermout pap in gechipte wit geëmailleerde soepkommen. Op dat moment waren haarnetjes nog niet verplicht en hun lange zwarte haren vonden hun weg naar de grote gedeukte aluminium kookpannen. Niet slechts één haar, maar meerdere haren. Piet lachte en zei dat roos smaak toevoegde, maar ik kon er niet om lachen. Mama at geen pap, omdat ze erg gesteld was op hygiëne en voedselveiligheid. Hoewel Piet probeerde ons gerust te stellen door te zeggen dat de Russische dames schoon haar hadden, voegde hij eraan toe dat we dankbaar moesten zijn aangezien we tijdens de oorlog niets hadden. Ik begon zijn frequente verwijzingen naar de oorlog op te merken.

Naarmate we in dit kamp aankwamen, waren Bets en Piet voortdurend gefocust op de oorlogsperiode. Het leek alsof ze niets anders dan oorlog bespraken. In Nederland werd er zelden over de oorlog gesproken toen we nog in een welvarende tijd leefden. Het was een automatische reactie, niet alleen voor mijn ouders, maar ook voor anderen die op de een of andere manier de Tweede Wereldoorlog hadden meegemaakt of erdoor waren beïnvloed. Terwijl ik luisterde naar andere migranten van dezelfde leeftijd als mijn ouders, merkte ik dat zij Bonegilla ook met oorlogsomstandigheden vergeleken; dit leek ook een automatische reactie te zijn die altijd terug te voeren was op de oorlog. Onze gesprekken gingen over vergelijkingen, eten, prijzen, tuinen, scholen, gebruiken en normen en waarden, in vergelijking met wat we thuis gewend waren.

Bets at toast met marmelade, spek en eieren. Ze beschouwde zichzelf als een typische Australische dame die thee en marmelade consumeerde. Ik legde uit dat dit eigenlijk meer Engels was dan Australisch en dat ze het verschil niet kon horen. De pap smaakte goed met volle Australische melk, die naar mijn mening veel beter smaakte dan de dunne gepasteuriseerde Nederlandse melk. Om onze pap zoeter te maken, voegden we twee lepels gouden siroop toe. Mijn plezier in het eten van de pap werd echter abrupt onderbroken toen we zagen dat mensen die hun pap niet opaten, het simpelweg terug in de pannen goten waaruit de dames het weer opschepten voor laatkomers bij het ontbijt. Ik merkte op dat de Nederlanders altijd als eerste in de rij stonden en zelden te laat kwamen. De mensen die hun onaangeroerde pap terugbrachten, leken de uitzondering te zijn, maar het was zeker opvallend.

Piet was niet tevreden omdat de mensen er onverzorgd uitzagen, met vuile handen en vieze nagels. Hij zei dat hij met de kampdirecteur zou praten over het feit dat we geen pap meer zouden krijgen, evenals over de verontrustende "Achtung!" aankondigingen na de lunch. De familie Paulusse was het erover eens dat we in de toekomst alleen volkoren brood en geroosterd brood zouden eten tijdens het ontbijt in het kamp, maar geen wit brood. Bets zei altijd: "Hoe witter het brood, hoe eerder je dood bent." Ze legde uit dat wit brood je verstopt zonder vitamines, mineralen of eiwitten, en begreep niet waarom moeders ongezond voedsel aan hun gezin zouden geven; het moest wel onwetendheid zijn, zei ze. Maar volkoren brood was anders. Ze liet ons kinderen de tarwekorrels in het bruine brood zien: "Dit is de krachtcentrale van koolhydraten en eiwitten, dit houdt ons sterk en gezond. We zullen veel mentale en fysieke kracht nodig hebben in Australië, ik voel het aankomen." We ontdekten dat er Nederlandse kaas en roggebrood verkrijgbaar waren in de kantine van Bonegilla. Ik herinnerde mezelf eraan wat Elko Veenstra tegen me had gezegd in de trein, dat er vier maanden voor onze aankomst een opstand was geweest in Bonegilla. Ik wilde niet klagen; Bets en Piet ontmoedigden te veel klagen. In plaats daarvan werd problemen oplossen sterk aangemoedigd. Misschien had de Australische regering nog de neiging als ze klachten horen opnieuw de troepen sturen, zoals tien jaar geleden gebeurde toen de overheid 200 militairen stuurde om een potentieel oproer van teleurgestelde migranten te onderdrukken. Deze migranten voelden zich misleid door de Australische overheid, omdat ze onjuiste en valse informatie hadden ontvangen. Ik vroeg me af of dit opnieuw kon gebeuren, gezien de hoge werkloosheid in Australië in 1960. Desondanks bleven migranten komen omdat ze geloofden in valse propaganda beloftes van voorspoed; misschien zouden de troepen deze keer klaar staan. Piet en andere Nederlanders maakten een afspraak met de beheerders van Bonegilla dat er geen concentratiekampachtige 'Achtung!'-aankondigingen meer in het Duits zouden zijn. We kwamen erachter dat tien jaar eerder de meeste migranten die aankwamen ontheemde personen waren uit de Baltische Staten en Duitsers, van wie de meesten alleen Duits spraken, vandaar de vele Duitstalige borden. De kampbeheerders waren zelf ontheemde migranten die door de Australische overheid waren aangenomen om het Bonegilla-assimilatiekamp te beheren.

Na het ontbijt werden we ingedeeld in onze eerste assimilatielessen. Bets en Piet volgden het volwassenen assimilatie programma en namen Marianne mee. Ik ging naar de lessen voor elf- tot veertienjarigen. Lizzie, altijd zo vriendelijk, had al verschillende vriendinnen gemaakt terwijl ze in de rij stond voor het ontbijt en ging met haar nieuwe vrienden mee om Australische liedjes te leren.

Mijn eerste les in assimilatie was cricket leren spelen en meer te weten komen over de geschiedenis ervan. Ik wist al iets over cricket van mijn opa, die me vertelde dat we als Nederlanders Zuid-Afrika hadden verloren als kolonie omdat we de Afrikaners niet hadden geleerd hoe ze cricket moesten spelen. De Engelsen, geholpen door Cecil Rhodes, promootte cricket en de bijbehorende principes van 'Engelse sportiviteit' om de harten van de Afrikaners te winnen. Ik geloofde hier geen moment in; we hadden de Boerenoorlog bestudeerd en daar was geen sprake van Britse sportiviteit!

Onze assimilatieleraar was meneer Trevor Jones, een vriendelijke man zoals Australiërs die zouden noemen. Ik sprak hem aan als meneer Jones, maar hij zei dat we hem Trevor moesten noemen. Ik kon dat niet en bleef hem aanspreken als meneer Trevor. Ik leerde dat Australiërs, ongeacht hun beroep, vaak hun voornaam gebruiken. Een dokter zou bijvoorbeeld kunnen zeggen: 'Je kunt me gewoon Bill noemen.' Trevor gaf me een groot compliment over mijn Engels en het gebruik van enkele Australische uitdrukkingen. Dit compliment maakte me erg blij. Ik zei stilletjes dankjewel tegen Noelene en Jack voor het introduceren van het Australische dialect tijdens onze reis.

's Middags waren we klaar met onze eerste assimilatielessen. We hadden veel te bespreken met elkaar! Bets zei dat ze werd voorgesteld aan de dames van de Country Women's Association en dat er speciaal voor de nieuwe Nederlandse dames een kookles was georganiseerd. Ze vertelde hoe ze leerde om vies schapenvlees klaar te maken zonder geuroverdracht en met drie groenten werden door de dames veggies genoemd: erwten, wortelen en aardappelpuree. Bets was enthousiast om iets anders te delen wat ze had gebakken en we konden niet wachten, omdat de geur ons vertelde dat het iets heerlijks was. Het waren scones, iets nieuws voor ons, gemaakt van pompoen, zelfrijzend bakmeel, melk, boter en zonder suiker, omdat de pompoen als zoetstof diende. Ze waren werkelijk verrukkelijk! Plots waren we allemaal benieuwd naar Australisch eten. En we vergaten alles over de pap met haar en de roos en de bedwelmende geur van schapenvlees; de bescheiden CWA-scone had ons hernieuwde enthousiasme voor het proberen van Australische recepten hersteld. Na de opwinding over de scones vroegen we Piet wat hij had geleerd in zijn inburgeringscursus. Hij zei dat ze hadden geleerd hoe ze vacatures in de krant konden vinden en hoe ze gebruik konden maken van de Commonwealth Employment Services. Het enige probleem met zijn klas was dat de meeste mensen geen Engels spraken, behalve de Nederlanders; hij eindigde als tolk voor de Duitse mannen. Een informatieofficier van Snowy Mountain gaf hen waardevolle informatie over hoe ze aan de slag konden bij het Snowy Mountains Hydro-elektrische en Irrigatieschema. We hadden in Nederlandse kranten gelezen dat dit project een van de grootste technische prestaties ter wereld was die tot nu toe door Australiërs was ondernomen. De Snowy, zoals Australiërs het kort noemden, is een geïntegreerd water- en hydro-elektrisch project dat zich bevindt in de Zuidelijke Alpen van Australië, niet ver van Bonegilla. Duizenden migranten werkten daar, en Piet vertelde dat hij morgen naar Corryong zou gaan, omdat hij verschillende baankansen had gezien op het mededelingenbord van het kamp en in de kranten. Piet besloot te liften omdat het Commonwealth Employment Office berucht was om zijn traagheid, wat sommige migranten aansprak, maar niet de "Dutchies", zoals de Australiërs ons noemden. Wij zagen het echter als een liefkozende term, aangezien zij zichzelf Aussies noemden. Het was algemeen bekend dat migranten die afwachtten tot het Employment Office een baan voor hen vond, erg lang in Bonegilla zouden blijven. Vroeg in de ochtend op onze derde dag in het kamp vertrok Piet naar Corryong om naar banen te zoeken. Hij kuste en omhelsde Bets en de meisjes, en ik liep met hem mee terwijl ik zijn originele Nederlandse legerplunjezak droeg, een legerduffeltas met speciale legermarkeringen.

Ik stond naast hem aan de kant van de weg totdat hij zijn eerste lift kreeg: een Australische boer in zijn pick-up, met een Kelpie (een Australische hond die speciaal gefokt is om schapen te hoeden, soms een 'blue heeler' genoemd) achterin. 'Hoe gaat het, maat?' vroeg hij aan Piet. De man herkende de legerduffeltas van mijn vader en begreep de betekenis ervan. Papa omhelsde me, vertelde me om voor mama en de meisjes te zorgen. Nu was ik de man in het gezin terwijl hij weg was. Ik voelde me vereerd om verantwoordelijkheid te dragen. Ik zou hem missen, maar als jongen bewonderde ik zijn vastberadenheid; mentaal was hij zo sterk en moedig. Mijn vader had geen overheidssteun of vriendennetwerken; hij ging alleen zonder te klagen of te zeuren, wat een man! Terwijl ik terugkeerde naar onze hut, keek ik naar zijn onafgewerkte blok hout dat langzaam de vorm van de Scheldestroom begon aan te nemen. Hierbij kwam er een traan in mijn oog. Nederland had zijn beste krachten gestuurd.

Bijna meteen op de eerste dag gebeurde er iets vreemds: Opa Paulusse gaf hem een massief houtblok in de vorm van de romp van de Scheldestroom, het familie schip waarop mijn grootouders, Opa en Oma Paulusse, veertig jaar met hun zes kinderen hadden gewoond. Piet begon het hout uit het blok te verwijderen. De wederopbouw van de Scheldestroom was begonnen gedurende de volgende zes maanden. Ik merkte op dat Piet altijd erg stil werd wanneer hij werkte aan het model van zijn jeugdige drijvende huis. Ik vond het ook vreemd dat hij zo snel na aankomst in Australië begon met het bouwen van replica's uit het verleden.

Hoera! Post uit Nederland

Het ontvangen van post van dierbaren was het hoogtepunt van elke dag, een teken dat er leven was in Nederland. We zouden een brief ontvangen en dat zou onze stemming direct verbeteren. Vol vreugde en enthousiasme waren we allemaal in ons kampblok op de hoogte van wie er post had ontvangen; de namen werden via het omroepsysteem voorgelezen. We moesten lachen om de Nederlandse namen die verkeerd werden uitgesproken door de postmeester van Bonegilla; met een monotone stem las hij de namen van de gezinnen voor die die dag post hadden ontvangen. Van Dijk, Van De Vucht, Feenstra, Toelstra, Naaktgeboren, Paulusse - zodra we onze naam hoorden, renden we snel naar het kantoor van de supervisor om onze post op te halen. Het gebrek aan post maakte ons een beetje somber. Bets en Piet werden opgewekt wanneer ze post ontvingen van vrienden, broers en zussen, en vooral van kameraden zoals zijn oude Australische, Nederlandse en Canadese leger vrienden. Mijn kostbare brieven legde ik onder mijn kussen, vooral diegene die ik ontving van mijn vier grootouders. Ze vertelden me hoeveel ze van me hielden en gaven me geruststelling, vooral die van Oma de Blaeij. Haar brieven hadden iets spiritueels, het ging niet per se over God of iets dergelijks; haar wijsheid inspireert me nog steeds vandaag de dag. Het was een bijzondere sensatie om handgeschreven brieven te ontvangen, de envelop verzegeld met een liefdevolle kus, en de geur van de persoon die doordrong in de brief. Dit had zoveel betekenis en prikkelde al onze zintuigen, inclusief het aanraken van de pagina's en het papier dat elke persoon gebruikte. De brieven van Opa Paulusse hadden een geur van sigaren, mijn tante Jaantje rook naar Chanel No. 5 en die van Oma de Blaeij waren geparfumeerd met haar geur, 4711 eau de cologne.

Brieven lieten je toe om intiem bekend te raken met de gedachten en emoties van de schrijver; je kon de persoonlijkheid en het karakter van de schrijver voelen, ruiken en ervaren. Mijn neefje zou een paar korrels zand van mijn favoriete strand in Cadzand en een klein plastic bloemetje van het strand toevoegen in zijn brief vreemd hoe zulke dingen een gevoel van heimwee kunnen verzachten. Het zien van de postzegels met daarop de afbeelding van Koningin Juliana op al die brieven gaf ons een gevoel van opluchting en continuïteit, van ergens bij horen, een besef dat we nog steeds op planeet Aarde waren, iets dat je soms zou vergeten in momenten van verdriet of spijt, wanneer alles even hopeloos leek.

In mijn brieven verraste mijn eigen zelfcensuur me, want ik durfde niet te schrijven over mijn verlangen om hen te zien, uit angst dat ze dit als heimwee zouden opvatten. We wilden hen geen verdriet doen. In plaats daarvan bedankte ik hen voor de boeken, voor de mooie herinneringen die ze me hadden gegeven en vertelde ik hen hoe ik zou sparen om met KLM's nieuwste DC-9-jets naar hen toe te vliegen. We schreven over onze ontdekkingen en onze ervaringen. Mijn vrienden vonden de stukjes leuk waarin ik vertelde over de strijd met duizenden vliegen en duizenden rode mieren, waarvan we expres hun nesten verstoorden door met onze voeten in de buurt van hun nesten te stampen; het waren grote mieren van drie centimeter lang, met klauwachtige kaken. Soms waren er duizenden motten, grote exemplaren met een spanwijdte van tien centimeter; 's nachts maakten ze een flapperend geluid tegen het vliegengaas omdat het licht in onze hut hen aantrok. We kochten hoeden met een omsluitend net speciaal voor onze babyzus, om te voorkomen dat vliegen haar neusgaten zouden binnendringen. Het netje loste dat probleem snel op. Daarnaast smeerden we insecten werend middel op onze benen en armen. Mijn vrienden schreven dat ze erg geïnteresseerd in zulke verhalen. Tijdens onze dagelijkse, eindeloos lange wandelingen zagen we dode schapen in weilanden, krioelend van de maden die binnenkort vliegen zouden worden. Ik schreef over het zien van grote dode kangoeroes op de wegen, slangen die werden gedood door auto's, giftige spinnen en de mooie en ongebruikelijk gevormde struikbloemen, evenals de vele soorten veelkleurige bloeiende eucalyptusbomen. In elke brief die ik schreef stopte ik heerlijk ruikende kleine eucalyptusbladeren die naar citroen roken. Ze vonden het geweldig om te horen hoe gastvrij, vriendelijk, grappig en eigenzinnig de Australische mensen waren, en hoe ze ons heel welkom en uniek lieten voelen. Bets en Piet schreven op dezelfde manier, maar meer over hun kinderen, hoe we omgingen met verandering en het verlies van vrienden, en de opwinding die we toonden bij het ontdekken van ons nieuwe land, en hoe snel we nieuwe vrienden maakten. Ze schreven over Nederlandse mensen die ze ontmoetten in het kamp en hoe er onderlinge steungroepen ontstonden; ze spraken alleen over bemoedigende dingen. Ze deelden ook over Australisch eten, de unieke landelijke kookstijl die Bets leerde bij de CWA, vooral de verschillende smaken zoals pompoen. Groenten en fruit leken veel groter en smakelijker in Australië; alles leek daar groter. Positief denken en een optimistische kijk waren ons motto; in geen van de brieven die wij, de Paulussjes verstuurden, wilden we klagen of verwijten maken.

Helaas klaagden meerdere Nederlanders die we in Bonegilla ontmoetten enorm veel; te veel 'klaagliederen', zei Bets altijd. Ze geloofde dat klagen een Nederlandse ziekte was. Ik was het met haar eens, gezien het constante klagen en zeuren dat ik hoorde, voornamelijk over zeer triviale zaken die voornamelijk gerelateerd waren aan het vergelijken van Australië met Nederland en de verschillen in uitvoering en kosten. Alles van de klagers was beter in Nederland; zulke mensen hielden het niet lang vol in Australië. Mijn ouders drongen erop aan dat ik me aanpaste aan de Australische cultuur, normen en waarden en respect had voor Australische mensen. We werden gewaarschuwd om niet te zeggen dat dingen beter waren in Nederland, hoewel ik wist dat dat wel zo was. Negativiteit en klagen maakten me bijna gek, dus besloot ik geen vriendschap te sluiten met zeurpieten, en dat gold ook voor zeurende Britten. Enkele dagen na het volgen van mijn eerste integratiecursus ontving ik een brief en pakket van Noelene en Jack uit Benalla. Ze stuurden de twee Australische boeken waar ze beloofd hadden: 'We of the Never-Never' van Jeannie Gunn ('een goed beginnersboek om te lezen', schreef Noelene, 'het gaat over Australische Aboriginals en laat zien hoe Australië verschilde van alle andere plaatsen', het zou ons een idee geven van het leven in de outback) en 'The Timeless Land' van Eleanor Dark. Jack schreef dat het boek gaat over de Europese nederzetting in Australië. Het verhaal begint met de aankomst van de Eerste Vloot in Sydney, gadegeslagen door de Aboriginals. Stammen bestonden al toen de Europeanen de Botany Bay binnenzeilden. Jack schreef: "Kun je je voorstellen wat er in hun hoofden omging toen ze zoveel schepen zagen aankomen?" Noelene en Jack verklaarden dat er veel onrecht was aangedaan aan de Australische Aboriginals. Ze hadden een brief geschreven naar premier Robert Menzies waarin ze hun zorgen uitten over het wegnemen van gemengd-ras Aboriginal kinderen bij hun ouders, zodat deze kinderen zouden assimileren en opgaan in blanke Australische families. "Menzies heeft nooit geantwoord," schreef Jack. We zochten het gezelschap van mensen met een positieve en opbeurende instelling en vonden dit in gespreksgroepen in de YMCA- kantine tijdens koffieochtenden of na-diner gesprekken. Zelfs wij, jongens, waren stil en luisterden naar goede verhalenvertellers, niet alleen over het verleden, maar ook over het opbouwen van onze toekomst in Australië. Het voedde onze zielen en ons begrip van ons innerlijke zelf; ik vond het vooral leuk om te luisteren naar succesverhalen van Nederlandse mensen die hun stempel al hadden achtergelaten in Australië. Ik ben trots op mijn vader toen hij zijn verhaal deelde na terugkomst van het graven van loopgraven in Corryong. Hij vertelde ons over toen een Nederlander genaamd Dick Dusseldorp ontmoette, die in 1951 uit Nederland kwam met 10.000 Australische ponden en een handjevol Nederlandse werknemers, en begon met het bouwen van 200 prefab hutten voor het Snowy Hydro-electric Scheme. Dick vertelde Piet dat hij een goede keuze had gemaakt om naar Australië te komen. Met hard werken en vastberadenheid, zei Dick, kun je goud op straat vinden. Dick richtte later één van de grootste bouw- en financieringsbedrijven van Australië, genaamd Civil and Civic en Lend Lease, heeft ons enorm geïnspireerd door verhalen over succesvolle Nederlandse immigranten in Australië. Dick heeft het Sydney Opera House gerealiseerd en was de oprichter van twee buitenwijken van Sydney, waaronder Middle Cove, waar ze huizen bouwden in de stijl van Frank Lloyd Wright. We bewonderden het werk van Frank Lloyd Wright zelf ook zeer. Op een dag zei Piet dat ons eerste huis in Australië gebouwd moest worden in de prairiestijl van Frank Lloyd Wright, een idee waar ik ook enthousiast over was. Dick sprak ook over het implementeren van een aantal goede Nederlandse arbeidsvoorwaarden en voordelen in Australië, zoals particuliere pensioenen en werknemersdemocratie, ter vervanging van de confrontatiegerichte benadering van vakbonden en de overheid. Meneer Van Ruysdael onze buurman in het kamp, en een positieve Nederlander, heeft ons verhalen verteld over een andere succesvolle Nederlandse immigrant genaamd Petrus Cornelis Nicholaas Middendorp. Middendorp begon met de verkoop van Philips-gloeilampen en stofzuigers en heeft nu een bedrijf genaamd Middendorp Electrics, in de volksmond Middy's , dat maar liefst tweeënnegentig vestigingen in heel Australië heeft en de grootste onafhankelijke detailhandelaar in het land is. Wat een succesverhaal, dacht ik, iets om naar te streven. Australië is werkelijk het land van mogelijkheden. Een andere vriend die we hebben gemaakt in Bonegilla was een maatschappelijk werker uit Nederland, de heer Van den Berg. Hij vertelde ons het verhaal van de zeer succesvolle Nederlandse familie, de Tesselaars, die een perceel van zes hectare kochten. In Silvan, in de Dandenong Ranges, bevindt zich een boerderij waar tulpen en gladiolen worden gekweekt vanwege het ideale klimaat. De familie

Tesselaar heeft als enige de bloemenmarkt in Australië in handen en dit is in krantenartikelen bewezen. Uiteraard waren we nieuwsgierig naar hun geheim van succes. Meneer Van den Berg verklaarde dat als er één geheim was, het assimilatie was; dit is hoe Nederlanders succesvol zullen zijn in Australië. Meneer Van den Berg sprak als socioloog en merkte op dat veel migranten, maar niet de Nederlanders, zichzelf afzonderen en niet assimileren. In plaats daarvan blijven ze in etnische gemeenschappen en gedragen ze zich alsof ze hun land van herkomst nooit hebben verlaten. Dit is echter niet de Nederlandse manier. De familie Paulussse nam dit ter harte en het klonk logisch, die assimilatie, nietwaar?

In februari 1962 gingen mijn zus Lizzie en ik naar onze eerste Australische school, de Bonegilla Primary School, waar ik in groep 6 werd geplaatst vanwege onze bovengemiddelde beheersing van het Engels. Mijn klas bestond voornamelijk uit blonde Duitse jongens en een paar Engelse jongens, en er waren vier Nederlandse jongens in een klas van dertig. Wat was ik opgewonden om naar school te gaan! Welke avonturen zouden we beleven? Met wie zouden we praten en wat zouden we leren? Ik vroeg me af of het vergelijkbaar zou zijn met mijn Nederlandse basisschool aan de Zuidland Straat in Terneuzen of de Nederlands Hervormde School, die ik ook bezocht. Op maandagochtend stonden we allemaal in de rij, luisterend naar een toespraak van het schoolhoofd, gevolgd door het zingen van 'God Save The Queen'. Hoewel we in Nederland van koningin Juliana hielden, waren we niet zo toegewijd dat we tot God zongen om haar te redden. Misschien zouden we eerder tot God kunnen zingen om alle mensen overal te redden, en niet alleen de koningin. Veel Duitse en Nederlandse jongens en meisjes raakten in de war door de Engelse koningin; is Australië niet een onafhankelijk land? Vroegen ze zich af. Zo ja, waarom had het dan een Europees staatshoofd? Als multiculturele jongeren testten we elkaars kennis over Australië. Al snel kregen we het idee dat Australië misschien wel een onafhankelijke natie was, maar in werkelijkheid was het een economische kolonie in handen van Engelse, Amerikaanse, Nederlandse en Japanse bedrijven. Nederland was in 1961 de vierde grootste investeerder in Australië, met veel grote Nederlandse multinationals die hier actief waren, zoals Royal Dutch Shell, Unilever, KPMG, Philips Electronics en Werk Spoor. We zagen ook dat Fokker Friendship-vliegtuigen in heel Australië vlogen. We begrepen niet waarom Australische leraren en kranten verwezen naar Groot-Brittannië en Europa; zover wij wisten, was Groot- Brittannië een integraal onderdeel van Europa. Het was bezig met toetreding tot de Gemeenschappelijke Markt nu de EU ,en Australiërs waren bezorgd en in paniek dat Australië veel van haar handel met Groot-Brittannië zou verliezen. De hele klas vertelde de leraar dat Groot-Brittannië deel uitmaakte van Europa, hoewel ze dit helemaal niet kon begrijpen. Na een paar weken op school merkte ik op dat Australië Groot- Brittannië zeer respecteerde en veel gebruiken overnam van het moederland. Sowieso in zijn presentatie van nieuws, wetten, onderwijs en Anglo-Keltische cultuur. Elke maandagochtend, na het zingen van het Britse volkslied, marcheerden we in militaire stijl met marsmuziek naar onze klaslokalen. Dat vond ik niet erg; tenslotte woonden we op een voormalig militair kamp.

Onze lerares, Miss Marjory Frazer, was ongeveer vierenvijftig jaar oud. Ze droeg haar haar in een opgestoken knot, zoals de vrouwen van de conservatieve Nederlandse Gereformeerde Kerken in Terneuzen dat toen deden. Wat me indrukwekkend vond, was dat Miss Frazer vier talen sprak: Duits, een beetje Nederlands, Frans en Engels. Ondanks haar ouderwetse uitstraling, was ze een rechtvaardige en strenge lerares. Ze vertelde ons dat in Australië weinig coulance werd getoond ten opzichte van jongens en meisjes die zich misdroegen. Terwijl ze sprak, sloeg ze krachtig met een lange liniaal op een leeg bureau, wat een oorverdovend geluid veroorzaakte als een bliksemschicht. "Dus jullie moeten doen wat er gezegd wordt, anders...," zei Miss Frazer. Op dat moment vond ik dit gedrag erg onbehouwen en barbaars. Maar toen bedacht ik me dat Australië als een kolonie was gestart met veroordeelde gevangenen, en dat dit mogelijk de reden was voor de strenge straffen tegenover lastig gedrag van Australische leerlingen, zoals ik gelezen had.

In tegenstelling tot Nederlandse kinderen, die geen riemen of klappen als straf kregen voor wangedrag, kregen zij gewoon extra huiswerk. We waren zo opgewonden om thuis te komen en onze ouders te vertellen over de Australische leraren die hun leerlingen een leren riem, een bamboestok of een liniaal sloegen tot bloedens toe. Bets zei dat deze vorm van fysieke straf gedragsverandering teweegbracht, maar ze vond het een slecht idee en dacht dat dit zelfs huiselijk geweld kon aanmoedigen dat op school werd geleerd. Een paar dagen later sprak ze met Miss Frazer en zei dat ze onder geen enkele omstandigheid wilde dat haar kinderen getuige zouden zijn van dergelijk gedrag. Als Kees of Lizzie stout zijn of zich niet gedragen, laat het haar dan weten en zij en mijn vader zullen zelf wel de discipline toepassen.

View from our camp hut window. Bonegilla Migrant Assimilation Camp

HOOFDSTUK 7

Bonegilla Nieuwe vrienden en kansen.
Maar wat ons echt deed schaterlachen was de rubriek genaamd 'Heart Balm'.
Hier konden lezers advies vragen over hun liefdesleven en bijbehorende seksuele
problemen. Het was een waar spektakel voor ons tieners

Onze kortegolfradio lag nog ergens opgeslagen in de kist in Melbourne. In Bonegilla hadden we geen radio of televisie; onze enige bronnen waren het lezen van kranten. Woordenboeken en thesauri waren onze constante taalkundige metgezellen bij het interpreteren van teksten. Ik las kranten hardop voor, tot grote ergernis van mijn vrienden.

Mijn ouders maakten veel gebruik van kranten en de kortegolf radio als belangrijke informatiebronnen tijdens onze verhuizing naar Australië. Het wereldnieuws had voor ons extra belang, vanwege de dreiging van de Republiek Indonesië die op het punt stond om Nederlands Nieuw-Guinea binnen te vallen. We waren bezorgd, omdat we vrienden hadden in zowel de Nederlandse marine als het leger die gestationeerd waren in Nieuw-Guinea. We speurden de kranten af naar verslagen en kwamen al snel tot de ontdekking dat Australië niet aan de kant van Nederland stond. Meneer Van den Berg merkte op: "Een product van het Angelsaksische-Keltische wereldbeeld." Ik was geschokt toen ik las dat zowel de Verenigde Naties als president Kennedy Nederland opdroegen om Nederlands Nieuw-Guinea te verlaten. Deze ontwikkeling riep veel discussies op onder de Nederlanders in Bonegilla; ze begrepen niet hoe Indonesië, een land met een incompetent bestuur en een gebrek aan democratie, dat nauwelijks voor zijn eigen bevolking kon zorgen, Nieuw-Guinea kon ontwikkelen. Ondanks de huidige slechte economie van Indonesië en de regelmatige schendingen van de mensenrechten tegenover etnische Chinezen, evenals de status van ontwikkelingsland, kreeg het toch de goedkeuring van de VN om Nederlands Nieuw-Guinea te besturen in plaats van het ervaren Nederland. Gelukkig had ik een Nederlandse vriend wiens ouders een Philips kortegolf-radio hadden meegenomen. Als de ontvangst goed was, konden we luisteren naar Radio Nederland Wereldomroep, die onze betrouwbare bron van internationaal nieuws werd.

Elke dag las Piet en ik de kranten om te zien waar er banen beschikbaar waren. Hij merkte op dat de economische situatie in Australië niet zo goed was, aangezien het land zich in een recessie bevond en de werkgelegenheidskansen afnamen. Tijdens de recente verkiezingen van 1961 behaalde het Liberal Party van Robert Menzies slechts maar één meerderheid zetel in het parlement. Bovendien leidde een kredietcrisis tot een kortstondige economische recessie. We kwamen ook te weten dat er als gevolg van deze kredietcrisis een ernstig huisvestingstekort was in Australië.

Hoewel we eerder Engelse tabloids hadden gezien die naar ons idee sensatiezoekend waren, waren we niet gewend aan de overdreven en sensationele tabloidkranten die we nu in Australië tegenkwamen. Het viel ons op hoe schaars geklede meisjes in suggestieve poses en sensationele en vaak gewelddadige afbeeldingen werden gebruikt om de norm te stellen voor Engelse taalvaardigheid, die naar succes en verbeterde geletterdheid zou leiden. We vermoedden dat de meeste Australiërs die deze tabloids kochten niet zo goed waren in het Engels en afbeeldingen nodig hadden om artikelen te begrijpen.

Het internationale nieuws dat in Australië werd gepresenteerd, leek nauwelijks internationaal te zijn; het was vooringenomen en bekrompen ten opzichte van het Australische perspectief. We vergeleken deze culturele verschillen niet om te bekritiseren, maar om ervan te leren. We deelden informatie uit verschillende media- en overheidsbronnen en bespraken deze met mede-migranten terwijl we in de rij stonden voor voedsel of in de eetzalen zaten. We namen aan, hetzij correct of incorrect, dat de meeste Australische journalisten ook op deze manier informatie verzamelden.

Mensen die geen vreemde talen spreken, zijn duidelijk beperkt in hun denkvermogen. Onderzoeken hebben aangetoond dat zij weinig kennis hebben van andere culturen. Voor Nederlanders is taal de essentie van een cultuur. We begrepen dat we, om andere culturen goed te kunnen begrijpen, vooral de Australische cultuur, de taal en uitdrukkingen van Australië moesten leren. Op dat moment realiseerden we ons dat Nederlanders een competitief voordeel hadden, omdat kinderen bij ons op jonge leeftijd al Engels leren, naast andere talen.

Laten we even terugreizen naar onze tienerjaren, toen we als jonge snotapen geobsedeerd waren door de Australische sensatiekranten zoals de Truth. Deze kranten waren immens populair onder migranten, omdat ze eenvoudig Engels gebruikten dat zelfs begrijpelijk was voor mensen die niet verder waren gekomen dan de vierde klas van de lagere school. De artikelen waren op zo'n laag taalniveau geschreven dat zelfs een goudvis ze kon begrijpen.

Maar wat ons echt deed schaterlachen was de rubriek genaamd 'Heart Balm'. Hier konden lezers advies vragen over hun liefdesleven en bijbehorende seksuele problemen. Het was een waar spektakel voor ons tieners. Zelfs onze ouders konden erom lachen en leerden ons om deze rubrieken niet al te serieus te nemen. Ze legden uit dat seksuele onderwerpen vaak taboe waren in conservatieve Australische huishoudens, en dat kranten zoals de Truth mensen hielpen bij hun seksuele en relationele problemen door hen te laten meeleven met de problemen van anderen.

Noelene, onze wijze raadgever, hamerde erop dat een foto meer zegt dan duizend woorden. We konden het niet helpen, maar associeerden de 'News Pictorial' dus met mensen die enkel graag plaatjes keken. Ze waarschuwde ons ook om niet te slim of arrogant over te komen, en legde uit dat onze Nederlandse afkomst soms als aanmatigend kon worden gezien.

Noelene en Jack in hun brieven waarschuwde me om voorzichtig te zijn, omdat 'Aussies niet van arrogantie houden'. Ze legde ook de betekenis uit van het 'tall poppy syndrome', waarbij ze adviseerde om bescheiden te zijn en mezelf niet als superieur te beschouwen. Ze zei eigenlijk dat ik nederig moest zijn als ik vrienden wilde maken. Noelene's man, Jack, drukte het nog directer uit en zei: 'Aussies houden niet van opscheppers, pas je gewoon aan de Australische normen aan en dan komt het goed.' Deze woorden van Jack begreep ik goed, omdat de Nederlandse cultuur een vergelijkbaar gezegde heeft: "Doe normaal, dan doe je al gek genoeg." Ik heb echter nooit geprobeerd om normaal te zijn, omdat ik dat associeerde met saaiheid. Het volgen van de massa was niet mijn doel bij het creëren van mijn eigen identiteit. In plaats daarvan streefde ik naar iets buitengewoons.

Om kosten te besparen op kranten deelden we onze krant met twee andere Nederlandse families. Wij waren de eersten die 's ochtends lazen, gevolgd door de tweede familie tijdens de lunch, en daarna werd het 's avonds doorgegeven aan een grote Nederlandse familie genaamd de Van Der Vlughts, die vijftien kinderen hadden.

Door de krant naar deze familie te brengen, raakte ik bevriend met Maarten Van Der Vlught, een leeftijdsgenoot en een serieuze lezer. Samen verkenden we het Australische platteland, zwommen we, speelden we voetbal en genoten we van het verstoren van mierenhopen van bullants. Maarten kwam uit Emmeloord, een pas opgerichte stad in de Noordoostpolder, een uitgestrekt stuk land dat in 1940 uit de Zuiderzee werd teruggewonnen en drooggelegd. Hij was een typische polderjongen: sterk, blond, blauwogig en in uitstekende fysieke conditie. Polderjongens hadden de reputatie avontuurlijk, nieuwsgierig en hardwerkend te zijn, en bereid om risico's te nemen.

Samen vonden we het geweldig om de Hume Weir een door de mens gemaakt groot meer, en vooral het oude Tallangatta te verkennen, een stad die bergopwaarts werd verplaatst en waarvan een gedeelte onder water werd gezet. Op een hete decemberdag besloten we een vlot te bouwen van drijvend dood hout en verpakkingskoord. We peddelden naar de oude kerktoren van Tallangatta, die nog steeds boven het water uitstak. Het was een uitdaging om tussen de honderden dode eucalyptusbomen te navigeren die als spookachtige figuren uit het water staken. Niet alleen moesten we tussen deze dode, doorweekte bomen door manoeuvreren, maar we moesten ook oppassen voor dodelijke tijger- en koperen slangen die zich op drijvende en ondergedompelde boomstammen konden bevinden. We wisten dat we ze, net als een mierenhoop, met rust moesten laten.

Als Nederlandse schoolkinderen waren we allemaal lid van de Jeugd der Natuur Wacht, wat betekende dat we de natuur moesten respecteren en zij zou ons respecteren. Dit was de essentiële boodschap die we ervaarden en naleefden terwijl we op het vlot zaten. Vooral de fascinerende schildpadden, die in grote aantallen rondzwommen, trokken onze aandacht. Hoewel we verleid werden om ze van dichtbij te bekijken en aan te raken, kozen we ervoor om ze snel weer vrij te laten om mogelijke stress te voorkomen. We waren overweldigd door de overvloed aan exotische vogelsoorten, zoals honderden grijze-roze en witte kaketoes, kleurrijke rosella's en geelkuifkaketoes. Het voelde bijna surrealistisch om de wilde natuur op deze manier te ervaren, wat nieuwe zintuiglijke gevoelens opwekte. We werden ons bewust van de schoonheid om ons heen en onze eigen verbondenheid met de natuur, waardoor we een intense ervaring van sensualiteit beleefden, alsof we één waren met de natuur. Op een gegeven moment besloten we onze kleren uit te trekken en in het koele, heldere water te zwemmen. Dit voelde als een doop of initiatie in de Australische droomtijd, vergelijkbaar met de ervaringen van de Aboriginals.

Als Nederlandse jongens, met name Maarten, die opgroeide in een poldergebied, waren we bekend met het inpolderen en overstromingen van land met water. We begrepen echter niet waarom de Australische wateringenieurs de honderden rottende bomen die het water vervuilden en een gevaar vormden voor boten niet hadden verwijderd. Maar we begonnen te realiseren dat de natuur zelf gebruik maakte van deze dode bomen; ze hadden een functie. Vogels bouwden nesten, terwijl goanna's leken op prehistorische dinosaurussen die op drijvende boomstammen lagen. Terwijl we ons deze vraag stelden.

Ik koesterde sterke gevoelens voor Maarten, zowel voor zijn innerlijk als zijn uiterlijk. We brachten vele uren door op het vlot, waar we samen avonturen beleefden, nieuwe ontdekkingen deden en openhartig praatten over onszelf en onze gevoelens. We deelden ideeën en bouwden samen aan onze toekomst in gedachten. "Door ervaring op te doen en te verkennen, krijg je inzicht in je toekomst," zoals oma De Blaeij had gezegd; misschien had ze wel gelijk. Het was tijd om terug te gaan naar onze hutten, waar onze moeders, Bets en Jet (Maarten's moeder), op ons wachtten, samen met onze broers en zussen. Voorlopig zouden we ons avontuur aan niemand vertellen, tenminste nog niet.

Toen ik terugkeerde naar onze hut, wachtte me een grote verrassing: Piet, mijn vader, was teruggekeerd uit Corryong. Er was veel vreugde, en nog meer vreugde toen hij ons het verdiende geld liet zien; we wilden het voelen en ruiken. Sinds die tijd ben ik dol op de geur van vers gedrukte bankbiljetten. Er werd veel besproken en er werden veel vragen gesteld. Oude Nederlanders bezochten onze hut en brachten sigaren, taarten en koffie mee; er ontstond gezelligheid, de ziel van de Nederlandse psyche.

Maarten en ik op ons zelf gemaakt vlot het Hume meer te ontdekken tussen de rotte bomen door en giftige slangen and mooie Australische papegaaien. Getekend door mijn vriend Kai Jiang.

De volgende dag doorzocht Piet de kranten naar vacatures en zag een plaats genaamd Shell Harbour op een kaart van Australië die we aan onze hutmuur hadden gehangen. Piet had ooit voor Royal Dutch Shell gewerkt en dacht dat hij daar naartoe zou gaan om te kijken of er banen beschikbaar waren. Het Commonwealth Employment Service in Bonegilla had geadviseerd dat Australië in de greep was van een mini-depressie en de werkloosheid hoog was. Vastbesloten om een baan te vinden, vertrok hij om non-stop 24 uur te liften naar Shell Harbour aan de zuidkust van New South Wales.

Vijftig jaar geleden was liften heel gebruikelijk, vooral op het platteland waar mensen vertrouwend waren en veel mannen oudgedienden waren uit de Tweede Wereldoorlog, net als Piet. Verschillende ex-soldaten gaven hem een lift. Een man genaamd Bill Thomas, een veteraan van Tobruk, nodigde Piet uit om bij hem en zijn vrouw Jeanie te komen eten op hun boerderij bij een plaats genaamd Yass. Bill bood Piet een baan aan om bomen te kappen en op te ruimen voor een paar weken, maar Piet was nog steeds vastbesloten om een baan te vinden bij Shell Harbour bij Shell Oil Company. Hij schreef meerdere keren per week kaarten en brieven, waaruit we concludeerden dat hij overal vrienden maakte. Hij was assertief op een positieve manier en had een bescheiden zelfvertrouwen, altijd kalm en beheerst. Dit gaf hem een gevoel van vertrouwen en zelfverzekerdheid. Mensen vertrouwden hem gewoon.

Toen hij eindelijk aankwam in Shell Harbour, posten hij veel ansichtkaarten waarin hij meldde dat het weer mild was en dat de geur van kokosolie vermengd met het zoute damp van de Stille Oceaan de rustige stad doordrong. Tot zijn teleurstelling was er geen Shell Oil Raffinaderij. Om geld te besparen, sliep hij op een parkbank, maar werd al snel gewekt door een vriendelijke lokale politieagent, die informeerde of Piet geen ongewenst persoon was. De politieagent was duidelijk geraakt door het verhaal van Piet en bood hem een kop sterke koffie en een kaas sandwich als ontbijt aan. Ze gaven hem ook een krant met advertenties voor verschillende banen in de omgeving. Op de ansichtkaart schreef hij dat hij Australiërs had ontmoet die zeer attent en vol empathie waren, en die hem erg behulpzaam waren met advies en praktische hulp.

Gelukkig werd hij tijdens het liften opgepikt door een Engelsman genaamd John Winter, die een graafbedrijf had. John nam Piet op proefbasis in dienst als dragline-operator bij Jervis Bay, in de buurt van een Australische marinebasis. Nadat Piet zijn test had gehaald, zou hij ons laten overkomen, een afstand van 1000 kilometer. Ondertussen zorgde Bets alleen voor haar gezin in Bonegilla, terwijl ze assimilatie- en Engelse lessen volgde. Deze lessen werden aangeboden door het immigratiepersoneel en de Country Women's Association, die ontwikkelingsmogelijkheden bood voor vrouwen op het platteland. Bets en de andere Nederlandse vrouwen leerden in deze lessen over Australische insecten en wilden ons laten weten welke soorten insecten we moesten vermijden. Ze vertelde ons dat het verhaal ging over vliegen, muggen en spinnen. Zodra ze spinnen noemde, vroeg ze mijn zussen om naar mij te kijken. Ze had namelijk een zeer grote huntsman spin boven de ingangsdeur opgemerkt. Vervolgens haalde ze rustig haar grote rode zakdoek tevoorschijn en legde deze snel op de spin om hem daarna buiten vrij te laten. We konden zien hoe de spin snel wegrende. Deze ervaring bevestigde voor mij dat mijn moeder Bets geweldig "gaaf" was, zoals jongeren dat tegenwoordig zouden zeggen. Ik had andere moeders gezien en gehoord die schreeuwden van angst als ze een grote spin, muis of rat zagen, maar Bets niet. Onze moeder was stoer en kalm; niets leek haar veel te deren. Ze was niet zoals veel andere moeders die ik had gezien, die overbeschermend waren en bijna paranoïde leken. Bets was altijd gericht op het welzijn van haar gezin, met nadruk op educatie, fysieke, mentale en spirituele gezondheid.

Als kind werden onze gedragingen nooit veranderd door angst, zoals het idee van een monster onder het bed, zonde of schuld, of de dreiging van straf. In plaats daarvan werden we altijd beïnvloed door discussies en rolmodellen. Deze opvoedingsmethode onderscheidde mijn ouders van veel andere ouders van mijn vrienden. Hoewel ik me herinner dat ik als kind af en toe een tik op mijn benen kreeg toen ik koppig ongehoorzaam was. De strijd tegen de Australische insecten werd serieus toen de vliegen ons later zo hevig aanvielen dat zowel Bets als ik vijf dagen in het ziekenhuis belandden. Dit kwam doordat het krabben infecties veroorzaakte en in het geval van Bets zelfs bloedvergiftiging. Nadat Bets hersteld was, maakten onze ouders zich vooral zorgen over hoe ze de muggen 's nachts konden stoppen. Ze wilden vooral het gebruik van chemicaliën vermijden die mogelijk schadelijk voor ons zouden kunnen zijn. De oplossing kwam in de vorm van het branden van aangenaam ruikende wierookstokjes. De wierook verdreef de muggen en vliegen. Eindelijk kregen we wat verlichting, in ieder geval van de nachtelijke kwelling. Bets had ook een afweermiddelcrème gemaakt volgens een recept dat ze tijdens de oorlog had geleerd, in een tijd waarin je moest weten hoe je zeep en desinfecterende middelen kon maken. Ze gebruikte een mengsel van azijn en andere natuurlijke stoffen, die wij aanbrachten.

Op de eerste zondag in Australië waren Bets en ik op zoek naar een kerk. We vonden de Lutherse kerk, die zich bevond in één van de omgebouwde golfplaten hutten die eruitzag als een kerk. Nou ja, er stond in ieder geval een kruis op de voordeur . Het maakte ons niet uit welke kerk we bezochten, omdat denominationalisme nooit aan ons werd opgedrongen. Pure, onvervalste spiritualiteit en onvoorwaardelijke liefde waren de standaarden voor de Paulussen. Het belangrijkste voor ons was respect voor alle overtuigingen, ideologieën en religies. Protestantse Reformatieprincipes, zoals mensenrechten, collectieve maatschappelijke verantwoordelijkheid en een strikte scheiding tussen kerk en staat, werden benadrukt.

De dienst in de Lutherse kerk verschilde van onze Nederlandse Hervormde Kerk. Ze werden tweetalig in het Engels en Duits gehouden, net als de hymnen. Het eerste lied dat ik in Australië zong, en toevallig mijn favoriet was, was geschreven door Maarten Luther en heette 'Een vaste burcht is onze God'. Na de kerk kwamen mensen naar ons toe, schudden onze handen en verwelkomden ons hartelijk. Sommigen spraken Duits en we spraken Duits terug. De voordelen van meertaligheid begonnen al snel vruchten af te werpen in het snel maken van vrienden. Wij kinderen kregen chocoladekikkers en kangoeroes als snoep. Mijn zus Marianne kreeg een eerder geknuffeld pluchen diertje en Lizzie kreeg een tweedehands, vooroorlogse zwarte leren handtas voor meisjes. Bets waardeerde de gastvrijheid, die ze dankbaar aanvaardde; schertsend zei ze: 'Het is prettiger om te ontvangen dan te geven.'

Zoals ik eerder al vermeldde, was er eerder al gedoe met de Duitse kampbewakers van Bonegilla, die in het Duits uitzonden voor de

Duitse bevolking in Bonegilla. Dit verstoorde sommige Nederlanders die in concentratie- en werkkampen van Hitler hadden gezeten. Bets zei dat het hoog tijd was dat we vrede sloten; de oorlog was voorbij, maar blijkbaar nog niet in sommige mensen hun hoofd. Ze voegde eraan toe: 'Christus moedigde ons aan om vredestichters te zijn, geen oorlogsstokers.' Op de zondag dat we de Duitse Lutherse kerk bezochten, stelde een man zich voor als Werner Gulz en vertelde dat hij zestien jaar geleden een Duitse soldaat was geweest in Nederland tijdens de Tweede Wereldoorlog. Hij zei dat hij Nederlandse mensen erg mocht en, nadat hij ons cultureel bewustzijn en mijn interesse in klassieke muziek had vastgesteld, mij graag een vinylplaat wilde geven van Mendelssohn's 'Reformation' symfonie. Toen Werner bij ons op de koffie kwam, aangezien Bets veel mensen uitnodigde voor koffie, zei hij dat zijn cadeau zijn persoonlijke vredesoffer aan ons was. Toen drong het tot me door dat veel mensen de oorlog proberen te verwerken en vrede willen stichten, ondanks de moeilijkheden die ze hebben meegemaakt.

Duitse mensen die we ontmoetten leken te lijden onder een collectief schuldgevoel over de oorlog. Als tienjarige hoorde ik mijn neven en nichten in Nederland Duitse toeristen toeschreeuwen: 'Geef me mijn fiets terug.' Hiermee verwezen ze naar de inbeslagname van alle Nederlandse fietsen door de Duitse bezetters. Bets en Piet hadden ons kinderen gewaarschuwd dit nooit te zeggen, omdat we door dit slechts te uiten haat en wantrouwen in stand zouden houden en ons niet zouden kunnen ontwikkelen in ons denken. Toen Lizzie werd geboren, was de vroedvrouw die veertien dagen bij ons woonde een voormalig lid van de Nationaal-Socialistische Beweging (NSB), een Nederlandse politieke partij die aan de zijde van de nazi's stond en verraders van het land werden. Deze vroedvrouw koos tijdens de oorlog de kant van de Duitsers. Er werd mij verteld dit nooit ter sprake te brengen, maar haar met de grootste respect te behandelen. De veronderstelling was dat onvoorwaardelijke liefde vergeving eiste en mensen ten goede zou veranderen. Ik wist dat Piet door de nazi's gearresteerd was nadat een lid van de NSB zijn schuilplaats verraden had in de laatste fasen van de oorlog. Ik respecteerde mijn ouders omdat zij onvoorwaardelijke liefde zonder oordeel, maar met onderscheidingsvermogen, leken te praktiseren.

We ontvingen een bericht van Piet waarin hij vol vreugde meldde dat hij een baan had gevonden als dragline- operator op HMAS Albatross, een Australische marinebasis gelegen nabij Jervis Bay in New South Wales. Zijn nieuwe werkgever, John Winter, had zelfs een vakantiehuis in Hutchkinson, een prachtig vakantieoord langs Jervis Bay. Bij het horen van dit nieuws, overspoelde een golf van blijdschap ons. Piet schetste een zeer positief beeld van zijn nieuwe avontuur, wat onze opwinding alleen maar vergrootte.

De kampopzichter en de Commonwealth-dienst voor tewerkstelling gaven ons met grote spanning de instructie om onze spullen in te pakken en met de nachttrein naar Moss Vale te reizen. Daar zouden John Winter en mijn vader ons op het station ontmoeten. De gedachte om naar Jervis Bay te gaan, bracht herinneringen aan vroeger naar boven. We wisten dat Jervis Bay een belangrijke plek was tijdens de Tweede Wereldoorlog. Grote Nederlandse troepenschepen, zoals de Oranje en de Nieuw Amsterdam, deden regelmatig Jervis Bay aan voor reparaties en het inladen van Australische troepen. Het was bijzonder om te weten dat Piet nu deel zou uitmaken van deze historische locatie.

Met een sprankje vreugde en opwinding in ons hart, namen we de trein naar Moss Vale. Het vooruitzicht om onze geliefde Piet weer te zien en een nieuw hoofdstuk in ons leven te beginnen, vulde ons met blije verwachting. We waren bereid om de prachtige omgeving van Jervis Bay te verkennen en te genieten van de herinneringen die in dit gebied lagen verborgen.

HOOFDSTUK 8

Het caravan park was een microkosmos van de Australische bevolking;
maar werden ook geconfronteerd met culturele verschillen die onze Zeeuwse
gevoeligheden op de proef stelden.

Wat een fijne avontuurlijke reis was het! We stapten in Albury in een bommel trein en begaven ons op een spannende reis van maar liefst 12 uur naar Mosvale. En we hadden geluk, want we hadden een hele coupé voor onszelf! We werden heerlijk verwend met Australische sandwiches, chocolademelk, koffie en sinaasappelsap. Het was alsof we in een waar luxe hotel zaten!

Maar dat was nog niet alles! Bij onze aankomst werden we verrast door John Winter en zijn vrouw en pa Piet, die ons stonden op te wachten in twee auto's. En tot onze verbazing trok één van de auto's in mijn ogen een prachtige oude caravan. Daar zouden we als een hechte familie van vijf personen bijna 10 maanden in gaan wonen! Ik had toen nog geen idee van het ongelofelijke avontuur dat ons te wachten stond.

De rit door Kangaroo Valley en Fitzroy Falls was simpelweg adembenemend. Het was alsof we door een natuurparadijs reden, en zonder twijfel het mooiste dat Australië te bieden heeft. De weelderige landschappen en verbluffende watervallen lieten ons sprakeloos achter. Het was alsof we in een sprookje waren beland!

De hele familie was vol met enthousiasme en verwondering hebben we de prachtige plekken verkend. Het was een ervaring om nooit te vergeten en we voelden ons echt bevoorrecht om dit mee te maken. De adembenemende natuur, de warme gastvrijheid van John Winter en zijn familie, en de magie van reizen door dit schitterende land maakten het tot een onvergetelijk avontuur.

Met enorme opwinding en spanning vonden we uiteindelijk onze weg naar Nowra, de bestemming was Hanson's Caravan Park. Dit buitengewone park bevindt zich langs de majestueuze Shoalhaven-rivier, die zonder enige twijfel wordt beschouwd als de meest schilderachtige rivier die het Australische continent te bieden heeft.

Bij aankomst werden we direct betoverend van onze bescheiden, maar toch charmante caravan. Ik dacht dat wij nu net zigeuners waren, niet dat er it's mis is met het zigeuners leven. Hoewel deze caravan al eeuwenoud leek en enigszins vervallen was, had het een unieke twist met een zelfgefabriceerde annexe eraan vastgemaakt. Onze slaapkamer, een kleine tweepersoonstent, diende als ons toevluchtsoord en werd gedeeld met mijn avontuurlijke zus Lizzie en onze nieuwe metgezel, de ondeugende puppy Max.

Terwijl we genoten van onze eenvoudige accommodatie, realiseerden we ons dat we ons meer dan rijk voelden. De overweldigende natuurlijke schoonheid om ons heen overspoelde ons met een gevoel van voldoening en opwinding. Het was alsof we ons in het paradijs waanden, net zoals Adam zich moet hebben gevoeld in de betoverende Tuin van Eden. Terwijl ik de overweldigende schoonheid aanschouwde, voelde ik me verbonden met de essentie van het leven zelf.

We werden in het permanente gedeelte van het park geplaatst, omdat de eigenaar, meneer Hanson, vond dat we ons keurig gedroegen, beleefd waren, schoon en opgeruimd, en vriendelijk spraken. Onder de kampeerders waren veel alleenstaande mannen, zoals bouwvakkers die werkten bij de Shoalhaven papierfabriek. Ze bewoonden zelfgebouwde, vreemd uitziende caravans.

Het leven op de camping bracht ons in contact met een kleine versie van de Australische Anglo-Keltische samenleving, een het is best te omschrijven als een microkosmos van de Australische bevolking. We hadden persoonlijke ontmoetingen en ervaringen, maar werden ook geconfronteerd met culturele verschillen die onze Zeeuwse gevoeligheden op de proef stelden. We leerden nieuwe mensen kennen en sloten vriendschappen, ongeacht hun sociale status. Op de camping woonden allerlei soorten mensen: zij die het moeilijk hadden, werklozen die geen baan konden vinden, mensen met alcohol- en drugsproblemen, daklozen, mensen met mentale uitdagingen, alleenstaande ouders, seizoensarbeiders, mensen met verschillende geloofsovertuigingen, atheïsten, seculiere personen, arbeiders met diverse beroepen, studenten en afstammelingen van Aboriginals met gemengd bloed, halfbloedjes maar dat mage je in 2023 niet meer zeggen. We bevonden ons eigenlijk in epen microkosmos van bruisende gemeenschap van toeristen, reizende gepensioneerden woonend in caravans, homoseksuelen, lesbiennes, uitvoerende en beeldende kunstenaars en mensen met verschillende achtergronden. Na verloop van tijd realiseerde ik me dat dit park de perfecte omgeving was om de ware essentie van Australië te ervaren en te begrijpen.

In mijn eerste schoolopstel beschreef ik Australiërs als diverse individuen, vergelijkbaar met kleurrijke Engelse dropjes. Echter, ik was me er ook van bewust dat Australië destijds beleid voerde waarin het alleen bedoeld was voor blanken, genaamd de White Australia Policy. Het caravanpark had verschillende secties, waaronder een speciale sectie voor gemengde Aboriginals.

Daarnaast waren er ook disfunctionele gezinnen, die leken minder goede sociale vaardigheden te hebben en vaak veel kinderen hadden. Ik herinner me dat er veel geschreeuwd en gevloekt werd en dat de kinderen vaak last hadden van snotneuzen, wat de Australische vliegen aantrok.

Voor zover ik wist, en dit werd bevestigd door meneer Hanson, waren wij de enige migrantenfamilie in het park; er waren geen andere nationaliteiten vertegenwoordigd. In een zeer korte tijd leerden we iedereen in de gemeenschappelijke ruimte van het park kennen. Na het avondeten deden we daar de afwas in een gezamenlijk washok, o ja onze eerste huishoudelijke aankoop, was een Australische elektrische koekenpan.

Terwijl we gezellig samen afwasten, vulden we de lucht met een vrolijke mix van Nederlandse en Australische liedjes. Dit bracht zoveel plezier in onze caravangemeenschap, waar iedereen ongetwijfeld genoot van onze gratis entertainment. Elke avond hadden we een enthousiast publiek dat applaudisseerde en ons beloonde met snoep, boeken, tijdschriften of foto's van hun reizen. Sommige mensen wilden gewoon even kletsen. De Australiërs waren ongelooflijk vriendelijk en deden ook hun best om vrienden van ons te maken. Natuurlijk waren wij ook een bezienswaardigheid voor hen. Onze Europese kledingstijl was destijds waarschijnlijk wat stijlvoller dan de Australische mode, omdat kleding nog niet massaal werd geproduceerd in Aziatische sweatshops. Er waren zoveel meer variaties in stijlen en de kledingfabrikanten maakten niet zoveel kopieën zoals ze nu doen. Daardoor zagen we er individueler uit. Het was niet zo uniform als het tegenwoordig soms is in de eenentwintigste eeuw. Onze unieke stijl zorgde voor een schokgolf in het conservatieve Australië, dat gewend was aan aanpassing aan de norm.

Toen onze nieuwe Australische vrienden zich realiseerden dat we geen auto hadden, nodigden ze ons uit voor dagtochten naar het strand of om te wandelen in de natuur. Bets drong er op aan eerst onze nieuwe Aussie vrienden te ontmoeten om te zien hoe betrouwbaar ze waren, we vertrouwden op haar uitstekende intuïtie en scherpe oordeel, een vaardigheid die ze had ontwikkeld toen ze boodschappen overbracht voor het Nederlandse verzet tijdens de oorlog.

Mijn moeder maakte al snel vrienden met de permanente bewoners en een van hen was Rita Harmer. Ze ontmoetten elkaar vaak in het gemeenschappelijke washok, waar ze roddels uitwisselden terwijl ze de was deden. Rita leek op Betty White van de Golden Girls, met een vrolijke glimlach, rood haar en dezelfde humor. Ik klikte meteen met haar vanwege haar vrolijkheid. Ze noemde me niet "liefde" zoals Noelene deed, maar gebruikte mijn Nederlandse naam, Kees, dat later werd veranderd naar Keith toen we meer in de Australische cultuur mengden.

Rita en haar man Stan hadden geen kinderen, behalve een geadopteerde zoon genaamd David, het neefje van Rita's overleden zus Ruby. Rita hield van kinderen en hielp mijn moeder met de zorg voor baby Marianne. Ze was ook een geweldige pianiste en gaf regelmatig optredens in de gemeenschapszaal van het caravanpark. Terwijl ze piano speelde, leerde ze ons het lied 'Along the Road to Gundagai' zingen, een favoriet lied uit de oorlog. Zelfs Piet herinnerde zich dat Nederlandse soldaten het zongen toen hij samen met de Australische troepen diende in Nederlands-Indië.

Tijdens een zangavond raakt Piet bevriend met Stan, de echtgenoot van Rita. Beide mannen zijn oude soldaten en veteranen uit de Tweede Wereldoorlog, waardoor ze meteen een band met elkaar vinden. Stan blijkt een dappere Rat van Tobruk te zijn, die gediend heeft bij de 7e Australische Divisie van april tot augustus 1941. Hij vertelt ons dat ze standhielden tegen de beruchte Duitse generaal Erwin Rommel, die de Libische havenstad Tobruk belegerde.

Stan benadrukt dat de stad succesvol werd verdedigd door 1.400 Australische soldaten. Ze hadden de gewoonte om loopgraven te graven en zich daarin te verschuilen tijdens vijandelijke bombardementen, wat maakte dat de Duitsers hen "ratten" noemden. Hij vertelde ook dat hij met het Nederlandse schip de Johan van Oldenbarnevelt die de Rats of Tobruk terugbracht naar Australië, hier was dan nog een leuke verbinding om dat wij met de Johan naar Australië geïmmigreerd waren. Daarna deelt Piet zijn eigen ervaringen met het Nederlandse verzet en de Zeeland Brigade, het eerste Nederlandse bevrijdingsleger dat Duitsland binnentrok en later naar de Oost om de Japanners helpen te verslaan.

Rita werd al snel de lieve zus uit Australië van Bets, en ook onze eerste Australische tante en haar echtgenoot onze eerste oom. Tante Rita was altijd vol adviezen en diende als een inspirerend voorbeeld van hoe je als vrouw kunt leven in Australië. Ze maakte gebruik van de Australian Women's Weekly om mijn moeder te helpen met het leren van Engels. Zowel Rita als Stan gaven mij een boek genaamd "Building Your Life", geschreven door Judson T. en Mary G. Landis. Rita legde uit dat dit boek bedoeld was voor jonge tieners en omdat ik net twaalf was geworden, hoopte ze dat het me zou helpen om mezelf beter te begrijpen en mij de weg zou wijzen naar volwassenheid. Op dat moment had ik geen idee hoe vaak ik het boek tijdens mijn tienerjaren zou lezen en er inspiratie uit zou putten.

Het gebrek aan ruimte in onze kleine caravan werd snel opgelost toen onze kist arriveerde vanuit Melbourne, gevuld met al onze meubels, apparaten, boeken en gereedschap. Maar het belangrijkste was onze Philips-korte golf radio met ingebouwde platenspeler. We maakten de kist al snel tot een tijdelijke slaapkamer. Ik herinner me nog hoe gezellig en geruststellend het was om in mijn nieuwe kist- slaapkamer te slapen; de geur van het Nederlandse hout en vernis bracht me terug naar mijn herinneringen en zo dompelde ik mezelf onder in slaap te midden van de spullen die nog in de kist zaten, o.a , Nederlandse kunst en cultuur die we in onze kisten hadden meegenomen.

Ik twijfelde nog regelmatig aan mijn ouders beslissing om naar Australië te gaan; die twijfels plaagden me en kwamen naar boven wanneer ik in die cultuurkist sliep. Ik vroeg me af wat mijn vrienden en familie zouden denken als ze me nu zo zagen, slapend in een kist, bedekt met een zeildoek dat afkomstig was van het zeilschip De Scheldestroom; ze zouden zich af kunnen vragen of we de juiste beslissing hadden genomen.

Mr. Hanson, de eigenaar van het caravanpark, is tegen het idee van een grote kist naast de caravan. Hij stelt voor om een stevige tweepersoonstent te kopen die hij toevallig te koop heeft. De tent wordt naast de caravan geplaatst en verbonden met een zelfgemaakte bijlage van hennepzeil van De Scheldestroom. Tot onze grote verbazing kwam later de Australische politie naar Piet toe om vragen te stellen over het hennepzeil. Ze onderzoeken het hennepzeil argwanend en lijken bijna paranoïde. De familie had al lang gesprekken gehad over de voor- en nadelen van marihuana en verkiest iemand die onder invloed is van marihuana boven iemand die onder invloed is van alcohol. Wij ontdekten al vlug dat meeste Australische mannen zuiplappen waren. Piet liften elke dag naar zijn werk bij Hutchkinson, wat hem uren kost omdat er geen busdienst is. Wij overwegen om te sparen voor een auto.

Zeeuwse paling boer.

Piet met zijn grote graafmachine baggerde sloten uit. Maar tijdens zijn werk werd zijn aandacht regelmatig getrokken naar iets bijzonders: enorme glibberige palingen die tevoorschijn kwamen uit de modderige zeebodem. Deze palingen waren zo dik als een pols van een gemiddelde man en bewogen zich razendsnel. En wist je dat ze slijm afscheidden om zich te verdedigen, bijna net zo als sommige politici van tegenwoordig! Mijn vader was nooit bang voor een beetje avontuur en besloot de uitdaging aan te gaan. Hij ving deze spectaculaire meterlange palingen met een enorme tang en nam ze mee naar huis, waar Bets ze met liefde bereidde. Voordat ze ze konden opsmullen, werden de palingen een paar dagen in een grote emmer met vers water gelegd, om de moddersmaak eruit te trekken. En zo genoten wij maandenlang bijna dagelijks van heerlijke palinggerechten in allerlei varianten: gebakken, gekookt, gerookt en gemarineerd, en het belangrijke was dat we geld spaarden en toch gezond eten.

Op een dag gebeurde er iets bijzonders. Terwijl Bets een van haar smakelijke palinggerechten aan het bakken was, werden ze omringd door nieuwsgierige Australiërs. De verleidelijke geur prikkelde ieders zintuigen. En niet alleen de lokale bewoners werden aangetrokken, maar ook kampeerders waren nieuwsgierig naar wat er gaande was. Het nieuws verspreidde zich als een lopend vuurtje en al snel werd Bets' kookkunst beroemd. Hierdoor kregen de Australiërs ook een grotere waardering voor de Nederlandse keuken, die duidelijk in de smaak viel bij velen.

De mensen waren zo enthousiast dat ze recepten begonnen te vragen. En gelukkig was daar Rita, die Bets hielp om deze prachtige recepten vol trots in het Engels op te schrijven. Zo werd niet alleen gebakken paling geïntroduceerd, maar ook barbecuepaling en gemarineerde paling. Het was een ware smaaksensatie! Als tegenprestatie deelden de Australische vrouwen recepten voor Australische gerechten, die destijds vooral bestonden uit drie soorten groenten en een sappig stukje vlees.

En laten we vooral de geweldige Lois Jones niet vergeten, een getalenteerde kok in het plaatselijke Banjo Paterson Restaurant. Zij toverde de meest overheerlijke pavlova op tafel, waarvan ze ons volop liet genieten. Wat een traktatie! Pa had het zo geregeld met Lois dat in ruil voor de paling wij met de helle familie daar gratis ging eten.

Dus, dankzij het avontuurlijke duo Piet en Bets werd niet alleen de Nederlandse keuken gevierd, maar ontdekten we ook dat Australische gerechten zeker hun eigen smaak hadden. Het was een smakelijke uitwisseling van culinaire erfgoeden tussen deze twee landen, die de smaakpapillen van velen veroverde.

In het caravanpark zagen we al snel dat er veel armoede was, vooral onder Aborigines en hun families. Gelukkig waren er mensen zoals Bets, die altijd extra kookte het was haar idee om flessen te verzamelen voor statiegeld dat betaalden voor extra eten. Tjonge haalden zoveel flessen op uit vuilnisbakken en op weg terug van school. Australië was destijds milieubewuster en geavanceerder, en het verdiende geld gebruikten we om voedsel te kopen voor kansarme Australiërs in het park.

Goed geld verdienen

Als hardwerkende Nederlanders wilden we elke kans grijpen die we konden vinden. We werden al snel bekend als harde werkers. Voor ons telde het motto "carpe diem" - geniet van de dag en de mogelijkheden. Hoewel mijn familie snel wilde assimileren, twijfelde ik aan het idee. Ondanks dat, waren we populair onder Australiërs omdat ze assimilatie zagen als een triomf van de Angelsaksische cultuur.

Op twaalfjarige leeftijd kreeg ik zelfs een baan aangeboden om vuilnisbakken leeg te maken. Ik nam ook een baan aan als krantenbezorger, met een fiets van de krantenwinkel. In het weekend hielp ik mijn vader met het wassen van auto's op de camping en verdienden we tien shilling per auto. Dat was veel geld, vooral als je bedenkt dat het wekelijkse loon voor volwassenen slechts vijftien pond was. We werkten hard en verdienden ons geld met trots!

In het weekend wasten en boenden we maar liefst elf auto's om wat extra geld te verdienen, wat overeenkwam met de helft van ons wekelijkse salaris. Bets stond ook bekend om haar talent om jurken te maken en kleding aan te passen voor mannen zonder vrouw. Ons grote doel voor 1962 was om ons eigen huis te bouwen, het liefst zonder lening van de bank. En dat lukte! We hadden al snel genoeg geld gespaard om ons eerste stuk grond te kopen aan de Braidwood Road in Nowra.

Stel je eens een twaalfjarige jongen voor die verantwoordelijk was voor afvalbeheer op een groot caravanpark. Hij moest driemaal per week maar liefst zevenenzestig vuilnisbakken verzamelen, legen en schoonmaken. Ik was die jongen! Hoewel afval niet schattig was, noemde een Amerikaanse ingenieur me een 'schattige garbage boy'. Grappig genoeg hield ik me bezig met archeologie en geschiedenis, waardoor ik veel kon leren door het analyseren van het afval van een land. Dit werk gaf me echt inzicht in de Australische bevolking en hun levensstijl. Als tiener vond ik het ook fascinerend om gebruikte condooms in de vuilnis bakken te vinden. Gelukkig had mijn vader me enkele jaren eerder had laten zien hoe condooms eruitzagen en waarom en hoe ze bescherming bieden tegen seksueel overdraagbare aandoeningen,hier in het caravan park ontdekte ik uiteindelijk wie ze daadwerkelijk gebruikte. Zijn woorden blijven altijd in mijn gedachten: 'Het kan je op een dag redden' en 'Denk eraan om er een te gebruiken wanneer je seks hebt, niet nu, maar in de toekomst, wanneer je ouder bent en seksueel actief bent.' Zijn advies bleef hangen, maar het was pas vele jaren later, tijdens de vroege jaren van de HIV/AIDS-crisis, dat ik echt besefte waar hij het over had.

In 1984, sloot ik me aan als vrijwilliger bij de Victorian AIDS Council en maakte ik deel uit van het team van het Ministerie van Volksgezondheid dat veilige seksinformatie en educatieprogramma's ontwikkelde. Op dat moment kwamen Piet's woorden weer in mijn gedachten. Ik realiseerde me dat condooms veel meer waren dan alleen ballonnen, zoals mijn zus dacht. Ik hield het voor mezelf omdat ik niet zeker was over mijn eigen seksualiteit, maar ik begon langzaamaan de schoonheid van het menselijk lichaam en mijn eigen lichaam te waarderen.

Bovendien zag ik wat mensen lazen, welke kranten of tijdschriften, inclusief Amerikaanse pornotijdschriften. Op twaalfjarige leeftijd was ik niet helemaal zeker over die pornotijdschriften, hoewel ik nieuwsgierig bleef. Ik realiseerde me al snel dat ze denigrerend waren jegens vrouwen van wie ik hield: mijn tantes, zussen en grootmoeders. Ik vond dat vrouwen niet gereduceerd mochten worden tot seksobjecten, maar ik kon niet uitleggen waarom het gewoon niet goed voelde. Ik besloot toen dat porno niet voor mij was, maar later haalde ik ze uit de vuilnisbak en verkocht ik ze aan een tijdschrift winkel in Kinghorn Street voor twee shilling per stuk, terwijl ik mezelf verdedigde door te zeggen dat ik papier aan het recyclen was. Soms ruilden mijn schoolvrienden en ik tijdschriften voor andere dingen, dus ruilen en handelen waren niets nieuws voor mij. Ik had het ook in Nederland gedaan. Nu besef ik dat ik destijds hypocriet was, maar op die leeftijd was geld verdienen en krijgen mijn voornaamste doel als vuilnisman. Ik vond dat het doel de middelen rechtvaardigde, zoals mijn ouders altijd zeiden. Ik was bezig mijn eigen morele identiteit te ontwikkelen, een proces dat voortduurde, vooral als je twaalf jaar oud was.

Door simpelweg naar de inhoud van de vuilnisbakken te kijken, kon je een idee krijgen van wat voor voedsel mensen aten. Vers voedsel was populair, gezien de aardappels, wortels, pompoenen en sinaasappel- en citroenschillen die ik vond. Anderen waren dol op verpakt voedsel en snoepjes met mooie verpakkingen. Er waren ook veel lege sigarettenpakjes. Op een dag vond ik een sigarettenpakje vol met bankbiljetten ter waarde van honderd pond. Ik bracht het naar meneer Jones, de beheerder van het caravanpark. Hij wist dat het van mevrouw Johnson was. Ze bewaarde het geld in een buigzaam leeg sigarettenpakje van Peter Stuyvesant, zodat haar alcoholistische man het overdag niet zou vinden. Maar 's nachts had ze het gevulde sigarettenpakje met bankbiljetten naast haar bed gelegd en haar man had het per ongeluk weggegooid. Als beloning voor mijn eerlijkheid kreeg ik vier kussen en een briefje van vijf pond. Dat is wanneer ik leerde over karma, of in christelijke termen, dat je te zijner tijd wordt beloond voor je daden.

Ik vond interessante vondsten in bijna elke vuilnisbak die ik doorzocht. In één vuilnisbak trof ik altijd schetsen aan van naaktmodellen, zowel mannen als vrouwen. Hoewel ik verleid werd om ze mee naar huis te nemen en de prachtige vormen van het menselijk lichaam te bewaren, besloot ik dit niet te doen. Ik vond dat dit privé was en niet mijn zaak. Een paar dagen later, terwijl ik afval verzamelde naast een grote caravan, maakte ik kennis met een knappe jongeman van ongeveer drieëntwintig genaamd Ben. Hij stelde zich voor als kunstenaar en ik herkende hem als de maker van de tekeningen die ik in de vuilnisbak had gezien. Ben vroeg me of ik voor hem wilde poseren voor een pond per uur. Hoewel het geld aantrekkelijk klonk, vertelde ik Ben dat ik dit eerst met mijn ouders wilde bespreken. 'Prima,' zei hij, 'maar zorg ervoor dat alles volgens de regels verloopt.' Ik vroeg hem wat dat betekende en hij antwoordde: 'Dat betekent dat alles legaal is.' 'Goed,' zei ik. Die avond vroeg ik mijn ouders of ik voor Ben mocht poseren. 'Ja,' zeiden ze, 'maar wel met kleren aan.' We moesten allemaal lachen. Uiteindelijk besloot ik niet te poseren, mede vanwege de subtiele afkeuring van mijn moeder. Desondanks werden Ben en ik goede vrienden en gingen we vaak samen wandelen in de natuur, waarbij we verschillende natuurlijke vondsten verzamelden, zoals kleine stenen, vogelveren en bladeren van verschillende vormen, die hij gebruikte in zijn kunst. Hij rookte ook wel eens marihuana met zijn vrienden. Ik besloot om de privacy van mensen te respecteren en me te richten op mijn eigen zaken. Ik keek niet negatief tegen wiet aan, maar ik zag wel de gevaren van alcohol. Dit was een fase in mijn leven waarin ik me bezighield met afval.

Mama en Lizzie komen net terug van hun eerste Kerkgang naar de caravan.

HOOFDSTUK 9

Spannend naar Nowra High School; Ondanks dat Australiërs graag denken dat ze stoere individuen zijn, zijn ze juist erg conformistisch en aanhangers van uniformiteit, maar zelden trendsetters

We moeten een bijzondere verschijning zijn geweest op de maandagochtend in de Australische onderwijswereld. Terwijl de Australische mode in de jaren '50 en '60 nog ver achterliep op de hedendaagse Europese mode, droegen wij felgekleurde kleding. We liepen vrolijk rond met verwachtingsvolle gezichten en een positieve houding, op weg naar onze nieuwe scholen er waren geen afspraken gemaakt je meldde je gewoon op het schoolkantoor.

Als Nederlandse kinderen trokken we meteen de aandacht toen we aankwamen op de Nowra Basisschool. De eerste leraar die we zagen schreeuwde met een hoge stem: "Wat? Geen schooluniform?" Bets was even van haar stuk gebracht, maar ze merkte nuchter op dat deze leraar duidelijk neurotisch en gespannen was. Waarschijnlijk had ze nog nooit Europeanen ontmoet, laat staan Nederlanders met een ontspannen houding. De manier waarop ze zich zo druk maakte over het ontbreken van uniformen leek alsof het het begin van een grote ramp was. Ondanks dat Australiërs graag denken dat ze stoere individuen zijn, zijn ze juist erg conformistisch en aanhangers van uniformiteit, maar zelden trendsetters. Dit werd het beste geïllustreerd door iedereen die een schooluniform droeg, ongetwijfeld gebaseerd op de Britse particuliere scholen. Mijn ouders hadden echter niet genoeg geld om uniformen te kopen. Voor hen was het belangrijker om schoolboeken te kopen, dus die hadden de prioriteit, niet de uniformen. Om niet al te veel op te vallen, droegen we kleding die enigszins in de buurt kwam van de overheersende schoolkleuren. Wat is er gebeurd met de stoere Australische individualist? De directeur en het personeel op de basisscholen behandelden ons, en vooral mijn moeder, erg vriendelijk. Ze boden excuses aan voor de schreeuwende leraar. Ze bewonderden Bets' energie en haar inzet voor haar kinderen.

Slechts drie maanden geleden was ze in Australië aangekomen en ze zette haar ons kinderen - en taalvaardigheden volop en voor op. "Vriendelijkheid', zei ze, 'is altijd een weg naar iemands hart. Vergeet dat nooit, Kees.' Het inschrijven van Lizzie kostte slechts vijfenveertig minuten; een zeer vriendelijke leraar nam de zesjarige Lizzie bij de hand en begeleidde haar naar de klas. Hoewel ik niet blij was haar achter te laten in een vreemde omgeving, leek ze het niet erg te vinden. Ze glimlachte alleen maar en zei: 'Tot vanmiddag, tot ziens', alsof het de normaalste zaak van de wereld was; ze leek er totaal geen moeite mee te hebben. Ik was trots op mijn dapper zusje . Ze was niet alleen moedig, maar ook slim; ze hield van lezen, net als ik. Ik dacht bij mezelf dat boeken lezen ons concurrentievoordeel was, omdat veel Australische kinderen in vergelijking met Nederlandse kinderen niet zoveel lijken te lezen; althans, dat was mijn indruk. Daarna was het mijn beurt om me in te schrijven, nadat we nog eens dertig minuten hadden gelopen dauwend achter een kinderwagen met Marianne er in naar Nowra High School. We hadden geen tijd om geïntimideerd te raken door drie mannen gekleed in grijze pakken, witte overhemden en donkerblauwe stropdassen; ze hadden allemaal grijs haar. Mama, Marianne en ik werden naar het kantoor van meneer Sykes geleid door een officieel ogende secretaresse met een knotje en een zwarte jurk. We werden verwelkomd in Australië en op de Nowra High School. Vervolgens werden we voorgesteld aan meneer Woods, de adjunct-directeur, en meneer Bellamy, de leraar Engels. Ze interviewden zowel mama als mij om onze taalvaardigheid te beoordelen, zo zeiden ze.

Meneer Sykes probeerde een gesprek aan te knopen door stereotypische beelden van Nederland te noemen. Hij vroeg: "Ze hebben toch veel windmolens en tulpen in Nederland?" Ik antwoordde beleefd: "Ja, meneer Sykes, dat klopt." Daarna vroeg meneer Bellamy welk soort boeken ik las en of ik enige Australische boeken had gelezen. Ik antwoordde: "Ja meneer Bellamy, ik heb net We of the Never- Never en The Timeless Land uitgelezen." Hij vroeg wat ik tot nu toe had geleerd van mijn Australische leeservaringen. Mijn antwoord was dat ik de frisheid van Australische verhalen waardeerde, omdat ze nieuwe perspectieven en verhaallijnen boden. Ik dacht dat dit kwam door de fysieke landschappen van Australië; je voelde echt een connectie. Bij Australische verhalen waren eucalyptusbomen, kookaburra's en zingende eksters altijd aanwezig. Het gaf me het gevoel van een 'nieuwe wereld' in Australië, waar ik enthousiaster van werd. Vervolgens nodigde meneer Bellamy me uit om te praten over mijn eerste indrukken van Australische kinderliteratuur. De lichaamstaal van Bets toonde trots en ze knipoogde en knikte naar me. Het inschrijven ook daar duurde slechts dertig minuten en verliep zonder problemen. Ze verzekerden mijn moeder dat ze zich geen zorgen hoefde te maken over het schooluniform op dit moment. Het belangrijkste was dat ik me zou settelen. Alle drie heren prezen mijn Engelse taalvaardigheid en waren positief over het Nederlandse onderwijs. Ze beoordeelden mijn niveau als vergelijkbaar met dat van de derde klas van de middelbare school. Stiekem was ik trots op deze prestatie, het betekende dat ik een jaar voorliep op mijn vrienden in Nederland. Na school lieten Bets en Marianne me achter om in de hete Australische zomerhitte in vijfenveertig minuten terug te lopen naar het caravanpark. Ze gaven me drie shilling om lunch te kopen. Ik moet hier zeggen dat ik in Nederland drie keer ben blijven zitten op de lagere school, enkel maar omdat ik niet goed was in rekenen. Het was het enige vak waar ik moeite mee had, ik was zeer goed in taal, lezen, aardrijkskunde, geschiedenis en creativiteit. Mijn ouders protesteerden, maar regels zijn regels, ook al zijn ze irrationeel.

Toen de directeur mevrouw Mavis Hall, mijn nieuwe mentor, riep, merkte ik op dat ze enigszins leek op Sophia Loren, hoewel ze niet dezelfde sprankelende persoonlijkheid had. Op een zakelijke toon informeerde ze de hele klas dat ik een Nederlandse jongen was en Engels mijn tweede taal was. Vervolgens vroeg ze me om mezelf aan de klas voor te stellen. Hoewel ik even in paniek raakte, herinnerde ik me snel dat meneer Bellamy me het vertrouwen had gegeven en had gezegd dat mijn Engelse woordenschat op hetzelfde niveau lag als dat van mijn Australische klasgenoten, met uitzondering van mijn sterke Nederlandse accent. Met die gedachte in mijn achterhoofd stelde ik me kort voor, waarbij ik benadrukte dat ik hier slechts vier maanden was en het erg naar mijn zin had in Australië. Ik vertelde dat ik meer wilde leren over het land en de mensen, en dat was de reden waarom ik hier vandaag aanwezig was. Ik denk dat dit een indruk maakte. Mevrouw Hall prees mijn introductie en mompelde iets over het niet verlegen zijn. Vervolgens vroeg ze de klas om vrijwilligers die mij wilden rondleiden en kennis wilden laten maken met de Australische middelbare schoolcultuur. Drie klasgenoten staken hun hand op: Geoffrey, David en een meisje genaamd Barbara, van wie haar tanden op die van een bekende Engelse prinses leken. Geoffrey, die op Dennis the Menace leek en altijd op een ondeugende manier enthousiast was, werd meteen een vriend. Het voelde alsof ik hem eerder ontmoet had, misschien in een vorig leven, wie weet? Hij had hetzelfde gevoel, want hij vroeg of we elkaar eerder hadden ontmoet. We zaten naast elkaar en hij corrigeerde altijd direct mijn uitspraak. Hij was slim op een vriendelijke manier en stelde altijd vragen over Nederland, vooral over munten, aangezien hij een internationale muntenverzamelaar was. Hieronder vindt u de gecorrigeerde tekst met de Nederlandse taal- en grammaticafouten:

Tot mijn verbazing had ik een Nederlands dubbeltje, een zilveren tien cent munt bij me. De munt met het hoofd van Koningin Juliana uit 1956 liet ik zien aan Geoffrey, en hij was onder de indruk. Vrijwel direct wilden andere jongens mijn vriend zijn. Tijdens de lunch gingen we naar de schoolkantine, een compleet nieuwe ervaring voor mij, aangezien we in Nederland allemaal naar huis fietsten om te lunchen. Ik vroeg me af wat ik zou eten. Geoffrey vroeg me hoeveel geld ik had en ik toonde hem drie shillings. Hij zei: 'Geef die aan mij en ik koop de lunch voor jou.' Toen hij terugkwam, had hij twee vleespasteitjes en twee flessen frisdrank gekocht en gaf hij mij tien pennies terug. Hij stelde voor dat ik ook zijn lunch betaalde, "you've shouted me". Ik verontschuldigde me door te zeggen: 'Sorry, Geoffrey, ik schreeuwde niet naar jou.' De jongens lachten en ze zeiden: 'In Australië betekent "schreeuwen" dat je een rondje drankjes koopt of de lunch betaalt, dus vandaag heb je voor Geoffrey's lunch betaald.' David merkte op dat Geoffrey mijn lunchgeld niet had moeten nemen, maar dat hij het goed bedoelde. 'Hij is een beetje een larrikin,' zei David. Ik vroeg: 'Wat is een larrikin?' David antwoordde met uitleg, "gewoon iemand die graag grapjes maakt en het leven niet al te serieus neemt."

Vervolgens vroeg ik: 'Dus zou een larrikin een typische Australiër zijn?' David antwoordde: 'Nee, nee! Sommige Australiërs hebben gewoon die larrikin eigenschap. "Natuurlijk," zei ik. "Oké, maar zorg ervoor dat je me morgen terugbetaalt. Als je dat doet, geef ik je ook nog een Nederlandse munt." De woorden van mijn moeder weerklonken helder in mijn hoofd: "Wees altijd vriendelijk" en "Vriendelijkheid trekt meer aan dan boosheid." Vaak antwoordde ik mijn moeder met een knipoog: "Verspil je energie niet aan vriendelijkheid, soms zijn duidelijke woorden genoeg." Terwijl ik het boek "Alone in the World" las, dat tante Janna me als afscheidscadeau had gegeven, leerde ik hoe ik voor mezelf op kon komen en assertief kon zijn zonder mezelf schuldig te voelen. Ik ontdekte al snel dat Australische jongens niet zozeer individueel assertief waren, maar vooral in groepsverband met hun vrienden. Ze leken als sneeuw voor de zon te verdwijnen als ze rechtstreeks geconfronteerd werden en toonden vooral moed in het bijzijn van hun vrienden. Ik zag dit als een zwakte en besloot dit in mijn voordeel te gebruiken tijdens mijn interacties met hen.

De eerste schooldag in Australië was avontuurlijk en enthousiast liep ik naar huis om mijn verhaal te delen en naar de verhalen van Lizzy en papa te luisteren. Het verhaal begon zodra we allemaal gingen zitten voor het avondeten en werd alleen onderbroken door het afwassen voordat we weer verdergingen. Papa had het spannendste verhaal van de dag en vertelde ons hoe hij bang was geweest voor vier enorm grote kangoeroes die om zijn graafmachine stonden en niet wilden wijken, alsof er een patstelling was tussen de kangoeroes. Ze claimden gewoon hun stukje bos dat werd vernietigd door bulldozers en graafmachines. Piet moest dertig minuten wachten tot de kangaroos weggingen, hoeveel hij ook probeerden om ze weg te jagen. Ze verroerden zich niet, zelfs niet toen hij dichtbij kwam, zij het met enige vrees en angst. Hij had gehoord dat kangaroos met hun krachtige achterpoten een man's buik kunnen openscheuren. Piet demonstreerde dit toen hij Bets omhelsde op dezelfde manier als kangaroos zouden doen en vervolgens hun krachtige achterpoten tegen een man's lichaam plaatsen en hem opensnijden. Ik herinner mij dat ik gefascineerd was en voorstelde: 'Volgende keer gooi grotere stenen, toon moed.' Piet vertelde dat een andere man ook angstig was. Ze waren Australische Aboriginals die in de omgeving woonden en hij volgde gewoon hun voorbeeld om de kangaroos niet te provoceren.

Op de eerste zondag in Nowra besloten we de Presbyteriaanse kerk te bezoeken. Niet dat mijn familie erg sektarisch was; we erkenden alle takken van kerken als onderdeel van een diverse christelijke familie. Onze dominee op de JVO had echter de kerk van de Presbyterianen aanbevolen als de meest vergelijkbare met wat we gewend waren, een liberale vorm van het christendom en ver verwijderd van fundamentalisten. Ik moest uitzoeken waar de kerk was. Piet ging niet naar de kerk; hij vertelde me dat hij op eigen houtje zou bidden en nadenken. Mam, Lizzie, Marianne in de kinderwagen die ik duwde, en ik liepen dertig minuten lang naar de kerk in de zomerse hitte, met bijbels in een bruine papieren zak in de kinderwagen.

Onze ontvangst in de kerk was nuchter. Bets moet de enige vrouw zijn geweest die geen hoed of handschoenen droeg. Ik weet dat mijn moeder zich er ongemakkelijk bij voelde. Mijn eerste indruk toen ik de kerk van de Nowra Presbyterians binnenliep, was dat hij vol hing met vlaggen. Later kwam ik erachter dat veel oud-soldaten vanuit die kerk naar de oorlog waren gegaan en de vlaggen waren een herinnering aan de gevallenen. De liederen waren zoals we gewend waren, liederen van voortdurende vernieuwing. De preken gingen over Mattheüs 25, het sociale evangelie van het goede doen voor de mensheid, zorg voor de aarde, met name het milieu, en voor mensen die onrecht was aangedaan. Ik dacht meteen aan mijn Aboriginal vrienden die ik pas een week geleden op school had ontmoet. Verschillende klasgenoten waren ook in de kerk; het voelde goed om al wat bekende gezichten te zien. Na de dienst werden we allemaal uitgenodigd in de zaal van de kerk. Oh mijn hemel, we hadden nog nooit zoveel gebak, pudding, snoep, crackers, fruitgebak, frisdrank en onbeperkte thee en koffie gezien. Dit was inderdaad een cultuurschok en je kon eten zoveel als je wilde; het kostte ons, kinderen, even tijd om eraan te wennen. De Nederlanders zijn maar karig vergeleken met de overvloed aan eten op de tafels; later leerde ik dat dit een potluck werd genoemd en Australische families allemaal een bord vol eten zouden meenemen om met elkaar te delen. Toen Bets hierover hoorde, was ze vastbesloten om een mand vol Nederlandse oliebollen (vruchtenbollen) mee te nemen. We ontmoetten verschillende vriendelijke Nederlandse mensen, die duidelijk blij waren om hun landgenoten te zien. Ze kwamen een beetje somber op mij over, waarschijnlijk omdat ze conservatief leken vanwege het dragen van hoeden. Mevrouw Doris Breen, een keurige dame met handschoenen, een hoed, veel poeder, felrode lippenstift en flesblond haar, leek als twee druppels water op Doris Day. Ik was betoverd door haar verschijning. Mevrouw Breen was uiterst vriendelijk en stelde zichzelf voor aan Bets als secretaresse van de damesvereniging. Ze nodigde mama uit voor hun woensdagbijeenkomst, waar ze handwerk deden en dit verkochten om de armen en behoeftigen te helpen. Bets zou de komende vijftig jaar aan deze activiteit blijven deelnemen. Op de terugweg naar huis werden we opgepikt alweer door mevrouw Breen en haar man in hun FJ Holden. Ze brachten ons naar de caravanpark om Piet te ontmoeten. Ons kerkbezoek was en bleef een cruciaal onderdeel van onze Australische socialisatie en integratie. We maakten contact met Nederlandse mensen en Australiërs, die ons uitnodigden om deel te nemen aan sociale groepen. Ik werd uitgenodigd om lid te worden van de jeugdgroep van de kerk en ook van de padvinders, waarvan ik actief lid was geweest in Nederland. Het caravanpark kreeg regelmatig bezoekers; op een ochtend kwam er een mevrouw naar me toe en begon in het Nederlands tegen me te praten. Ze wilde graag mijn ouders ontmoeten voor een kopje koffie. Zij en haar man stelden zich voor als Corrie en Gerard van Beek, en ze waren helemaal uit Portarlington in Victoria gekomen. Ze verbleven enkele dagen op het caravanpark en konden het goed met mijn ouders vinden. De familie van Beek hadden toen 7 kinderen dat verbaasde mij; Bets zei dat dit kwam door hun rooms- katholieke geloof en dat zij geen anticonceptie mochten gebruiken, zoals wij protestanten," zei ze lachend. Ik antwoordde: "Kom op, mama, jij bent gewoon jaloers omdat je maar drie kinderen hebt." We lachten allemaal.

Bets werd uitgenodigd door een andere Nederlandse dame, mevrouw Betsy van der Veen. Zij was de sociaal secretaris van de CWA, een vereniging van vrouwen die samen scones bakten en boeken lazen. Bets sloot zich aan, deed mee en maakte vrienden. Engels leek geen grote barrière te zijn voor de moedige Nederlanders. Natuurlijk was het uitdagend, maar dat was juist leuk. We hebben het met beide handen aangegrepen en werden erg vaardig in het Engels, vooral de kinderen.

Mijn zus en ik waren allebei enthousiaste lezers; veel van de Australische kinderen leken dat niet te zijn, zoals we later zouden ontdekken. We merkten op dat eten, vlees en melk binnen enkele uren bederf. In onze kleine caravan hadden we geen koelkast, maar er was wel iets nieuws voor ons Nederlanders, iets wat een ijskast werd genoemd. Tante Rita legde uit hoe de ijskast werkte. Ze nam ons mee naar de visserscoöperatie aan de kade naast de caravanplaats en daar kochten we een groot blok ijs voor twee schilling. Ik moest het in een grote juten zak terug naar de caravan dragen en in de ijskast doen om onze melk, boter en frisdrank koel te houden en bederf te voorkomen. Een van de vissers gaf me een kaart waarop stond welke soorten vis er werden gevangen in de Shoalhaven-rivier. Ik was er blij mee en verrast door de variëteit aan vissoorten, zoals platvis, brasem, tong, zalm, baars, zandwijting, zwarte vis en enkele schoolhaaien. Deze informatie was nuttig tijdens schoolvakanties, wanneer we gingen vissen en moesten weten welke vis veilig was om te eten en wat de wettelijke vangstgrootte was. Kleine vis moesten we terugzetten.

Andere Nederlanders kwamen naar het caravanpark om ons te ontmoeten, maar velen van hen misten thuis en klaagden soms over hoe verschillend de Australiërs waren. We hebben geleerd om begripvol te zijn en respectvol te luisteren. Tot nu toe is onze ervaring in Australië erg positief geweest, ook al wonen we nog steeds in een kleine caravan en tent. Er was geen financiële steun of hulp beschikbaar zoals nu het geval is. Het ontvangen van post was erg belangrijk voor ons: verjaardagskaarten om contact te houden en brieven beantwoorden van grootouders, tantes en ooms. We stuurden ook speciale brieven naar nieuwe vrienden in Australië; de Feenstra's bleven regelmatig contact met ons houden. We hadden Noelene en Jack uit Benalla, en mijn vriend Maarten uit Bonegilla. Het creëren van verbondenheid en het leggen van contacten was ons motto als familie, daar ben ik van overtuigd. Onze kist werd helemaal vanuit Melbourne gebracht, samen met onze kortegolf radio en grammofoonspeler, wat voor ons kinderen een nieuwe opwindende ervaring was. De Philips radio had een ingebouwde grammofoon waarmee we naar onze favoriete liedjes konden luisteren en konden discussiëren over welke Australische radiozender we wilden beluisteren. Ik koos vaak voor het ontbijtprogramma, dat werd gepresenteerd door Russ Tyson van de

ABC. Mijn moeder luisterde liever naar enkele commerciële zenders. Het was goed om naar reclames te luisteren, omdat ze ons op de hoogte brachten van producten, diensten en wat er zich afspeelde in de lokale gemeenschap.

En u ziet mij de enige jongen met een bril, nog geen geld voor een school uniform
1962

HOOFDSTUK 10

Zeeuwse Polderjongen Maakt Oorlog in de Klas; Het Ontmaskeren van Australië's Historisch Verhaal: De Ongehoorde Nederlandse Ontdekkingen

Piet had een gedetailleerd schaalmodel gemaakt van het schip Endeavour van Kapitein James Cook; het was een prachtig kunstwerk van vakmanschap. Ik voelde me bevoorrecht, want niemands vader kon schepen maken zoals mijn vader, vooral schepen die dienden voor ontdekking en verkenning. Trots nam ik het mee naar school om het te laten zien en erover te vertellen tijdens mijn geschiedenisles. Australiërs wisten wie Kapitein James Cook was; zij beschouwden hem als de ontdekker van Australië. Vandaag zou echter anders zijn; dit was de dag waarop we misschien zouden bespreken hoe Australië en Nederland eruit zouden zien zonder de invloed van de Nederlandse maritieme macht. School in Australië was een uitdagende tijd; vooral het onderwijs was voor mij een grote culturele schok, doordat het sterk etnocentrisch was en werd beïnvloed door commerciële en ideologische belangen.

Innovatie in het onderwijs werd heel langzaam aangemoedigd; misschien was dat wel een reden waarom duizenden Australische jongeren naar het buitenland trokken, vooral de kunstenaars, creatieve, nieuwsgierige en innovatieve types. Een andere reden was dat de gemiddelde Australiër geen bewondering had voor mensen die boven het maaiveld uitsteken; als iemand als een "lange spriet" werd gezien, zou die persoon het land verlaten. De gemiddelde Australiër waardeerde de creatieve kunsten niet en had geen waardering voor mensen die er intellectueel uitzagen. Onderling spraken we over de 'brain drain'; veel van mijn klasgenoten hadden broers en zussen die in Engeland werkten en studeerden, ja, altijd Engeland maar soms ook de VS.

Er was slechts een klein verschil tussen Nederlandse en Australische studenten: de Nederlanders stelden meer diepgaande vragen, terwijl de Aussies meer van spelen hielden en een 'het komt wel goed' houding hadden. In de klas waren de Australiërs erg aardig, gedroegen ze zich goed, waren ze bang voor de leren riem die vaak ongerechtvaardigd werd gebruikt bij kleine overtredingen van de regels. Wanneer dit wel gerechtvaardigd was, leidde het tot bittere en onopgeloste gevoelens van wrok. Het straffen en slaan van studenten werd goedgekeurd door het Ministerie van Onderwijs, die gedragsverandering wilde bereiken door middel van straf en angst. Angst, gecreëerd door onwetendheid, leek een constante drijfveer te zijn in de Australische samenleving.

Premier Robert Menzies won verkiezing na verkiezing door angst te zaaien, angst voor communisten, het rode gevaar. Tegenwoordig wint de partij van Menzies weer verkiezingen door angst, de angst voor vluchtelingen die per boot naar Australië komen. Angst op zichzelf was een culturele schok. Ik had geen woorden om deze lompe vorm van disciplinering met de riem te beschrijven.

Ik sprak hierover met mijn ouders die vonden dat ik de Australiërs wat tijd en ruimte moest geven om los te komen van hun strafmentaliteit als veroordeelden. Op mijn Nederlandse Hervormde School werd ik ook gestraft; dit betrof extra huiswerk of het schrijven van 500 strafregels. Mijn cultuurschokken gingen verder toen mijn klasgenoten het hadden over Lady Chatterley's Lover, een erotisch boek dat verboden en gecensureerd was. Blijkbaar wilde de Australische regering ons beschermen tegen immoreel gedrag en gevaarlijke ideologie. Deze inmenging in het controleren van gedachten was serieus; tot wel 200 titels werden verboden in het Australië van de jaren '60, waaronder bijvoorbeeld Lady Chatterley's Lover van D. H. Lawrence, Another Country van James Baldwin, Moll Flanders van Daniel Defoe, A Farewell to Arms van Ernest Hemingway en Ulysses van James Joyce.

Als jonge Nederlander en student van de Protestantse Reformatie kon ik geen enkele vorm van censuur accepteren. Het was tijdens de Reformatie dat Baruch Spinoza, een van de belangrijkste filosofen aller tijden, zijn Ethica kon publiceren, een filosofische introductie waarin de argumenten voor het atheïsme werden gepresenteerd. In de Nederlandse samenleving werd gesteld dat een vrije persoon iemand is die vrij zijn gedachten kan uiten en publiceren. Niemand in mijn klas, inclusief de docent, wist bijvoorbeeld waar de Australische parlementaire democratie vandaan kwam; ze hadden nog nooit gehoord van de Glorious Revolution, die het bestuurssysteem introduceerde waar de Australiërs nu van genieten. Deze revolutie vond plaats toen de Nederlanders in 1688 een succesvolle invasie en verovering van Engeland uitvoerden en Willem van Oranje landde in Torbay in Devon. Dit was de eerste succesvolle invasie sinds de Normandische verovering van Engeland in 1066, dit keer door Willem de Veroveraar, was een cruciale gebeurtenis. Echter, in een andere periode zat Willem van Oranje III op de Engelse troon. Hij introduceerde parlementaire democratie, beperkte de macht van toekomstige koningen en creëerde de allereerste 'Bill of Rights' ter wereld. Deze informatie opende de ogen van mijn docent, die tijdens de lunch op school velen zag duiken in de Encyclopaedia Britannica om te controleren wat ik had gezegd. De Engelse migrantenstudenten in mijn klas leken ongelovig en niet blij met mij.

Eerder had ik al problemen gehad in de Engelse les, niet met de taal zelf, maar met de manier waarop Nederlanders werden beledigd met uitdrukkingen en termen zoals 'double Dutch', 'Dutch wife', 'Dutch oven', 'Dutch courage', enzovoort. Het voelde alsof alles wat negatief was, een connectie met Nederland had. Dit is besproken in het vorige hoofdstuk. Op een andere dag haalde mijn geschiedenisleraar, James Nutall uit Australië, mij op in zijn auto omdat ik een model van het schip de Endeavour van kapitein James Cook had meegenomen. Het was te zwaar voor mij om zelf te dragen tijdens mijn 45 minuten durende wandeling naar school. Hij vertelde me dat ik hem buiten school James mocht noemen, maar op school meneer Nutall moest zeggen. Ik mocht James wel, aangezien hij net was afgestudeerd aan het Wollongong Teachers College. We hadden vaak op een leuke manier discussies over de Australische geschiedenis. Zijn zelfverzekerde uitstraling deed me denken aan James Dean, vooral als we het oneens waren. Ik heb de film East of Eden gezien met James Dean in de hoofdrol, en ik moet zeggen dat ik onder de indruk was van zijn stijl en uitstraling. Veel tienerjongens, waaronder ikzelf, hadden dan ook een kapsel à la James Dean. Helaas is James Dean op 24-jarige leeftijd overleden bij een auto-ongeluk.

Bijna elke Australische geschiedenisles zorgde voor conflicten bij mij. Dit kwam waarschijnlijk doordat het vanuit een Engels perspectief werd gepresenteerd. Veel interpretaties van de geschiedenis waren sterk beïnvloed door de Angelsaksische visie, wat Australiërs als eenoogige studenten in de geschiedenis liet zien, vooral wat betreft de Australische geschiedenis. Dit gold echter niet voor ons Nederlanders, wij lazen geschiedenis in diverse talen. Naar mijn mening gaf dit ons een meer gebalanceerd perspectief. Bovendien waren Australiërs niet erg kritisch en accepteerden ze dingen vaak zonder veel vragen te stellen.

Om te beginnen beweerde meester Nutall dat Cook Australië had ontdekt, wat natuurlijk onjuist was. Kapitein Cook maakte namelijk gebruik van Nederlandse kaarten en verwees naar Nieuw-Holland toen hij aanmeerde aan de oostkust van Australië. Ik stak mijn hand op en werd gevraagd om mijn punt te maken. Ik zei dat James Cook Australië niet had ontdekt, maar alleen de oostkust ervan. Hierop reageerde meneer Nutall door te zeggen dat de Nederlanders kortstondig landden en noemde hij Dirk Hartog, die in 1615 aan land ging en een tinnen bord met inscriptie plaatste als bewijs van de Nederlandse landing in het huidige West- Australië. Ik onderbrak hem en zei dat dit slechts een fractie van de waarheid was. Hij was een goede leraar, maar verdedigde zijn standpunt. Niet helemaal zeker wat er hierna zou komen, vroeg hij me wat ik nog meer wist over de vroege Europese ontdekkingen van Australië en gaf me vijf minuten om mijn punt te maken. Ik maakte gebruik van die vijf minuten en sprak snel en tekende vlug een tijdlijn van de Nederlandse ontdekkingen op het schoolbord, te beginnen in het jaar 1602, toen de Nederlandse Republiek de Australische handelsmaatschappij oprichtte en goedkeuring ontving van de Staten-Generaal, het besturende orgaan van de Nederlandse Republiek, onder beschermheerschap van Prins Maurits van Oranje, de broer van Willem de Zwijger / Willem van Oranje. Het eilandstaatje Mauritius is vernoemd naar Prins Maurits van Oranje. De Australische handelsmaatschappij stelde twee verkenningsschepen beschikbaar om Australië te ontdekken. Ze verkregen de rechten om de rijken en koninkrijken van China, Japan, Oost-Indië en Terra Australis te bezoeken. Dit was voor het eerst in de geschiedenis dat Terra Australis als een koninkrijk werd beschouwd. Het schip genaamd de Duyfken, onder leiding van kapitein Willem Jansz, landde in 1606 bij Kaap Keerweer in de Golf van Carpentaria, vernoemd naar een Nederlandse zeeman aan boord van de Duyfken. Eindelijk, na millennia, werd Terra Australis Incognita (onbekend land in het zuiden) ontdekt door de Nederlanders, wat het vijfde continent ter wereld bleek te zijn. Ik stelde de vraag aan mijn klasgenoten wie de Columbus van Australië was. Er viel een stilte tot iemand durfde te fluisteren: 'James Cook', waarop ik antwoordde: 'Nee, nee, duizendmaal nee.' De Australische Columbus was Willem Jansz! Ik liet meester Nutall mijn Nederlandstalige boek over de Australisch- Nederlandse geschiedenis zien, vol met kleurrijke afbeeldingen en illustraties. Het boek was uitgegeven door de bekende koffieproducent Douwe Egberts; mijn oma en moeder hadden spaarzegels verzameld op de koffieverpakkingen, en toen we vijfentwintig zegels hadden verzameld, mocht ik kiezen tussen een geschiedenis- of wetenschapsboek. Ik koos het boek over de Australische geschiedenis, met kaarten, dagboeken van kapiteins en vele verhalen over de Nederlandse ontdekkingen ontmoetingen en interacties met inheemse mensen.

Mijn klasgenoten waren van mening dat ik de belangrijkheid van Cook bagatelliseerde en kwamen in het defensief voor James Cook op. Om mijn standpunt te verduidelijken, gebruikte ik het model van de Endeavour om uit te leggen dat James Cook het lekkende schip, beschadigd door koraal, liet stranden bij Cooktown voor dringende tijdelijke reparaties. Helaas had dit weinig effect, aangezien het schip na de reparaties nog steeds te veel water binnenkreeg. Op het nippertje slaagde Cook erin Batavia in Nederlands-Indië (nu Indonesië) te bereiken. De Endeavour was zo ernstig beschadigd dat verder varen onmogelijk was. Cook had dringend hulp nodig van Nederlandse scheepsbouwers op de Onrust scheepswerven om de Endeavour terug naar Engeland te kunnen krijgen. Voordat hij de Nederlanders ontmoette, legden alle bemanningsleden en passagiers de eed af om niemand te vertellen dat zij de oostkust van Australië hadden ontdekt.

Cook besefte dat als de Nederlanders zijn schip niet zouden repareren, de hele expeditie om de doortocht van Venus voor de zon in Tahiti te observeren, Nieuw-Zeeland te verkennen, aan te meren in Botany Bay en Nieuw-Holland (de naam die Australië door Abel

Tasman was gegeven) om Engeland te claimen, nooit bekend zou worden en er geen rechtmatigheid zou zijn om Australië voor Groot-Brittannië op te eisen. De Nederlanders in Batavia waren niet erg onder de indruk van de hooghartige houding van deze Engelsman; hij had te veel praatjes. Toen de Nederlandse scheepsbouwers Cook's schip onderzochten, ontdekten ze dat de valse kiel ontbrak en de hoofdkiel ernstig beschadigd was, evenals een groot deel van de bekleding. Een kwart van de beplanking was aangevreten door wormen. Het duurde uiteindelijk drie maanden voordat alle reparaties waren voltooid. Cook "Ondanks zijn arrogantie gaf hij trots aan dat hij het vakmanschap van de uitgevoerde reparaties bewonderde, met name de Nederlandse methode van kielhalen. Hij arriveerde in Batavia in oktober 1770 en vertrok na afronding van de reparaties op 26 december, om op 12 juli 1771 weer in de Engelse haven van Deal aan te komen. Met de tijd veranderden onze geschiedenislessen. Er werd gezegd dat ik te veel vragen stelde en mijn eigen antwoorden gaf. Waarschijnlijk was ik als tiener vroegwijs en een tikkeltje brutaal, dacht ik dat ik alles wist. Enkele weken later bespraken we de Eerste Vloot van Kapitein Arthur Phillip. Ik had al historische boeken gelezen, zoals 'Het Tijdloze Land', die ik van Noelene en Jack had gekregen tijdens onze reis naar Australië op de Johan van Oldenbarnevelt. Zonder de Nederlanders had de Eerste Vloot Sydney Cove misschien nooit bereikt. Vanaf de eerste dag van vertrek uit Portsmouth in Engeland was er een tekort aan proviand in de vloot en bij aankomst in Kaapstad heerste er een wijdverbreide hongersnood op alle schepen. Er waren zelfs geruchten over muiterij en er waren honderden zieken. De Nederlandse gouverneur was geschokt door de rampzalige toestand van de Eerste Vloot bij aankomst in de haven. Er ontstonden opnieuw spanningen tussen de Engelsen en Nederlanders. Gouverneur Monsieur Van de Graaf en Arthur Phillip onderhandelden over de aankoop van benodigdheden, zoals verse groenten, rundvlees, lamsvlees, brood en vers water. Ze kochten ook levend vee en gevogelte om te fokken zodra de Eerste Vloot in Nieuw-Holland aan land zou gaan.

Een diversiteit aan zaden en granen werd ingeladen om te planten. Na vier weken van het innemen van voorraden en het repareren van schepen, vertrok de vloot opnieuw. Zonder de hulp van de Nederlanders zou er geen Eerste Vloot geweest zijn - zij waren de redders. Maar dat was slechts het begin. Enkele maanden nadat het invasieleger van Kapitein Arthur was geland in Sydney Cove, leidden mislukte oogsten en conflicten met de Aboriginal-eigenaren van het land tot hongersnood en verhongering. Vernietiging dreigde. Opnieuw bracht een Nederlands reddingsschip, genaamd De Waaksamheyd en onder bevel van Kapitein Deter Smit, 500 ton essentiële voedsel- en medische benodigdheden. Dit voorkwam de totale uitroeiing van de nederzetting. Helaas is dit verhaal weinig bekend onder de Australiërs.

We hebben vaak gediscussieerd over de Australische identiteit, en ik geloof dat deze resoneert met de historische invloeden uit Nederland. Van de ontdekking van Nieuw- Holland tot aan het redden van James Cook's Endeavour, van het voorzien van de Eerste Vloot toen deze dreigde in te storten in Kaapstad tot aan de redding van de nederzetting in Sydney Cove toen deze bedreigd werd met uitroeiing door hongersnood, de goede schip Waaksamheyd dat net op tijd arriveerde. Het trieste deel is dat de inheemse bevolking voedsel geleverd had aan de nieuwe veroordeeldenkolonie, maar nu zelf tekortschoot. Hun verwachtingen waren hoog gespannen toen ze hulp van het schip "de Waaksamheyd "verwachtten, maar de blanken behielden het merendeel van de schamele voorraden voor zichzelf.

Aboriginal vrienden vonden het fijn om met echte Belandas / Nederlanders vrienden te zijn

Jarrah, mijn Aboriginal klasgenoot die voetbalt, is een goede vriend van me geworden. Hij heeft me aangemoedigd, zelfs toen ik geen voetbalschoenen had, en zei dat ik me geen zorgen hoefde te maken omdat hij op blote voeten speelde. Ik heb zijn ouders ontmoet, evenals zijn vele broers, zussen, ooms en tantes. Ze noemden me 'Belanda broer'. Velen van zijn familieleden komen uit West-Australië, en ze waren dol op het vertellen van verhalen. Ik genoot ook van hun accent, omdat het extra kracht gaf aan hun verhalen.

Later zal ik meer ingaan op de interactie tussen de Nederlandse gemeenschap en de Aboriginals. Jarrah was erg dankbaar toen ik het ter sprake bracht dat de Aboriginals voedsel aan de Engelsen gaven, waardoor ze van de hongerdood werden gered. Het toonde de moraal van het Aboriginal volk aan, omdat ze de indringers voedden, ondanks dat zij van plan waren om genocide op hen te plegen en hun cultuur en taal bijna uit te wissen. Jarrah liet me tijdelijk schuldig voelen vanwege mijn Europese afkomst; immers, de Nederlanders speelden een rol bij de eerste invasievloot van Australië.

Jarrah was vriendelijk en vergevingsgezind; hij zei dat het verleden het verleden was en hoopte dat de Europeanen ervan hadden geleerd. Nou, nog niet helemaal, want de inheemse bevolking nog niet meegeteld in de volkstelling van het land. Hun kinderen werden nog steeds weggenomen en het eigendomsrecht van inheemse volkeren was nog decennia verwijderd, evenals verzoening en excuses. Op een dag, tijdens een barbecue bij hem thuis in Hutchkinson, vertelde hij me dat sommige van zijn familieleden die in West-Australië woonden vaak verhalen vertelden over de balanda. Jarrah verraste me door te zeggen dat blanke Australiërs niet 'blanke Australiërs' werden genoemd, maar balanda, wat Hollanders betekent. Dus elke blanke persoon in Australië wordt door Aboriginals een Hollander genoemd. Terwijl hij dat zei, knipoogde hij met zijn rechteroog, denkend dat ik dit misschien leuk zou vinden om te weten. Dan zijn er nog de Aboriginal-verhalen over de gestrande Nederlandse zeelieden. Naar schatting vestigden zo'n 200 zeelieden zich in Australië tussen 1629 en 1727. 'Maak je geen zorgen over de Eerste Vloot, jullie zijn eerder gekomen', zei Jarrah. Sommige van Jarrah's familieleden hadden blond haar en blauwe ogen en zagen er half balanda uit. Ik keek goed naar Jarrah en zag dat hij blauwe ogen had, net zo blauw als de mijne, wat ongebruikelijk is voor inheemse mensen. Ik merkte dat op en vroeg hoe het kwam dat hij blauwe ogen had. 'Misschien zit er wat Nederlands bloed in mij. Zelfs veel woorden in verschillende Aboriginal-talen bevatten veel Nederlandse woorden.' Door de jaren heen raakte ik het contact met Jarrah kwijt; waarschijnlijk is hij al overleden, aangezien veel Aboriginals maar ongeveer vijf decennia leven. In 1994 onderzocht de inmiddels overleden Rupert Gerritsen het mogelijke overleven van de gestrande Nederlandse zeelieden en passagiers aan de westkust van Australië. Zijn gepubliceerde onderzoek is te vinden in Rupert's boek 'En Hun Geesten Kunnen Horen Worden'. Daarin geeft hij veel Nederlandse woorden en zinnen die verweven zijn geraakt in de Aboriginal-stammentalen.

HOOFDSTUK 11

De Lange Wandeling naar School en Voetballen. Het Ontrafelen van de Culturele Code: Het Begrijpen van "Tall Poppy Syndrome" in Australië en de Nederlandse "Doe Maar Normaal" Mentaliteit

Dus liepen we naar school geen en weer, dit betekende negentig minuten en twaalf kilometer per dag. Als we klaagden over de lange wandelingen, wezen onze ouders erop dat het grootste deel van Australië werd ontdekt door mensen die te voet reisden. Ze herinnerden ons eraan dat prachtige plekken zoals de Blue Mountains en de Nullarbor-woestijn te voet werden doorkruist en verkend; slechts enkele ontdekkingen reizigers reden op kamelen. Papa zei dat je te voet zoveel meer kon zien en ontdekken, de sensaties van dichtbij kon ervaren en de schatten van de natuur kon voelen, ruiken en aanraken - dingen die je niet kon ervaren vanuit een auto of op een fiets. Onze ouders wisten altijd een positieve draai te geven aan onze vroege ontberingen door ons te wijzen op de mooie aspecten van het leven. Wanneer we door de regen liepen, boden vriendelijke vreemden ons vaak een lift aan. We namen alleen een lift aan als er andere studenten in de auto zaten, omdat dat veilig was, zoals Bets ons vertelde. In die tijd bestond er geen paranoia over kindermisbruikers die achter elke hoek op de loer lagen, noch was er sprake van het zogenaamde 'vreemdelingengevaar'. Tegenwoordig zijn er enorme verkeersopstoppingen vroeg in de ochtend en laat in de middag bij scholen, waar ouders agressief hun gepantserde SUV's besturen om hun kinderen naar school te brengen en op te halen. Scholen zijn voorzien van hoge hekken en beveiligingspersoneel. Wat is er gebeurd met onze onschuld in Australië?

Als we vroeger naar school gingen, voelden we ons altijd als ontdekkingsreizigers, op zoek naar nieuwe dingen, naar de schatten van de natuur en de creaties van de mensheid. Op een stille en warme zomerochtend liepen we onder een imposante laan van eucalyptusbomen die aan beide zijden van de weg waren geplant. Het rustgevende geluid van bladeren die ritselden in de wind werd plotseling verstoord door een dramatisch en onverwacht crescendo van miljoenen krekels. Het geluid was overweldigend, maar niet angstaanjagend of onaangenaam. Het verkeer stopte, autoraampjes werden naar beneden gedraaid en passagiers stapten uit. Iedereen keek en luisterde in ontzagwekkende stilte. Ik stond stil en vroeg me af waar dit natuurlijke orkest vandaan kwam. Een man zag de verrassing en verwondering op onze gezichten en wees ons op de schors van de eucalyptusbomen. Hij vertelde ons dat het cicaden waren en zei dat er meer dan duizend soorten cicaden over de hele wereld voorkomen, maar de grootste en luidruchtigste zijn de vijfendertig inheemse Australische soorten. Vanochtend kwamen duizenden cicaden plotseling tevoorschijn na zeventien jaar onder de grond te hebben gezeten, waar ze zich hadden genesteld bij de wortels van de eucalyptusbomen, waar ze zich voedden en dronken. De cicaden hadden zich vastgehecht aan de schors van de bomen, die dicht bedekt was met duizenden lege larvenhuidjes van cicaden. Deze vormden een deken van gloeiend aquagroen en blauw. Op weg terug naar huis na school verzamelden we honderden larvenhulzen; we hadden ideeën om er lampenkappen van te maken.

Onze wandelingen bleven ons verrassen en we prikkelden onze nieuwsgierigheid. Geen dag ging voorbij in Australië zonder dat we fascinerende en bijzondere natuurverschijnselen tegenkwamen. We zagen vaak grote vleermuizen tussen de elektrische draden hangen, hun enorme vleugels raakten de twee draden. Deze vleermuizen waren erg groot en volwassenen wogen ongeveer één kilo. Hun vleugelspanwijdte was iets meer dan één meter. Net als de vleermuizen sliepen ze overdag en voedden ze zich 's nachts met stuifmeel, nectar en fruit. Onze caravan stond bij een vijgenboom en deze vleermuizen waren dol op de zaden van de vijgen. Vaak waren er tien of meer vleermuizen die harde krijsende geluiden maakten en hun urine rook zeker niet naar Chanel No. 5. Het verontrustte ons dat sommige mannen met geweren de vleermuizen probeerden neer te schieten. Ik probeerde de schutters ervan te overtuigen dat deze vleermuizen zaden van inheemse bomen aten, waarvan de zaden verspreid werden via hun uitwerpselen en zo nieuwe bomen en planten verspreidden over grote gebieden. De grijskopspectacleduif/ Galah, is net zo Australisch als kangoeroes en is alleen te vinden in Australië.

We waren enigszins geschokt dat zoveel Australiërs in hun caravan vuurwapens bezaten. En we vroegen waarom deze wapens echt nodig waren; we konden begrijpen waarom boeren wapens nodig hadden, maar gewone burgers begrepen we niet. In Nederland waren wapens illegaal en werd hun distributie streng gecontroleerd. Voor onze kinderlijke geesten moesten villa's die omringd waren door tuinen bewoond worden door rijke mensen; tenminste, dat was waar in het dichtbevolkte Nederland. Elke dag, terwijl we onze zeer bescheiden caravan verlieten, liepen we langs deze prachtige Prairie-stijl villa's, ontworpen door Frank Lloyd Wright (FLW). We kenden dit soort huizen omdat onze inspirerende Nederlandse vriend, Dick Dusseldorp, oprichter van Lend Lease, die buitenwijken zoals Middle Cove en Castle Cove in Sydney had gebouwd, evenals het grootste deel van het Sydney Opera House, veel door FLW ontworpen huizen had gebouwd. Piet maakte meubels in de FLW-stijl en had me geleerd om eenvoudige FLW salontafels te maken. Op een dag zouden we ook zo wonen, maar voor nu moest onze kleine, oude, lekkende caravan ons thuis zijn.

We kenden enkele van de ouderen die in die villa's woonden, want we hadden hen ontmoet in de kerk. We zagen hen vaak op hun veranda zitten, in hun koloniale rieten stoelen, die ons begroetten en uitnodigden om te genieten van een frisdrank en een praatje op hun veranda aan de voorkant. Ik vermoedde dat ze enigszins eenzaam en nieuwsgierig waren, en daarnaast vonden Nederlandse kinderen die voorbij liepen ze bijzonder. Ze wisten, uit gesprekken die ik met hen in de kerk had gehad, dat ik van kunst hield en kon praten over Van Gogh, Vermeer, Rembrandt en Piet Mondriaan. Op hun beurt Met plezier vertelde ze ons over Australische kunstenaars waar we maar weinig van wisten. Op een gegeven moment stelden ze me voor aan Meneer Arthur Boyd, een vriend van hen. Ik schudde beleefd Meneer Boyd's hand, zonder me te realiseren dat hij een beroemde Australische schilder was. Op dat moment was hij op zoek naar land nabij de Shoalhaven River om daar een schilderskolonie te vestigen. Pas jaren later drong het tot me door dat hij behoorde tot de Australische meesterschilders, samen met Sidney Nolan, Tom Roberts, Frederick McCubbin en John Brack. Vooral John Brack sprak ons aan, omdat we een tentoonstelling van Australische kunst in Nederland hadden bezocht. We vonden dat John Brack op briljante wijze het Australisch-Angelsaksische karakter wist te vangen, meer dan enige andere Australische kunstenaar. Deze drankjes en gesprekken op de veranda werden een regelmatig terugkerend gebeuren, niet altijd tot vreugde van Bets, want we zaten al vol van de taart en hadden weinig ruimte over voor ons avondeten.

Gedurende het avondeten werd van ons verwacht dat we niet alleen gezond en vers aten, maar ook onze dagelijkse ervaringen deelden. Onze maaltijden waren altijd sociaal en zelden gehaast; het waren hoogtepunten in ons leven. Nieuwe schoolvrienden fietsten langs en riepen een begroeting die ik niet begreep. Maar zelfs als het klonk als een hondenblaf, maakte dat niet uit. Het was nog steeds een begroeting, en bevestiging als mens deed goed voor mijn eigenwaarde. Ik riep terug "hoi" in het Nederlands, terwijl ze op hun grappig uitziende Australische fietsen reden, met stuurhendels die naar boven krulden, wat me deed glimlachen. Deze jongens waren helemaal vanuit Bomaderry gefietst, een buitenwijk van Nowra. Ongeveer tien kilometer van onze school bevonden zich plattelandsjongens, die me deden denken aan Nederlandse jongens die in konvooi lange afstanden fietsten om naar school te gaan. Dit vormde een tegenstelling met wat ik rijke studenten noemde, die door hun overbezorgde ouders naar school werden gebracht en na school werden opgehaald, terwijl wij, de minder bedeelden, te voet of op versleten fietsen naar school gingen. Ik begon Australië te waarderen, vooral de mensen, ondanks dat we pas zes maanden Nieuwe Australiërs waren. We kregen veel erkenning, mensen deden moeite om vriendelijk en behulpzaam te zijn. Ik besprak dit met tante Rita, en zij zei dat het allemaal draaide om de juiste instelling. Een vriendelijke, positieve houding levert altijd iets op, zei ze. 'Oh, dus het is een beetje zoals gedrag weerspiegelt gedrag.' 'Ja,' zei ze, 'je hebt het door.' We vergeleken voortdurend Nederland met Australië, en wat we gewend waren en nu hadden. Het opvallende kenmerk van Australiërs was dat ze zich niet te veel zorgen leken te maken. De Aussies hadden gelijk toen ze zeiden: 'Geen zorgen, maat, neem de tijd om van het leven te genieten.'

Hoewel ze misschien een cultuur van zorgeloosheid hadden, waren ze zeker geen bloemencultuur zoals de Nederlanders dat waren. Bloemen vormen een exportindustrie van miljarden dollars en bijna elke Nederlanders kopen bloemen alsof het boodschappen zijn. Helaas had ik in Australië niet genoeg geld om een bos bloemen te kunnen betalen. Gelukkig vond ik een oplossing in de vele grote jacarandabomen die langs de straten stonden. Ik plukte wat van het dichte bladerdek met zijn hangende blauw- lavendelbloesems. Bets was dolenthousiast toen we boeketten van jacarandabloemen, vermengd met groen blad en diverse lange inheemse grassen, mee naar huis namen. Het is typisch Nederlands om bloemen te geven aan zowel mannen als vrouwen. Ik leerde al snel dat het niet de gewoonte was om bloemen te geven aan een Australische schoolvriend; het was niet oké! Ze noemden me verschillende namen die ik liever niet herhaal. Maar dat was in 1962. Tegenwoordig worden mannen in Australië wel verrast met boeketten; Ian Thorpe, een Australische Olympisch kampioen met vijf gouden medailles, ontving tijdens de Olympische Spelen in Sydney vele boeketten, zowel van mannen als vrouwen. Duizend-en-een dingen bleven mijn interesse wekken in ons nieuwe thuisland. Ik realiseerde me dat niets saai is in het leven wanneer je aandachtig observeert en in interactie bent met je omgeving. Naar de Nowra High School gaan was een uitdaging, niet zozeer op academisch vlak, maar op taalgebied. Het Nederlandse onderwijssysteem leek veel op het Australische, omdat we daar ook vragen mochten stellen. Als twaalfjarige voelde ik de uitdaging om beter te zijn dan de Australiërs. Er waren niet veel 'nieuwe Australiërs' en bijna geen Nederlandse kinderen op school degenen die aanwezig waren spraken geen Nederlands, hielden afstand van me en konden me niet echt helpen. In mijn eerste week bij de sport werd me gevraagd bij welk huis ik me wilde aansluiten: Sturt, Bass, Oxley of Flinders. Ik vroeg wat deze huizen waren en wat de namen betekenden. In Nederland werd me verteld dat als je iets wilt weten, je het moet vragen, en dat is precies wat ik deed. Geoffrey vertelde me dat de huizen vernoemd waren naar Australische ontdekkingsreizigers: 'In jouw land heb je het Huis van Oranje en onze Australische koningin komt uit het Huis van Windsor. De huizen concurreren met elkaar, dus bij welk huis wil je horen?' 'Degene die het minste wint,' zei ik. 'Oh, dat is Bass, dat heeft meer meisjes dan jongens,' zei hij. Ik sloot me aan bij Bass. 'Speel je voetbal?' Ja, dat doe ik. 'Of speel je soccer?' Nu raakte ik echt in de war. Ik leerde al snel dat rugby voetbal was, evenals het Australian-rules football; soccer was gewoon voetbal. Geoffrey zei dat het 'sock it to you' betekent, vandaar de naam soccer; ik was niet helemaal zeker van zijn uitleg, maar het klonk redelijk. Met enige bezorgdheid liep ik in mijn eentje naar het voetbalveld. Ik had geen voetbalschoenen zoals de andere jongens, maar Jarrah, een Aboriginal klasgenoot, verzekerde me dat ik me geen zorgen hoefde te maken; hij had ook geen schoenen. Hij speelde op blote voeten; dat stelde me gerust. Ik besloot zo goed mogelijk te spelen en deze Aussies te laten zien wat echte voetballers zijn, zoals ons nationale Oranje-team, en ik zou zelfs de Abe Lenstra kunnen zijn zonder voetbalschoenen (Lenstra was de Maradona van het Nederlandse voetbal). De aanvoerders van de voetbalteams kozen hun teams; alle potentiële spelers stonden opgesteld tegen een golfplaten schuur, een vernederend proces, vergelijkbaar met het uitkiezen van het beste stuk vlees uit een rek. Eerlijk gezegd had ik geen medelijden met mezelf, omdat ik mezelf veel beter vond dan de magere, ingevallen borstkas, dunbenige aanvoerder die aan het selecteren was. Ik keek minachtend naar hem. Ik voelde wel medelijden met de jongens die er niet fit uitzagen; ze waren dik, klein van gestalte en werden niet gekozen. Ik werd ook niet gekozen en bleef alleen tegen de tinnen muur staan, totdat de verantwoordelijke leraar de aanvoerder opdroeg om de minder fitte jongens een plek op het veld te geven. Daar stond ik dan, zonder iemand te kennen, in mijn zeer korte Nederlandse voetbalbroekje en zonder voetbalschoenen met noppen. Ik droeg gewoon mijn eigen zwarte schoolschoenen met zelfgebreide wollen schoolsokken. Vervolgens zei de leraar tegen de aanvoerders: 'Kijk naar die krachtige Nederlandse voetbalbenen.' De keuzes van de aanvoerders werden terzijde geschoven en ik werd op het middenveld geplaatst, hoewel niemand mij had gekozen. Hoe voelde ik me daarbij, niet gekozen worden en uiteindelijk als laatste gekozen worden? Ik wist dat ik beter was dan sommigen van degenen die aan het selecteren waren; ik denk dat mijn houding destijds enigszins arrogant was, iets wat vaak aan het Nederlandse karakter wordt toegeschreven, en niet zonder reden. Voor mij was het een kwestie van zelfbehoud; ik moest gewoon vertrouwen hebben in mezelf. Die dag speelde ik voetbal en was blij dat ik twee doelpunten had gescoord voor mijn voetbalteam Bass.

Plotseling had ik veel vrienden, maar geen voetbal schoenen.

Ik ontdekte dat Aussies van sport en winnen hielden! Nederlanders ook; in mijn verbeelding besloot ik dat niemand deze Nederlander kon verslaan. Ik merkte op dat niet iedereen Nederlanders mocht, omdat Aussies vaak denigrerende termen gebruikten om de kenmerken van Nederlanders te beschrijven, waarschijnlijk omdat we competitief en uitdagend waren. Iemand vroeg me zelfs of ik een 'klompenwog' was. 'Wog' is in het Australisch een ander woord voor pokken. Ik wist wat klompen waren, houten schoenen, bekend als klompen in het Nederlands. De familie sprak erover dat ik zo werd genoemd. En sommige meisjes noemden me zelfs 'gloggy'; dat vond ik niet erg, het klonk juist vriendelijker. Volgens Australiërs verwees 'wog' naar mensen uit Zuid-Italië en Griekenland, de wat donkerder types. We vonden het woord 'wog' discriminerend en zouden het nooit gebruiken, tenzij het ging om de betekenis van de griep hebben of ziek zijn. Ik besloot me niet beledigd te voelen als ze me een 'klompenwog' noemden, maar ik zou er gewoon niet op reageren.

Noelene, mijn Australische vriendin aan boord van de Johan van Oldenbarnevelt, leerde me Australisch-Engels; ze zei dat Aussies een apart gevoel voor humor hadden. Als ze je bijvoorbeeld een denigrerende naam gaven zoals 'How you're going, old Dutch bastard?', betekende dat eigenlijk dat ze je mochten. Of als ze grapjes over je maakten, zei ze: 'niet beledigd zijn, schat,' gewoon glimlachen naar ze. Bets en Piet zeiden hetzelfde, dat ik niet te gevoelig moest zijn, en ik moet toegeven dat sommige van de onbedoelde grofheid eigenlijk best grappig was. Ik kon wel iets grappigs, licht beledigends uigspraken waarmee ik de Aussies in reactie zou kunnen aanspreken? Nee, dacht ik. Het is beter om te glimlachen en niet met gelijke munt terug te betalen; immers, Jezus Christus zei dat we vredestichters moeten zijn, geen oorlogszuchtigen.

Op het voetbalveld zou het tegenstandende team roepen: 'Je bent vol Dutch courage', wat verwijst naar moed die veroorzaakt wordt door drank. Geoffrey, mijn schoolvriend, vroeg: 'Hey Kees, wat is een Dutch oven?' Ik keek verward en hij zei: 'Als je in bed ligt en een scheet laat, en vervolgens het hoofd van je vriendin onder de deken houdt, noemen we dat een Dutch oven.' Een andere jongen zei dat het allemaal dubbel Dutch is; dat betekent verwarring. Een andere betekenis van dubbel Dutch heeft te maken met seks, namelijk het gebruik van een condoom en de anticonceptiepil tegelijkertijd. Ik luisterde in stilte, dit was de eerste keer dat ik deze belachelijke dingen over Nederlanders hoorde. Ik was niet blij, maar wel nieuwsgierig waarom ze denigrerende termen gebruikten om menselijke kenmerken te beschrijven. Dave, een typische Australische larrikin met altijd overdreven seksuele gedachten, vroeg: 'Keith, weet je wat we bedoelen met een Dutch wife?' 'Nou, ja, mijn vader heeft een Nederlandse vrouw, mijn moeder.' 'Ah,' zei David, 'niet in Australië. Met een Dutch wife bedoelen we een frame om je benen in bed op te laten rusten, maar in Japan betekent een Dutch wife een seksspeeltje.' Nadat ik met mijn Engels leraar over deze uitspraken had gesproken, gaf hij me een hele lijst met stereotyperende en discriminerende termen die mensen beschrijven voor Nederlanders. Geen enkele Nederlandse regering of organisatie heeft ooit officieel protest ingediend bij de Verenigde Naties over deze toch duidelijke schendingen van het Nederlandse character. Het ging hier niet alleen om grappige grappen over mensen, zoals Ierse of Joodse grappen, maar om discriminerende termen die werden gebruikt om iemands karakter te beschrijven met negatieve Nederlandse beschrijvingen die ingeburgerd waren in het dagelijkse spraakgebruik van de Engelse taal. We voelden sterk dat al deze ogenschijnlijk anti-Nederlandse uitspraken als racistisch konden worden opgevat, maar dat ze niet bedoeld waren als racistisch wanneer de meeste Australiërs ze gebruikten. In plaats daarvan interpreteerden wij "going Dutch" als een term om voor jezelf te betalen, zonder enige vorm van discriminatie. Ik vroeg me af of hetzelfde zou gebeuren als we in plaats van Nederlands, Joods, Moslim-Italiaans, Grieks of zelfs Chinees zouden toevoegen. Is discriminatie alleen gericht op Nederlanders? We ontdekten ook enige denigratie jegens de Fransen, die de Aussies "Froggies" noemen, en de term "Kiwis" verwijst naar Nieuw-Zeelanders. Dus is er werkelijk geen probleem als wij "klompwogs" worden genoemd, toch? Ik zei: 'Ja, pa, maar er zijn maar een paar denigrerende termen voor de Fransen, zoals "Excusez mon français" wanneer iemand vloekt. "Franse pokken" verwijst naar syfilis, "Franse brief" naar een condoom, en "Franse roman" naar pornografisch materiaal.' Piet legde uit dat ik deze niet als beledigingen moest interpreteren, maar als humor. Hij herinnerde me er ook aan dat wij Nederlanders hetzelfde doen met de Belgen, en dat het wederzijds is. Laten we de luchtigheid behouden.

Buiten onze calvinistische culturele bubbel, ontspannen we en oefenen we 'geen zorgen maken' zoals de Australiërs dat doen. Ook maakte ik me zorgen dat mijn klasgenoten veel gemakkelijker lachten dan ik; ze waren dol op slapstick humor. Ze zeiden: 'Kees, lach, dit is een goede grap, het is grappig.' Iemand stelde voor dat je een Nederlander een pistool tegen het hoofd moest houden en hen moest bevelen te lachen, anders zou de trekker overgehaald worden. Bet was het ermee eens dat wij Nederlanders een beetje moeten ontspannen; we zijn te nuchter, een Nederlands nationaal kenmerk dat soms tegen ons werkt. Ons Engels begon al te evolueren naar een soort Dunglish (Nederlands Engels): "Ja, yesterday we went to de winkel and koopt some drop. Today gaan we de lawn mowen because morgen gaat it raining.' We lachten om zulke taal, maar dat zou niet voldoende zijn als we vloeiend Engels wilden spreken.

Australiërs waren altijd erg behulpzaam en geduldig om hun cultuur met ons te delen, ons Engels te leren en ons kennis te laten maken met Australische literatuur, zoals bush poetry. Bill Jones, de beheerder van de caravanpark, was zo'n man; hij was een vrijgezel van vijfenzeventig jaar oud en woonde alleen in een caravan. Hij had als scheepstechnicus op een stoomschip gewerkt en de wereld rondgereisd. Nadat ik klaar was met mijn taak om vuilnisbakken te verzamelen en legen, nam ik een douche trok schone kleren aan en Bill zou klaarstaan, stralend van opwinding in zijn ogen. Hij wilde graag een Australisch bushgedicht delen of een deel van zijn levensverhaal vertellen, wat fascinerend was omdat hij meer dan vijftig jaar als ingenieur had gewerkt en door heel Australië had gezeild. Hij zei dat hij nooit tijd had gehad om goede vrouwen te ontmoeten, dus er waren nooit romantische verhalen of echt persoonlijke zaken. Bill was een privépersoon en zeer belezen. Hij was niet rijk in financiële zin, maar wel rijk aan tevredenheid, geest en het vermogen om verhalen te vertellen en gedichten te schrijven. Zijn andere grote liefde leek het genieten van een pijp vol Nederlandse Van Nelle pijptabak te zijn, die een toffeesmaak had. Ik hield van de geuren van toffeetabak en sigaren; ze riepen zoete herinneringen op, net zoals de parfums van mijn tantes dat deden. Het leren van Australische uitdrukkingen onthulde meer over de Australische cultuur dan wat dan ook. Ik had nooit idiomatische uitdrukkingen bestudeerd in mijn Engelse lessen. Zonder kennis van idiomatische uitdrukkingen begrijpen we niet echt wat er bedoeld wordt. Kijk maar naar de volgende voorbeelden: Engels leren is geen eitje als we niet weten dat 'het regent cats and dogs ' betekent 'het regent heel hard'; Bill zei dat idiomatische uitdrukkingen kleur aan de taal geven. Onder wolken van naar toffee ruikende pijprook reciteerden we gedichten van Banjo Paterson, een Australische dichter die veel ballades schreef over het Australische leven. Ik werd meteen fan van Banjo. We oefenden samen "De Man from Snowy River" en hij hield het ritme vast terwijl hij me leerde om het zonder ademhaling uit te spreken.

Ik wilde indruk maken op mijn Engelse leraar, wat lukte, maar mijn klasgenoten hadden nog nooit van Banjo Paterson gehoord. De meeste Australiërs, zo ontdekte ik later, weten meer over Walt Disney en de Three Stooges dan over Australische schrijvers, dichters en schilders. Ik heb me vaak afgevraagd waarom dat zo is. De Snowy River riep beelden op van alle migranten die op dit moment werkten aan het grootste hydro-elektrische project ter wereld.

Het gedicht "The Man from Snowy River" van Banjo Paterson begint als volgt: "Er was beweging op het station, want het nieuws was verspreid Dat het veulen van oude Spijt was ontsnapt en zich bij de wilde bush-paarden had gevoegd - hij was duizend pond waard. Dus alle ervaren ruiters uit de nabijgelegen en verre stations waren 's nachts bij het woonhuis verzameld. Want de bushmannen houden van hard rijden waar de wilde bush-paarden zijn, en het werkpaard snuift de strijd met vreugde op."

Tijdens mijn vele kopjes thee met Bill heb ik diverse culturele aspecten over Australië geleerd. Bill vroeg me: "Heb je ooit gehoord van het 'tall poppy syndrome'?" Ik antwoordde dat ik dat had; Noelene vertelde me over dit fenomeen. "Het betekent," zei Bill, "dat niemand wordt getolereerd als ze denken dat ze beter zijn dan anderen. Australiërs vinden het niet leuk als iemand zichzelf op de borst klopt." Ik vertelde Bill het tall poppy-syndroom' is niet alleen typerend voor Australiërs, maar ook voor de Nederlanders, zoals blijkt uit het gezegde 'doe maar gewoon dan doe je al gek genoeg'. Dit betekent dat wanneer je je normaal gedraagt, je al gek genoeg bent. De Nederlanders geloven in het 'maaievelt', een uitdrukking die inhoudt dat iemand wiens hoofd boven het gras uitsteekt, wordt neergemaaid.

HOOFDSTUK 12

Al ons harde werk van baggeren en vuilnisbakken verzamelen, kranten bezorgen en auto's wassen betaalde uiteindelijk uit.

Toen brak de dag van beloning aan al het harde werk van het baggerwerk en het ophalen van vuilnisbakken, het bezorgen van kranten en het wassen van auto's zijn vruchten afwierp. Zie je wel dacht ik de vlijtige hand zal gezegend worden.

Na slechts tien maanden in Australië te zijn, waren we in staat om een groot stuk grond te kopen op lot 15 Braidwood Road in Nowra, voor een bedrag van 260 pond contant. Voordat we het land kochten, ontmoetten we meneer Chandler, de eigenaar. Hij was een zeer oude man en een soldaat uit de Eerste Wereldoorlog die had gevochten bij Ieper en de Somme. Hij toonde ons zijn medailles en foto's van zijn jeugdige kameraden in uniform, die er goed uit moesten zien voor het nageslacht, aangezien ze mogelijk niet zouden terugkeren van het slagveld. Met tranen in zijn ogen vertelde hij ons dat zij naar de hel zouden gaan. Hij serveerde ons thee met Anzac-koekjes, een favoriete lekkernij onder oudere Australiërs. Ze dompelden de koekjes in hun thee om ze zacht te maken, net zoals wij als kinderen deden, terwijl onze moeders ons daarvoor berispten. Zijn vrouw was tien jaar eerder overleden; ze hadden geen kinderen. Het was duidelijk dat hij zich erg eenzaam voelde en graag zijn verhaal vertelde; helaas heeft niemand het ooit opgenomen. Het ontmoeten van meneer Chandler gaf me het idee dat ieders verhaal moet worden vastgelegd. Iedereen heeft een doel; de meeste mensen vervagen in de vergetelheid, hun werk op aarde vergeten. Meneer Chandler had drie percelen te koop: één naast een beek en twee boven op een heuvel, bijna op de hoek van Braidwood

Road en Princes Highway. We kozen voor het perceel op de heuvel, omdat we uit krantenberichten wisten dat veel laaggelegen gebieden in de buurt van beken gevoelig waren voor overstromingen. We begrepen nooit waarom zoveel Aussies grond kochten in lager gelegen gebieden. 'Waarschijnlijk omdat het goedkoop is,' zei Bets. Het perceel boven op de heuvel had niet te veel bomen; bosbranden waren een andere overweging waar het gezin aan dacht, vooral toen we onlangs in januari 1962 tijdens het hoogtepunt van een zeer hete Australische zomer lazen, tot onze horror, dat 600 huizen waren afgebrand in Olinda, in de buurt van Melbourne. Acht mensen zijn verbrand en gestikt door vuur en rook. Het vuur vernietigde een groot naaldbos en kwam tot op vijftien kilometer van het centrum van Melbourne. Daarom hadden we veel discussies over milieuzorgen met tante Rita en oom Stan en onze nieuw gevonden kerkvrienden. We bedachten scenario's van wat we zouden doen bij een overstroming of brand.

Op school had ik het gedicht 'My Country' van Dorothea McKellar uit het hoofd geleerd en sommige regels waren in mijn gedachten blijven hangen: 'Ik hou van een door de zon verschroeid land, Een land van uitgestrekte vlaktes, van ruige bergketens, Van droogtes en overvloedige regens'.

71 jaar geleden werden Bets en ik gered uit de verwoesting van de ramp/ overstromingen in Zeeland in 1953. Duizenden mensen verdronken toen 's nachts de dijken braken door een ongekend hoge vloedgolf uit de Noordzee, waarbij velen bevroren. Piet zat op de veerboot en keerde pas na zeven dagen terug naar huis; hij zocht overlevenden. Destijds waren er geen telefoons of mobiele telefoons, we hielden altijd hoop en meestal liep het goed af. Alles draait om onze houding, angst is meestal een negatieve houding. Mijn ouders namen altijd de tijd om goed na te denken voordat ze een beslissing namen. Ze maakten lijsten van de voors en tegens; als de voordelen in de meerderheid waren, namen ze die beslissing. Zo wonnen de voordelen toen we ons eerste stuk land kozen. We maakten meteen plannen om ons eerste huis te bouwen. Stan en Rita brachten ons in contact met een Nederlandse architect genaamd Mr. Van Leer, die na de oorlog in 1947 naar Australië was gekomen vanuit Nederlands-Indië en daar trouwde met zijn Nederlands-Indonesische vrouw, die tijdens de oorlog diende bij het KNIL (Nederlands-Indische leger) om Australië te helpen in de

strijd tegen de Japanners. Na de oorlog probeerde Arthur Calwell, de minister van immigratie in 1948, alle 'gekleurde mensen' die tijdens de oorlog hun toevlucht hadden gevonden in Australië, te bevelen om te vertrekken of te worden uitgewezen. Stan en Rita behoorden tot de duizenden fatsoenlijke Australiërs die protesteerden en de zaak voorlegden aan het Hooggerechtshof van Australië. Als resultaat mochten mensen van kleur toestemming om te blijven. De eerste stap in het afbreken van het White Australia-beleid van discriminatie was genomen. Meneer Van Leer heeft het huis en de garage ontworpen voor een minimumprijs, omdat hij zei dat Piet een soldaat was geweest in de Tweede Wereldoorlog. Dat is echte kameraadschap, dacht ik.

Mijn familie - Bets, Piet, Lizzie en ik - begon de manier te waarderen waarop Australiërs ons accepteerden en ons elke hulp gaven die we nodig hadden, vaak zonder dat we erom vroegen. We hoorden oudere Australiërs praten over gelijke kansen geven aan mensen; dat beviel ons wel. Wij vonden dat individuele Australiërs ons een eerlijke kans gaven. Op een regenachtige maandagavond gingen we naar meneer Pomfrey, die een bakstenenfabriek bezat in Nowra. Ik kende zijn zoon Wayne; hij zat bij mij in de klas op school. Piet had 150 pond bij zich, het bedrag dat nodig was voor de bakstenen van roodbakkende klei voor ons huis. Het zou een huis worden met een bakstenen bekleding. Meneer Pomfrey nam ons mee naar zijn bakstenenfabriek en liet ons zien welk type bakstenen het meest geschikt zou zijn. Tijdens een informeel gesprek kwam de Tweede Wereldoorlog ter sprake. Bingo! Oude soldaten werden onmiddellijk makkers; Piet bestelde zijn stenen en betaalde ervoor. We ontvingen een korting van vijf pond omdat we contant betaalden en omdat Piet 'aan de juiste kant van de oorlog had gevochten'.

Vervolgens werden we meegenomen in een nieuwe FJ Holden naar de Nowra RSL club voor een beer met de bedoeling daar moet op gedronken worden; het was mijn eerste kennismaking met lemon squash en Piet zijn eerste Australische biertje geproefd. Volgens een vriendelijke drinker is bier iets wat o Australiërs verbindt. We glimlachten beleefd en hielden onze gedachten voor onszelf. Slechts zes weekends, wat twaalf dagen in totaal betekende, was alles wat we nodig hadden om ons nieuwe bescheiden thuis af te maken. Ik begreep dat veel Australiërs de Nederlanders bewonderden vanwege hun harde en snelle werk, punctualiteit en het altijd op tijd leveren.

We begonnen met bouwen zonder enige ervaring. Doordeweeks gingen we na het werk 'spioneren' op bouwplaatsen en keken we hoe Australische huizen werden gebouwd. Piet was ervan overtuigd dat hij in de Australische stijl kon bouwen en zei dat je alles kon doen als je je er maar op focuste. We hadden al van onze Australische vrienden geleerd om gewoon te proberen. Elk weekend waren we druk bezig met metselen en beton storten. Piet had nog nooit eerder een steen gemetseld en had ook niet veel ervaring met beton storten. De fundering bestond uit gemetselde pilaren waarop tweedehands houten steunbalken zouden worden geplaatst en tweedehands of gerecyclede vloerplanken zouden worden vastgespijkerd. Misschien is het beter om de term 'gerecycled hout' te gebruiken, dat klinkt milieuvriendelijker. We hielden er niet van om bomen te kappen als het niet nodig was. Vaak raapten we stukjes hout van de stoep voor de afvalophaling; wij namen het mee naar huis en maakten er meubels of modelboten van. We hadden geen water op het perceel omdat we de aansluitingskosten van 125 pond niet konden betalen. Dat was destijds veel geld, vooral als je bedenkt dat het gemiddelde salaris slechts 17 pond was, wat neerkomt op 34 dollar in de huidige waarde. Het zou goedkoper zijn als we zelf de waterleidinggroef groeven. Daarvoor gaf de NSW Water Board ons specificaties en toestemming om de 200 meter lange groef zelf te graven. Het was ondenkbaar om in Nederland je eigen waterleidinggroef te graven, maar in Australië was alles mogelijk. 'We moeten eerst geld sparen,' zei Piet, 'zonder geld gaat het niet.' In die tijd waren er geen creditcards; tenminste, wij wisten niet eens dat ze bestonden, en we konden geen krediet krijgen zonder onderpand. Bovendien was schulden maken geen optie voor de Paulussen. Tijdens de bouwfase was ik de 'bouwvakker'. Ik dompelden eerst de bakstenen in water en gaf ze door aan mijn vader. Tegelijkertijd was ik ook de waterdrager; dat betekende dat ik naar de beek moest gaan om emmers water te vullen en dragen voor het mengen van cement en mortel. We berekenden alles om kosten te besparen; we maakten onze eigen emmers door oude vierliter metalen olievaten om te bouwen. We knipten de bovenkant eruit en bedekten het stevige draaghengsel met een stuk oude rubberen slang. We wilden geen blaren op onze handen, omdat dat ons zou vertragen. Onze vriend Stan had een kennis die ons een handmatige betonmixer leende; dit bespaarde ons veel intensieve arbeid.

De funderingen waren af; we maakten ons klaar voor de bouwinspecteurs. Nadat ze onze bouwspecificaties gebruikt hadden, zeiden ze dat het werk perfect was; het metselwerk was net zo goed als bij elk ander. We waren trots op ons werk; het was waar dat als we hadden gewacht tot we alles perfect konden doen, we nooit waren begonnen en afhankelijk zouden zijn geweest van anderen om dingen voor ons te doen. Soms worden Nederlanders arrogant genoemd; we beschouwden dit als een verkeerde interpretatie van zelfvertrouwen. We vonden de Australische manier om alles te proberen leuk; 'Geef het je beste kans', zou Stan zeggen.

Vaak, terwijl wij aan het bouwen waren, imiteerden we Australische straattaal en accenten, gebruikmakend van de uitdrukkingen die we kenden. Volgens onze observaties waren er drie stijlen van Australische accenten: het beschaafde Australische accent zoals Bob Menzies, onze premier, en de presentatoren van het ontbijt op de ABC dat zouden spreken; dan was er het algemene Australische accent met een vleugje straattaal, licht slepend en nasaal, vergelijkbaar met hoe de leider van de Australische Arbeiderspartij, Arthur Calwell, sprak; en tot slot waren er de zakelijke accenten, eigenlijk meer een set van spraaketiquette dan een accent. Bij de bank begroette de medewerker me niet met 'Hoe gaat het, maat?' of 'Wat heb je gedaan?'. In het zakelijke leven zou je zelden het woord 'maat' horen, tenzij ze je echt goed kenden. Als Australiërs solliciteren naar professionele functies, gebruiken ze meestal geen straattaal of plat accent. Veel buitenlandse bezoekers, vooral Amerikanen, waarderen de manier waarop Australiërs in landelijke gebieden hun taal gebruiken wanner ze onze steden bezoeken, zijn ze verrast dat we eigenlijk niet spreken zoals de Australiërs in de toeristische reclames op de radio en tv. Op school worden veel studenten gecorrigeerd als ze een woord met een plat Australisch accent uitspreken. Alle accenten zijn goed, maar ze creëren wel een indruk. Piet zei dat we ook worden herkend aan onze Nederlandse accenten; zodra we onze mond opendeden, werd er gevraagd: 'Waar komen jullie vandaan?' Sommige Australische meisjes op school klonken erg nasaler, veel meer dan de Nederlandse vrouwen, en ze hadden een intonatie die aan het einde van elke zin omhoogging.

Op het moment dat we onszelf feliciteerden met onze bouwprestaties, kwam meneer Chandler bij ons op bezoek, hij kuchte; hij bracht verontrustend nieuws. 'We hebben jullie de verkeerde afmetingen van het perceel gegeven, en de helft van de funderingen is op een ander perceel gebouwd. Het was mijn fout en het spijt me. Ik zal jullie vergoeden voor al het cement en de stenen.' Er heerste een ijzingwekkende stilte; we wisten niet wat we moesten zeggen en het was de eerste keer dat we sprakeloos waren. Meneer Chandler was duidelijk oprecht spijtig en we begrepen dat het een eerlijke vergissing was. Hij bood ons het tweede perceel te koop aan "Een verlaagde prijs. Bets en Piet hebben het aanbod voor een tweede perceel niet geaccepteerd; het budget liet het niet toe. Sommigen suggereerden juridische stappen te ondernemen, maar mijn ouders wilden niet verwikkeld raken in het Australische rechtssysteem. Advocaten kosten geld, zei Piet, en net als in Nederland gaat gerechtigheid meestal naar degenen met diepe zakken, en wij hadden dat niet. We voelden bijna medelijden met meneer Chandler; we gingen verder en zetten onze volgende zet. Onze vestiging in Australië leek op een schaakspel, een spel van strategie waarbij we ervoor zorgden dat onze volgende zetten winnend waren. Al snel verspreidde het verhaal zich over wat er met die hardwerkende Nederlanders was gebeurd en de verkeerde inschatting van hun perceel. Ik vroeg mijn vader of hij geen fout had gemaakt bij het berekenen en plaatsen van het huis; het enige antwoord dat ik kreeg was 'Wil je een draai om je oren?'

De eerstvolgende zaterdag en zondag begonnen we te slopen wat we eerder hadden gebouwd; het was pijnlijk. Nu zouden we een garage bouwen en alle materialen hergebruiken die we voor het huis hadden gebruikt; dat betekende het schoonmaken van de bakstenen en het aanpassen van het hout. Op zaterdag waren we niet alleen. Zonder dat we het hoefden te vragen, kwamen de mannen van de caravanpark opdagen en oom Stan had zijn vrienden van de RSL (Returned Soldiers' League) meegenomen. Ze zetten de palen uit voor de garage. Het betonnen fundament werd voltooid, waarbij beton werd gemengd Op de ouderwetse manier, met de hand, werd alles gedaan. Bets en tante Rita hadden broodjes gesneden en fruitcake gebakken, samen met overvloedige thee en koffie voor de veertien arbeiders die kwamen opdagen.

Op zondag kwamen de gewetensvolle Schotse Presbyteriaanse kerkgangers na de kerk, trokken hun overalls aan en hielpen bij het op maat maken van het hout voor het garagelijstwerk. Het was geen gewone kleine garage; het had een oppervlakte van vijftien vierkante meter. Na de kerk zorgden Bets en de dames van de Presbyteriaanse vrouwenvereniging voor een prachtige middagthee voor alle mannen die aan het werk waren; onze stemming werd verhoogd. Ik begon na te denken over de Australische identiteit waar ik zoveel over had gelezen; begrippen als gelijkheid, een eerlijke kans en kameraadschap, deze hebben we allemaal ervaren doordat we deel werden van de Anglo-Keltische Australische gemeenschap.

De nieuwe generatie multiculturele Australiërs is niet zoals de Anzacs uit de Eerste en Tweede Wereldoorlog. Moderne Australiërs proberen vast te houden aan een geïdealiseerde Australische identiteit die waarden omvat zoals gelijke kansen, gelijkheid tussen mannen en vrouwen en kameraadschap. Deze waarden denk ik zijn niet exclusief voor modern Australië; ze zijn universeel.

Ik maak een snelle observatie richting 2023 . De meesten van ons hebben de Australische cultuur vervangen door een 'wereldcultuur'; we zijn overgestapt van het oude naar het nieuwe. Multiculturalisme, internet en sociale media hebben ervoor gezorgd dat het moderne Australië is versmolten met een mondiale Globalisering. Ik twijfel of dit wel een goede ontwikkeling is, aangezien het verlies van onze eigenheid niet wenselijk lijkt. Ook onze taal ondergaat snel veranderingen en weerspiegelt een wereldwijde cultuur: typisch Australische termen worden steeds minder gebruikt, straattaal neemt af. We maken nu gebruik van Amerikaanse uitdrukkingen zoals cool, dude, awesome, wow.

Perceptie speelt een grote rol; het multiculturele Australië kampt net zoals Arthur Calwell, die alle gekleurde mensen wilde terugsturen naar hun geboorteland, hij had denk ik last van xenofobie, zoals in het geval van de vrouw van meneer Van Leer. De vluchtelingen die in de eenentwintigste eeuw per boot arriveren, zijn gedemoniseerd en worden politiek gemanipuleerd door de Australische media en politici van zowel de Labour- als de Liberal Partij. Hierdoor wordt een sfeer van angst gecreëerd die tot gemeenschappelijke paranoia over vluchtelingen leidt binnen het kiesdistrict. De Verenigde Naties hebben Australië veroordeeld vanwege de onmenselijke omstandigheden in de detentiecentra aan de kust op Nauru en Manus Island. Daar vinden zelfverwonding, zelfmoord en zelfs moorden plaats. Er was een tijd waarin Australië daadwerkelijk streed voor gelijke kansen en egalitarisme, met name in de jaren '70 na de val van Vietnam. Meer dan 250.000 Aziatische bootvluchtelingen die de oorlog ontvluchtten en hun leven probeerden te redden, bereikten onze kusten. Zij hadden geen identificatiepapieren en vrijwel geen geld, omdat velen beroofd en misbruikt waren door zeerovers gedurende hun reis naar Australië. Deze bootvluchtelingen werden verwelkomd door dezelfde Australiërs die ons verwelkomden, meestal oud-soldaten uit de Tweede Wereldoorlog en hun families, die geloofden in inclusiviteit en gelijke kansen voor iedereen.

Er is iets misgegaan met de generatie kinderen van de babyboomers die nu in de regering zitten; zij missen de moraliteit en compassie die mijn generatie wel had. In Australië ontstaan grote sociale scheidslijnen; de rijken worden steeds rijker terwijl de armen steeds armer worden. De Liberal regerings partij vertelt gepensioneerden, gehandicapten en werklozen dat het tijdperk van privileges voorbij is. De meest kwetsbaren krijgen het gevoel dat ze minderwaardig zijn en schuldig aan het ontvangen van belastinggeld; dit is niet langer het Australië van gelijke kansen voor iedereen. "Professor Donald Horn in zijn bestseller The Lucky Country zegt dit: "Australië is een gelukkig land dat voornamelijk gerund wordt door tweederangs mensen die dat geluk delen."

Toch is er een sprankje hoop dat we terug kunnen keren naar een eerlijk Australië. Neem bijvoorbeeld meneer Hieu Van Le, een 'illegale vluchteling', zoals de huidige Australische regering vluchtelingen graag labelt. Dertig jaar geleden arriveerde hij per boot en in juni 2014 werd hij benoemd tot gouverneur van Zuid-Australië. In februari nam ik samen met tienduizend andere Australiërs deel aan een stille wake op Federation Square in Melbourne om Reza te herdenken, een Iraanse vluchteling die onder de zorg van de Australische regering door kampbewakers werd vermoord. Vader Bob Macquire en vluchtelingenactivisten spraken tot ons, met op de achtergrond een groot geschilderd doek dat vluchtelingen welkom heette in Australië, hangend aan de Sint-Paulus Anglicaanse Kathedraal. We hielden kaarsen vast, waren stil en herdachten Reza, en wensten dat de 'Fair Go Australia' terug zou keren, naar een tijd waar we ooit waren.

Het Australische karakter is geglobaliseerd, aangepast aan een mix van multiculturalisme en digitale verbondenheid met de rest van de wereld. We zingen dezelfde liedjes, kijken dezelfde films, lezen dezelfde boeken en zijn bijna "Geniet samen van hetzelfde bier. De Australische cultuur vervaagt en vermengt zich sneller door de Engelse taal. Engels bepaalt de identiteit van Australiërs, Amerikanen, Canadezen, Britten, Zuid-Afrikanen en Nieuw-Zeelanders. Aan de andere kant behouden de Nederlanders hun nationale eigenschappen sterker vanwege hun Nederlandse taal; een cultuur wordt immers gedefinieerd door haar taal. Terwijl we getuige waren van het snelle proces van de voltooide garage, glimlachte Bets en zei: 'Zie je, wanneer de nood het hoogst is, is hulp nabij.' Niet lang daarna ontvingen we een brief van de Nederlandse Bouwvereniging in New South Wales. Ze boden ons een lening aan voor ons huis, aangezien we al eigenaar waren van het land; de lening bedroeg 7.000 pond. We weigerden vriendelijk en besloten ons huis te bouwen terwijl we geld verdienden. Voorlopig zouden we in de garage blijven wonen, wat veel aantrekkelijker was dan het hebben van een langlopende hypotheek die ons in vrijheid zou beperken. 'Een hypotheek is als slavernij,' zei Piet, 'je moet vele, vele jaren werken zonder vrijheid.' Later kwamen de Aboriginal jongens en meisjes van Nowra High School met dozen vol graszoden om ons te helpen deze te planten en bij het opzetten van een moestuin. Australië voelde warm en vriendelijk aan.

Als twaalf jarige jongen deed ik ook de kranten bezorgen, en voor een nieuwe fiets sparen

HOOFDSTUK 13

Verandering Omarmen; Serendipitous Reis: Piet's Hitchhiking Avonturen en een Gelukkige Twist van het levens lot

Piet's arbeidscontract was afgelopen en zijn werk op de Australische marinebasis in Hutchkinson was voltooid. We waren opgelucht; elke dag vier uur liften naar het werk was erg vermoeiend voor hem, hoewel hij nooit klaagde. Gelukkig waren er vriendelijke Australische boeren die mijn vader oppikten op afgelegen bush-tracks. Tegenwoordig komt het zelden voor dat mensen liften aan de kant van de weg proberen te krijgen. Komt dit doordat we niemand meer vertrouwen? Zijn we zo angstig en argwanend geworden dat we niet stoppen voor eenzame zielen die naast de weg staan, misschien wel op zoek naar hulp? Piet zag er niet intimiderend of gevaarlijk uit; zijn houding straalde vertrouwen en zelfverzekerdheid uit.

Het bracht altijd een glimlach op mijn gezicht omdat alleen vrouwen hem precies voor de caravan afzetten, tot ons genoegen. Het was gemakkelijk te begrijpen: Piet was een knappe zesendertigjarige man. We waren blij dat Piet zijn baan verloor, in de overtuiging dat wanneer een deur sluit, er een andere opengaat; voor ons was het meestal een zegen in vermomming. Bets had een andere Nederlandse dame ontmoet bij de Country Women's Association, wiens man een autoverkoper was bij Conrad's Holden Dealership; ze zochten een autowasser. Piet kreeg de baan zonder problemen voor vijftien pond per week. Australië stapte over op de decimale munteenheid in 1964, waardoor één pond twee dollar werd. Ik verdiende vijf pond per week met het ophalen van vuilnisbakken, een krantenwijk en het verzamelen van leeggoedflessen. Daarmee had ons gezin een inkomen van 25 pond per week, iets boven het gemiddelde.

Bets werkte ook, maar niet voor geld; ze werkte vrijwillig voor de Country Women's Association (CWA) en de kerkelijk Damesgilde. Ze beoefende het beroep van alle beroepen, dat van moeder en fulltime huisvrouw zijn. Zij was het cement dat ons allemaal bij elkaar hield. We waren een eenverdienersgezin, net als duizenden anderen, maar zij kochten en bouwden huizen, gaven kinderen een opleiding, allemaal met het inkomen van één kostwinner. Tegenwoordig vereist de materialistische consumptiemaatschappij dat beide ouders werken; het gezinsleven is veel duurder geworden. Moderne kinderen moeten iPhones, iPads en computerspelletjes hebben. Iedereen heeft een auto nodig, omdat de kostwinner niet meer kan liften naar het werk en kinderen zelden nog 45 minuten naar school en terug lopen; sommigen gaan met de fiets naar school en werk.

Er waren maar weinig overheidsuitkeringen; het enige dat we deden was belasting betalen van het moment dat we voet zetten op Australische bodem, zo leverden de meeste migranten een bijdrage en brachten welvaart voor het land, in plaats van alleen maar te nemen. We verhuisden van het caravanpark naar de garage aan Braidwood Road, wat nu ons nieuwe thuis was, zelfs al hadden we geen stromend water en toilet. Maar binnen slechts een paar dagen bouwden we een toilet en doucheruimte, drie meter achter de garage. We gebruikten oude houten pallets die we verzameld hadden en bouwden een uniek kunstwerk; onze Australische vrienden zeiden dat we het meest stijlvolle 'dunny' (Australisch voor een buitentoilet) in de straat hadden. Sommige mensen noemen een buitentoilet ook wel een buitenbadkamer; het was gebruikelijk in Australië om een 'emmer toilet' buiten te hebben, die eens per week geleegd werd door het plaatselijke Hygiëne Departement van de gemeente. Er was geen riolering en geen septic tank; bovendien konden we ons dat niet veroorloven, zelfs al waren ze beschikbaar. Elke dag voordat ik naar school ging, moest ik zes gallon vers schoon water halen bij de kreek aan het einde van onze straat. Stel je eens voor hoe dankbaar ik was toen we klaar waren met het graven van de waterleidingssleuf om aan te sluiten op de stadswatervoorziening. Het andere onaangename karwei dat ik elke week moest doen, was het graven van een diepe kuil om onze toiletemmer te legen; de wekelijkse ophaalbeurt van de gemeente was niet genoeg, onze emmer vulde zich erg snel.

Men zegt dat noodzaak de moeder is van uitvinding; dat is zo waar, vooral wanneer je geen geld kunt missen. Alles werd gerecycled: de emmer die we gebruikten om water te dragen bij het maken van cement, hadden we nu voorzien van honderd kleine gaatjes in de bodem van de emmer en we hingen deze aan een twee meter lange paal. Om te kunnen douchen, vulden we de emmer van vier gallon met warm water en trokken deze omhoog met een zelfgemaakt houten blok en takel. Met vier gallons water konden we acht minuten onder de douche staan met een constante waterstroom. Hoewel Bets ons slechts een douche van vier minuten toestond, konden we dit doen door eerst ons lichaam grondig in te zepen met warm water uit de emmer en onze haren te wassen met shampoo. We verwarmden het water met een kleine benzinebrander. Mijn zussen, die iets kleiner waren, werden dagelijks door Bets gewassen in een teil voordat ze naar bed gingen. In die tijd waren er geen wettelijke vereisten voor het verkrijgen van een bewoningsvergunning voordat je in een nieuw huis kon intrekken. Misschien zouden er vandaag de dag niet zoveel daklozen zijn als de kostbare bewoningsvergunning, die belastingopbrengsten genereert, zou worden afgeschaft en mensen gewoon in een huis zouden kunnen trekken en gebruik zouden kunnen maken van een wasemmer en een buitentoilet totdat ze genoeg hadden gespaard voor de volgende fase. We slaagden erin zonder schulden of leningen te leven. Terugkijkend denk ik dat we nu dommer zijn geworden en te veel regels hebben bedacht, allemaal ten gunste van een klein aantal welgestelde mensen. In de garage verwelkomden we vaak bezoekers. De sfeer was warm en gezellig, versierd met kunst en ambachtelijke werken die Bets en Piet hadden gemaakt, evenals artistieke tekeningen die Lizzie op school had gemaakt. De buitenkant van de garage was gemaakt van vezelcement en voor de binnenkant gaf Stan ons dik zwart-teerpapier. Australische bouwers gebruikten dat papier als isolatie. Mr. Chandler en andere mensen gaven ons veel restjes witte verf en nog andere restjes; de kleuren die gecreëerd werden, resulteerden altijd in beige. Nu hadden we dikke, beige papieren muren. Het viel me op dat veel Australische huizen van binnen en van buiten beige waren en bewoond werden door 'beige mensen', grapte ik. Veel vrienden van het caravanpark kwamen op bezoek, vooral om onze keuken te bewonderen. Onze cultuurkist was volledig omgebouwd tot een moderne keuken, zoals gepland was toen papa's neef Ko Paulusse en pa de kist in Nederland maakten.

Toen we voor het eerst naar de garage verhuisden, hadden we een tijdlang geen elektriciteit omdat we de installatiekosten niet konden betalen. We redden het met een primus petroleumfornuis, een kachel en draagbare petroleumstormlampen. De sfeer in onze garage was zo bijzonder dat het de nieuwsgierigheid wekte van veel bezoekers. Onze Nederlandse vrienden noemden ons 'De Gezellige Zeeuwen',aangezien we oorspronkelijk uit de maritieme provincie Zeeland kwamen.

We bleven brieven ontvangen van onze Friese vrienden, de Feenstra's. Zij kwamen uit Friesland, de meest noordelijke provincie van Nederland, en spraken Fries, de taal waaruit het Engels is voortgekomen. De Feenstra's hadden de Five Way-garage en het postkantoor gekocht, inclusief een handmatige telefooncentrale in de buurt van Tallangatta in Victoria. Hun twee jongens, Elko en Wicher- Jan hadden een oude vrachtwagen gekocht en waren een brandstofleveringsbedrijf begonnen. Hun vader, Jan Feenstra, was vrijwel direct na hun aankomst in Australië een schildersbedrijf begonnen. We bewonderden hun ondernemingsgeest en ze moedigden vader aan om ook naar Albury te komen vlak in de buurt van Bonegilla waar we vandaan gekomen waren.

De mogelijkheid om dicht bij Lake Hume te verhuizen, waar Piet een bootbouwbedrijf zou kunnen beginnen, begon langzaamaan onze interesse te wekken.

We raakten bevriend met een jonge autoverkoper genaamd Andrew Wilson, die ook een populaire Aussie rules voetballer en surfer was en daarnaast parttime model was voor Speedo zwemkleding. Meneer Conrad, de eigenaar van een Holden auto-dealerschap, had hem een speciale deal gegeven bij de aanschaf van een auto, op voorwaarde dat Andrew het bedrijf van meneer Conrad zou promoten tijdens het New South Wales Surf Carnival. Advertenties en brochures toonden Andrew, die ook model was voor Speedo zwemkleding, liggend in zijn zeer korte Speedo zwembroek op de motorkap van zijn nieuwe Holden-auto, geholpen door zijn vriendin Christina Van Stal, die de public relations-persoon was van Conrad. Christina was een Australische met Belgische en Nederlandse ouders. Bets zei dat ze leek op Audrey Hepburn, ook een Nederlands-Belgisch meisje. Ons gezin gebruikte altijd filmsterren, politici of andere bekende mensen om mensen die we ontmoetten mee te vergelijken en te beschrijven. Dit maakte het veel gemakkelijker voor ons om een beeld te vormen van iemands uiterlijk en karakter. Andrew leek op filmster Tab Hunter, maar sprak met een Australisch accent met de klinkslag van Humphrey Bogart ook een Nederlander van afkomst. Hij en Christina waren een vriendelijk stel en boden aan om ons tijdens de paasperiode naar de Feenstra's te rijden, die tussen Albury en Wodonga woonden, als wij de helft van de benzinekosten zouden betalen.

Het was een behoorlijk puzzel om zeven mensen in één auto te krijgen, aangezien mijn zussen klein waren. Marianne zat op de schoot van Bets terwijl Lizzie tussen Piets en Bets in zat. Ik had het geluk naast Christina voorin te mogen zitten, samen met Andrew. Gelukkig hadden we stoelen van het banktype, waardoor het gemakkelijk was om de auto vol te proppen met mensen. Veiligheidsgordelwetten waren er destijds nog niet.

Mijn ouders hadden gepland om drie dagen bij de Veenstra's te verblijven en met hen hun zakelijke voorstellen door te nemen. Andrew en Christina zouden bij hun vrienden in Wodonga blijven en ons over een paar dagen ophalen. Als jongen was ik altijd onder de indruk van Andrew; in mijn ogen was hij beroemd, knap, slim en bescheiden. Hij was authentiek en vriendelijk. Tijdens de acht uur durende rit naar Albury spraken we over onze interesse in moderne en oude geschiedenis. Andrew benadrukte dat het belangrijk is om te weten waar je vandaan komt, hoe je daar bent gekomen en waar je naartoe gaat; geschiedeniskennis is essentieel om deze zaken te begrijpen. Christina was het daar helemaal mee eens; ze was gefascineerd door haar familiegeschiedenis, die volgens haar enige gelijkenis vertoonde met die van Audrey Hepburn.

Gedurende de rit realiseerde ik me dat mijn stereotypen van Australische sporters onjuist waren. Ik dacht dat ze allemaal arrogant waren en voortdurend hun ego moesten strelen, altijd in het middelpunt van de belangstelling. Ook dacht ik dat sporters niet geïnteresseerd waren in de fijne cultuur, zoals kunst, lezen, klassieke muziek, archeologie, enzovoort. Nou, Andrew en Christina bewezen het tegendeel. Tijdens onze roadtrip luisterden we ook naar muziek; ze waren vooral fan van Johnny O'Keefe, een Australische rock-'n-rollster waar Piet een hekel aan had, maar Bets hielp Andrew en vertelde hem dat ze Col Joye en de Joy Boys leuk vond. Christina was het daarmee eens, omdat Col Joye ook haar favoriete zanger was. Tot opluchting van Piet werd Johnny O'Keefe afgewisseld met Col Joye en andere variétézangers tijdens de reis van acht uur naar Albury/ Wodonga, wat relatief lang leek in vergelijking met Nederlandse normen, maar niet overdreven lang volgens Australische normen.

Andrew merkte op dat dit eigenlijk een korte rit was en bood aan om ons rond te rijden en ons een beetje van Australië te laten zien. Met een glimlach zei hij: "We zullen er over een paar uur zijn, het is gewoon om de hoek." In Australië lijkt alles namelijk vlakbij, zelfs als het een paar honderd of misschien duizend kilometer verderop is.

De wegen waren uitstekend, vergelijkbaar met elke snelweg in Nederland, en de Australische bestuurders leken net zo ontspannen te zijn als de schapen die in de weilanden graasden. Bij aankomst werden we hartelijk ontvangen door de familie Feenstra, die erg blij was ons te zien. Uit respect voor Andrew en Christina spraken we allemaal Engels in plaats van Nederlands.

Annie Feenstra had een stevige Friese maaltijd klaargemaakt, compleet met koffie en taart, en bood ons de beste Friese gastvrijheid. Het huis van de Feenstra's bestond uit een aantal kleine aparte kamers die met overdekte gangen met elkaar verbonden waren. Bets, Piet, Lizzie en Marianne sliepen allemaal samen in dezelfde kamer, die ook diende als opslagschuur voor benzinevaten. Piet zorgde ervoor dat er voldoende ventilatie was.

Ik sliep in de slaapkamer van Wicher-Jan en Elko en deelde een tweepersoonsbed met Elko. Ze werden bijna als de broers die ik nooit had, omdat we spraken over geheime dingen die alleen tienerjongens bespreken.

Wicher-Jan liet me zijn pas gekochte Ford Deluxe uit de jaren 40 zien, een overblijfsel uit de tijd dat de Amerikanen Bonegilla als recreatiekamp gebruikten tijdens de oorlog. Veel mensen die in de buurt van Bonegilla woonden, reden rond in zulke oude 'Yank tanks'.

Ze waren goedkoop, hij had slechts 25 pond betaald voor deze twintig jaar oude auto. Ma en Annie Feenstra hadden picknickmanden en tassen vol kleren ingepakt. Ik vroeg me af waarom ze zoveel kleren bij zich hadden. 17 jarige Wicher-Jan was enthousiast om ons mee te nemen naar Mount Beauty; hij had net zijn voorlopige rijbewijs gehaald en had nog niet veel gereden. Pa en ik maakten ons een beetje zorgen omdat hij nog weinig ervaring had, vooral toen hij zei dat we diep de bush in zouden rijden om een paar Nederlandse families te bezoeken die het moeilijk hadden. We wisten dat veel Nederlandse migranten gesponsord werden door verschillende kerken en aan landbouw deden; dat betekent dat ze een afgesproken deel van de winst mochten houden van de verkochte producten. Meestal woonden deze Nederlandse boeren op afgelegen boerderijen; degenen die we zouden bezoeken woonden hoog in de bergen nabij Mount Beauty. De geur van leer en hout hing in deze oude Ford uit 1940; we pasten er allemaal comfortabel in, met Piet naast de bestuurder. Jan en Annie Feenstra reisden apart in hun Holden ute uit 1948, waar slechts drie mensen in pasten. Zij hadden het ook volgeladen met eten en kleren.

Het landschap leek op een schilderij van Albert Namatjira dat we hadden gezien op een Australische kunsttentoonstelling in Nederland. Albert was een Australische Aboriginal landschapskunstenaar.

Terwijl ik genoot van het uitzicht op de prachtige landschappen om me heen - eucalyptusbomen met hun unieke gestreepte schors, vlaktes die overgingen in glooiende heuvels en uiteindelijk in majestueuze bergketens - herinnerde het me aan de schilderijen die ik eerder had gezien. Onze eerste stop was bij een boerderij, waar we de Van Osses ontmoetten. Deze pacht boeren familie woonde al acht jaar op een melk- en pluimveebedrijf en bestond uit negen kinderen. Echter, toen ik hen zag, leken ze niet erg gelukkig en miste ik spontaniteit in hun uitstraling. De kinderen zagen er ondervoed uit en hun kleding was bijna versleten. Bets bracht ons naar hen toe en stelde haar familie voor. Ze vertelde me dat ik zou helpen met het verzamelen van eieren en het melken van koeien, zoals ik dat in Nederland had geleerd. Na een tijdje begonnen de kinderen zich op hun gemak te voelen en begonnen we in het Nederlands te praten, aangezien ze uit de Achterhoek kwamen - een afgelegen regio in de provincie Drenthe. Ze vertelden me dat ze af en toe naar school gingen, maar hoofdzakelijk thuisonderwijs kregen met de Bijbel als leidraad. Het waren gelovige mensen en Bets waarschuwde me om geen discussies aan te gaan of hen te beledigen. Hoewel ik soms snel was om onbezonnen opmerkingen te maken over dingen die ik vreemd of gevaarlijk vond, herinnerde ik me de woorden van mijn moeder en luisterde ik respectvol en was vriendelijk. Langzaam maar zeker ontdekte ik dat deze kinderen geen frisdrank mochten drinken, geen varkensvlees mochten eten en niet naar Johnny O'Keefe mochten luisteren. Het leek alsof er weinig vreugde was in het gezin Van Os. Ze hadden het moeilijk. Hun vastberadenheid om niet te klagen en anderen niet tot last te zijn, beperkte de vrije uitdrukking van de persoonlijkheid van de kinderen. Angst en schuldgevoelens die voortkwamen uit hun geloof controleerden hen. Later kwam ik erachter dat ze financiële problemen hadden en dat een van hun kinderen poliomyelitis had opgelopen

Het gezin Van Os heeft ervoor gekozen om hun kinderen niet te vaccineren tegen deze gevreesde ziekte vanuit religieuze overtuigingen. Wij geloven sterk in het potentieel en de intrinsieke goedheid van de mensheid, wat ons inspireert om dagelijks vriendelijke daden te verrichten. Ik heb altijd onze familie vergeleken met andere gezinnen om te zien welke benaderingen werkten en welke niet. Starheid in welke vorm dan ook werkte niet voor mij, maar het openstaan voor nieuwe ideeën en de mogelijkheid om te experimenteren met onze nieuwe Australische cultuur bevredigden mijn nieuwsgierigheid en stimuleerden mijn verlangen om succesvol en gelukkig te zijn.

We leerden dat luisteren niet alleen gaat over wat we horen, maar ook een kwestie is van verbinding maken met ons hart; dat noemen we empathie, zei mama. Terwijl je door het leven gaat, zul je merken dat de meeste mensen een gebrek aan empathie hebben. Ik luisterde naar de kinderen Van Os met zowel mijn verstand als mijn hart en observeerde hun gebaren. Hieruit kon ik opmaken dat ze sociaal en psychologisch worstelden.

Mevrouw Feenstra bracht twee manden met voedsel, inclusief warme kleding. Deze Nederlandse migranten leden onder de ontberingen die werden veroorzaakt door isolatie en moeilijkheden. Binnen drie jaar zouden ze zich aansluiten bij de grootste stroom van migranten die terugkeerde naar Nederland.

HOOFDSTUK 14

Streven naar verbetering; Alle namen van onze vrienden stonden op de verjaardagskalender, een vrolijk onderdeel van onze WC, Van Comfortzones naar Nieuwe Horizonnen: Een Bitterzoet Avontuur in Australië

Het was een tijd vol verdriet, waarbij de diepgewortelde gevoelens van nederzetting, comfort en verbondenheid opnieuw werden losgerukt. We hebben onze dromen nagejaagd en kansen gecreëerd, hoewel dit vaak ongemak met zich meebracht. Ons avontuur in Australië leek altijd vol uitdaging te zijn. Het was ontzettend moeilijk om afscheid te nemen van oom Stan en tante Rita, aangezien zij onze uitgebreide Australische familie waren geworden - ze waren als een tante, oom, broer en zus voor ons - en ze hadden een speciale plek in ons hart veroverd. Er was eens gezegd door tante Rita dat afscheid nemen betekent dat we elkaar weer zullen ontmoeten, maar helaas stierf ze vijftien maanden later op de operatietafel van het ziekenhuis. Ondanks alle moeilijke momenten en verlies, zullen we altijd de kostbare herinneringen aan onze tijd in Nowra blijven koesteren.

Onze levens worden gevuld met waardevolle herinneringen die altijd bij ons zullen blijven, en ze blijven ons altijd inspireren. Alle namen van onze vrienden stonden op de verjaardagskalender, een vrolijk onderdeel van onze WC , om ervoor te zorgen dat we nooit zouden vergeten wie er binnenkort jarig was.

De zon straalde fel, zoals altijd in Australië op een onbewolkte ochtend, met een prachtig blauwe lucht. Al onze bezittingen, van de koelkast tot de matrassen, bedframes, stoelen, tafel en wasmachine, werden allemaal netjes maar heel krap ingepakt in onze ute (utility vehicle), beschermd door een oud zeildoek van Scheldestroom-hennepzeil.

Het was even een puzzel om ons allemaal op de voorbank van de ute te proppen. We volgden dezelfde route naar Albury zoals we met Pasen hadden gedaan. Op typisch Nederlandse wijze genoten we van regelmatige tussenstops. Bets had vijf lunchpakketten gemaakt voor vijf pauzeplaatsen onderweg, gevuld met zes flessen koude thee en koffie; deze zouden we opeten op picknickplaatsen langs de weg. Ik noem het 'typisch Nederlands' omdat Nederlanders in de jaren '50 en '60 bekend stonden als zuinige reizigers; ze namen altijd hun eigen eten mee in plaats van onderweg iets te kopen, en dat deden wij ook.

Naast onze gebruikelijke rustpauzes, stopten we regelmatig om onze behoeften te doen tussen de bomen, struiken of hoog gras. Dit gaf enige privacy, maar Piet zei dat we onze voeten moesten stampen. Deze trillingen zouden tijgers en bruine slangen, die veelvoorkomend waren in de Australische bush, afschrikken. Grote veewagens haalden ons vaak in en zorgden voor vieze spetters op het autoraam. Piet reed niet te snel, aangezien we met z'n vijven op één bank zaten en geen aandacht wilden trekken van de snelwegpolitie. Bij benzinestations van Golden Fleece of Ampol werden de ramen schoongemaakt door vriendelijke medewerkers in uniform. We waren dol op hun Australische accent en beleefde manieren; het leek alsof ze er echt van genoten om klanten te helpen. Naast het schoonmaken van de ramen, verwijderden ze opgedroogde insecten en vlekken van het vee. Ze vulden de benzinetank bij en controleerden de olie, het water en de bandenspanning. Alles werd betaald met contant geld, aangezien creditcards destijds zeldzaam waren. Bets bracht de meisjes naar het toilet en Piet zei dat ik me moest opfrissen; de medewerker gaf ons een kleine tube tandpasta en een tandenborstel, samen met een stuk zeep om fris te blijven voor het volgende deel van de reis. We reden met een snelheid van slechts tachtig mijl per uur en vertraagden naar vijftig telkens wanneer we een dode kangoeroe, wombat of vogel aan de zijkant van de snelweg zagen liggen, en dat waren er heel veel.

Toen we vermoeid aankwamen bij het meer Lake Hume zagen we dat de grote reclame borden al waren geplaatst om voorbijgangers te laten weten dat er een scheepswerf zou openen. Jan Feenstra was niet alleen een goede huisschilder, maar ook een tekstschrijver; het bord was gedurfd en helder in art-decostijl gemaakt, waarin de buitengewone vaardigheden van Piet als scheepsbouwer werden geprezen. Er werd mensen aangespoord om hun visboten lokaal te laten maken voor de helft van de kosten van glasvezelboten. 'Kies voor het echte werk' stond er op de slogan.

We namen tijdelijk intrek naast de Feenstra's in het oude, vervallen maar goed geventileerde benzine- en dieseldistributiecentrum. We hadden hier al verbleven tijdens onze paasvakantie. Onze enthousiasme was onze drijvende kracht, en we grepen de kans om boten te bouwen langs de Hume Weir, een kunstmatig meer dat in zeventien jaar tijd werd aangelegd en gevoed werd door de langste rivier van Australië, de Murray river .

Drie dagen nadat we waren aangekomen, gooiden we onze deuren open zonder gedoe. Op de allereerste dag kwam er een enthousiaste klant langs en voordat we het wisten, had hij een prachtige zeilboot van het type Flying Dutchman bij Piet besteld. Binnen zeven dagen zou het zeil bootje te water kunnen worden gelaten, en dat ook nog eens voor een goede prijs! Terwijl ik hierover fantaseerde, begon ik te denken aan de mogelijkheden die dit succes met zich meebracht. Ik stelde me voor dat ik een zeilschool zou beginnen, waar alle kinderen van boeren konden leren zeilen in plaats van achter kangoeroes aan te rennen. Ik deelde altijd mijn dromen en plannen met onze Australische vrienden. Ze vroegen zich vaak af waar ik met mijn gedachten was als ik aan het dagdromen was, maar ik glimlachte en vertelde hen dat dit gewoon een typisch kenmerk was van onze Nederlandse ondernemersgeest die altijd op zoek is naar nieuwe kansen en avonturen.

Het succes bleef niet uit, want al snel kregen we steeds meer bestellingen binnen. Binnen drie dagen plaatste meneer O'Keefe, een schapenboer die we liefkozend 'Charlie' noemden, zijn eerste bestelling bij Piet en betaalde hij een aanbetaling van 100 pond. Terwijl ik me bewust was van de financiële uitdagingen die op ons afkwamen, maakte ik me stiekem wel wat zorgen dat we een last zouden worden voor de familie Feenstra.

De oude voor oorlogse auto van de Feenstra jongens...een Ford dacht ik

HOOFDSTUK 15

Het grijpen van nieuwe kansen; Een moedig gezicht en een broodtrommel vol liefde: Navigeren op het werk op jonge leeftijd

Ik voelde de druk op mijn schouders om iets bij te dragen aan het inkomen. Gelukkig zag ik een mogelijkheid: er was een baan beschikbaar bij de plaatselijke Kiewa Butter Factory. Hoewel de minimumleeftijd om daar te mogen werken zestien was, besloot ik te smokkelen en mijn leeftijd met drie jaar te verhogen. Met mijn volwassen uitstraling en sterke lichaamsbouw dacht ik dat ik wellicht weg zou kunnen komen met deze kleine leugen, en het zou ons financieel een beetje ondersteunen. Dus daar ging ik, vol goede moed klaar om mijn mouwen op te stropen en aan de slag te gaan!

Meneer Jenkins, de boterproductiemanager, heeft me geïnterviewd en ik kan met trots zeggen dat het een fantastische ervaring was! Het voelde kort, bijna als een snelle proef om te zien of ik de tien kilogram zware dozen met boter kon tillen. De interviewruimte stond vol met deze dozen en ik werd gevraagd ze op te tillen en op een bankje te plaatsen. Voordat ik begon, liet Meneer Jenkins me een grafiek zien over de juiste tiltechniek, met gebogen knieën en een rechte rug. Ik waardeerde zijn aandacht voor veiligheid en het gaf me vertrouwen.

Tijdens het interview merkte Meneer Jenkins op dat hij onder de indruk was van mijn sollicitatiebrief - hij noemde het zelfs de beste die hij ooit had ontvangen! Hij complimenteerde me omdat ik een uitstekende 'sales job' op mezelf had gedaan. Hij sprak ook zijn wens uit voor schone en gezonde medewerkers, mensen die respect tonen en beleefd spreken. Hij vroeg zelfs of ik voetbalde, omdat de Kiewa waar we woonden extra spelers kon gebruiken, vooral fitte jongens zoals de meeste Nederlanders die hij kende. Ik was enthousiast en bereid om volgens de Australische regels te voetballen, als dat betekende dat ik de baan zou kunnen krijgen! Ik voelde me blij en trots dat ik het goed had gedaan tijdens het interview, en ik kon niet wachten om aan de slag te gaan bij de Kiewa Butter Factory. Het was goed voor mijn zelfvertrouwen.

Toen het interview ten einde liep, schudde Meneer Jenkins mijn hand en feliciteerde me met het krijgen van de baan. Ik kreeg drie witte overalls en een paar witte rubberen laarzen, klaar voor mijn eerste werkdag. Het was spannend om te bedenken dat ik de volgende dag zou beginnen, maar ook een beetje zenuwslopend. Ik vond het moeilijk om te slapen, aangezien de opwinding en lichte zenuwen door mijn lichaam gierden. Ik wilde absoluut niet te laat komen op mijn eerste werkdag.

Meneer Jenkins had me verteld dat het karnen van de boter vroeg in de ochtend moest gebeuren, wanneer het nog koud was. Daarom moest ik om 6 uur opstaan om er om 7 uur te zijn.

Mijn ouders stonden vroeg op, om 5.30 uur 's ochtends. Ze maakten verse kopjes koffie en riepen me toen uit bed. Toen Bets besefte dat haar dertienjarige zoon fulltime zou gaan werken, probeerde ze haar tranen te verbergen. Ik wist dat het moeilijk voor haar was om te accepteren dat haar kind op zo'n jonge leeftijd moest werken. Bets deed haar best om vrolijk te zijn en haar emoties niet te tonen. Ze maakte mijn lunch klaar, bestaande uit bruin brood met Edammerkaas en mosterd. Ook maakte ze een zelfgemaakte brownie cake voor de ochtendpauze, inclusief twee appels en een sinaasappel, geplukt van de sinaasappelboomgaard aan de overkant van de straat. Het was winter en de ochtenden waren bitterkoud en doodstil alleen in de verte kraaide een haan. Het daglicht zou binnenkort verschijnen. De geur van koffie was niet alleen geruststellend, maar ook opwekkend en verwarmend. Piet had de auto al warm laten draaien en de Holden utility was lekker warm van binnen, de radio stond aan en Russ Tyson presenteerde zijn ochtendshow op de ABC. We reden de 16 kilometer naar Kiewa. Er werd niet veel gezegd, behalve één vraag: wat zouden we die dag gaan bereiken? Nederlanders hebben altijd een doel, een doel voor elke dag.

Piet zei in de auto dat hij op zoek moest naar mariene multiplex voor zijn boten, en dat dit moeilijk was in dit deel van het land; het moest besteld worden vanuit Melbourne. Ironisch genoeg werd het geïmporteerd uit Nederland en werd het geproduceerd door Brynzeel, hetzelfde bedrijf dat de Scheldestroom gebruikte om grote boomstammen te leveren waar mariene multiplex van werd gemaakt. Wat is jouw doel voor vandaag?" vroeg Piet. Ik antwoordde: "Ik wil mezelf niet saboteren met negatieve gedachten en medelijden hebben met mezelf terwijl alle andere jongens naar school gaan."

Mijn eerste werkdag in de boterfabriek was uitdagend. Ik moest tien kilo zware dozen boter stapelen in een enorme koelruimte waar de boter werd bewaard voor export. Alleen ik en een Duitse jongen genaamd Hans werkten in de koelruimtes; de oudere Australiërs werkten niet graag in de zeer koude koelkamer. De voorman zei dat ik in de koelruimte moest werken omdat ik uit een koud land kwam, en bovendien, om mijn jonge ego wat streling te geven, dat ik een sterke jongen was die zware gewichten kon tillen en spieren kon opbouwen, en tegelijkertijd herinnerde hij me eraan dat meisjes op het platteland houden van gespierde jonge Nederlandse jongens.

De mannen in de boterfabriek waren een vrolijke mix van vriendelijke plattelandsbewoners. Ik kan ze plattelandsbewoners noemen omdat ze me op een vriendelijke manier "Clog Wog "noemden. Gelukkig stopten ze na een tijdje met het gebruik van die term, omdat ik veel beter Engels kon spreken en schrijven dan zij. Op mijn eerste werkdag sloot ik me aan bij een vakbond en ook woonde ik mijn eerste vakbondsvergadering bij. Er werd mij verteld dat als ik me niet bij de vakbond zou aansluiten, ik niet welkom zou zijn.

HOOFDSTUK 16

Vriendelijkheid Kent Geen Grenzen: Een Reis met Bill en Jane, de Australische Boerderijhelden

Mijn werkdag eindigde om 15.30 uur en ik moest liften om terug te gaan naar Red Bluff, naar de garage op de kruising van de vijf wegen waar onze kleine verblijfplaats tussen de olievaten was. Ik stond te popelen om mijn ouders te vertellen over mijn eerste werkdag en hoeveel ik ervan genoten had; dit zou hun zorgen over mij die fulltime ging werken verlichten. Een oude boer en zijn vrouw gaven mij een lift. Hun namen waren Bill en Jane. Bill was een soldaat uit de Eerste Wereldoorlog, Jane noemde hem een 'Digger', 'de oude graver', herhaalde ze. Bill had in Ypres gevochten en dacht dat ik misschien Belgisch was gezien mijn accent. Ze nodigden me uit om naar hun schapenboerderij in Holbrooke, in de buurt van Albury, te komen. Ik was ontroerd door hun uitnodiging. Dit moet een nationaal kenmerk zijn van de aussies; we werden altijd uitgenodigd door deze ogenschijnlijk stressvrije, probleemloze mensen. Bill sprak graag over de goede tijden die hij in België had gehad. 'Goede tijden?', zei ik. Ik nam Bill's opmerking ironisch op; ik kon me niet voorstellen dat je het naar je zin zou hebben op de slagvelden van Vlaanderen. Jane zei dat ik hen deed denken aan hun overleden zoon Jamie, die omkwam bij een ongeluk tijdens het schapen scheren; blijkbaar werd hij geëlektrocuteerd door defecte scheerclippers. Bill miste zijn zoon vreselijk, omdat ze geen andere kinderen hadden en de broers van Bill waren omgekomen bij de Slag aan de Somme. Opnieuw besefte ik welke impact de Eerste Wereldoorlog had op veel Australische families.

Ze wilden mijn moeder ontmoeten, parkeerden hun auto bij de oliedepot en stelden zich voor door te zeggen: 'Welkom in Australië.' Bets maakte snel thee en koffie en bood haar Australische 'bijensteken' (een soort eieren koek met een dot vanilla pudding in het midden) aan, maar ze sloegen dat af vanwege hun gewicht. We accepteerden hun uitnodiging om over een paar weken hun schapenboerderij te bezoeken: 'Tot dan.'

Omdat we meer ruimte nodig hadden om boten te bouwen, huurden we een erg oud huis in Tangambalanga dat als een kippenhok werd gebruikt. Er moest veel worden schoongemaakt en geschrobd voordat we introkken, maar we zijn erin getrokken. Het fornuis was een oude houten gietijzeren kachel uit 1896 en er was een koperen boiler voor warm water. We verzamelden hout en aanmaakhout dat rijkelijk langs de plattelandswegen verspreid lag, om het fornuis en de koperen boiler aan te steken. Een buurvrouw, Mabel genaamd, die Bets voor het eerst in de kerk had ontmoet, leende ons twee legkippen uit. Een voordeel van het wonen in het kippenhok was dat ik lopend naar mijn werk bij de boterfabriek kon gaan. Na de eerste tien werkdagen kreeg ik over time aangeboden, omdat Duitsland veertig ton Australische boter had besteld bij onze boterfabriek. Ik moet toegeven dat Australische boter veel romiger leek dan Nederlandse boter.

Middags, nadat de boterbereiding klaar was, moet ik samen werken met Hans, een negentienjarige Duitse jongen; hij leek eigenlijk op Horst Wessel, de Nazi-posterjongen, blond, blauwe ogen, slank en gespierd, toegewijd, gefocust en serieus. Hans en ik kregen de opdracht om dozen te monteren en ze met nietjes aan elkaar te bevestigen voor gebruik de volgende dag. Ik werkte graag met Hans; er werd over van alles gepraat, inclusief de oorlog. Hij was fel anti-fascistisch, maar hij floot en zong wel het 'Horst Wessel Lied'; het is een geweldig nazideuntje. Piet vertelde me ooit dat het populairder was dan 'Duitsland Boven Alles', het nazianthem.

Ik was verheugd om vrienden te worden met mijn nieuwe Duitse vriend. Het onderwerp van de betekenis van het leven was een favoriet onderwerp tussen Hans en mij, evenals wat filosofen zeiden. We waren het er allebei over eens dat georganiseerde religie alleen draaide om macht en oorlog, met priesters en dominees die heersten over hun goedgelovige, meegaande, angstige en kritiekloze schapen, sommigen zelfs gekleed in vrouwenkleding. Hans kwam uit een oude, serieuze artistieke en intellectuele lutherse achtergrond. Hij vroeg me welk woord ik noodzakelijk achtte voor succes in het leven. We waren het erover eens dat dit woord "doorzettingsvermogen "was; als je doorzettingsvermogen had, was je al een winnaar. Ik was de enige die een thesaurus bezat, in tegenstelling tot mijn Australische collega's in de fabriek die niet eens wisten wat een thesaurus was, laat staan wat synoniemen waren. Tijdens pauzes in de kantine spraken ze meestal over voetbal, seks, meiden, bier en andere volgens mij vulgaire onderwerpen. Ik luisterde beleefd, glimlachte, en zweeg. Ik besefte dat mijn gedachten anders geprogrammeerd waren en dat hun manier niet de mijne was. Hans voelde hetzelfde; we wilden dat ons jonge leven enige diepgang had. 'Doorzettingsvermogen' was het woord voor succes in Australië en het stond synoniem voor moed, vastberadenheid, lef, veerkracht en ruggengraat. We vonden dit destijds redelijk in ons zwart-wit tienerbeeld. Als pas gearriveerde Europeanen vergeleken we onszelf met de Australische mannen waarmee we werkten. Naast het praten over vulgaire onderwerpen zoals zij deden, waardeerden we hun humor, sportieve vermogen, compromisbereidheid en improvisatievaardigheden. Zolang je vergelijkbaar gedrag vertoonde, konden ze goede vrienden zijn.

Ze keken wantrouwig naar hun leiders en managers. Over het algemeen vormden ze een vriendelijke groep, behulpzaam, oprecht en redelijk fatsoenlijk. Hun zwakte lag echter in hun neiging om voortdurend schuld toe te wijzen en te klagen. Ze noemden ons 'Nieuwe Australiërs', maar we vroegen ons af of ze echt wisten wat hun eigen Australische identiteit was en wat ze bedoelden met een 'Nieuwe Australische identiteit'. Australiërs waren een prachtige mix van verschillende etnische achtergronden. De meesten kwamen ooit met de boot, inclusief de eerste vloot van invasieschepen gevuld met gevangenen die bekend stonden als convict. Zo begon het witte Australia.

Hans stelde me voor aan zijn familie, die bestond uit drie broers en twee zussen. Helaas werd deze familie geconfronteerd met een tragedie toen een van de broers verdronk in de Hume Weir tijdens hun eerste jaar in Australië. Daarna bouwden Hans en zijn vader,

Dieter, met de hand een tweeverdiepingen familiehuis in Kiewa. Zelfs de betonnen bakstenen waren versierd met keien uit de Kiewa-rivier. Deze grindachtige stenen werden zorgvuldig op vers gegoten betonnen mallen geplaatst. Ze financierden het hele project zonder een lening van de bank door geleidelijk geld te sparen. Ze wilden vrij zijn en voelden er niets voor om slaven te worden van een langdurige hypotheek.

Bets en Piet hebben me altijd aangemoedigd om vrienden van mijn eigen leeftijd uit te nodigen bij ons thuis voor een gezellige chocoladedrank en boeiende gesprekken. Samen genoten we van muziek en speelden we bordspellen zoals Scrabble en Mens Erger Je Niet. Het was een heerlijke tijd. Nu denk ik terug aan hoe ik, als dertienjarige, me wist aan te passen in een omgeving vol met volwassenen in de boterfabriek. Hoewel zij veel ouder waren en een andere kijk op de wereld hadden dan de Nederlanders, voelde ik me altijd welkom en gewaardeerd. Het heeft me geholpen om volwassenheid en respect voor andere perspectieven te ontwikkelen op zo'n jonge leeftijd. Als ik de dertienjarigen van tegenwoordig vergelijk met wie ik destijds was, zie ik vaak kinderen die nog steeds sterk afhankelijk zijn van hun ouders en omgeving. Ik ben dankbaar dat ik op jonge leeftijd al de mogelijkheid had om te leren en te groeien in een diverse omgevingen.

Bill had gediend in de Australische Cavalerie in Beersheba ter paard hij maakten een diepe indruk op mijn jonge geest.

HOOFDSTUK 17

Kameraadschap en Avonturen: Het Omarmen van de Aussie Spirit met Bill, de grappige ondeugenden Larrikin

"Wow," riep ik tot mijzelf , wat een geweldige ervaring om interessante Australiërs te ontmoeten die ons graag wilden betrekken bij typisch Australische activiteiten, zoals spotlighting. Een nieuwe vriend van Frisco Veenstra kwam aangereden in zijn stoere Ford Falcon ute en hij zag er helemaal 'Aussie' uit, gekleed in een stoere Akubra-hoed en macho jeans gemaakt van mollenvel. Bill sprak anders dan wij, snel en met weinig openingen van de mond, maar het woord "mate" kwam om de vijf seconden uit zijn mond. Omdat ik de jongste was, noemde hij me altijd "matey", terwijl ik hem gewoon Bill noemde en hem de bijnaam 'Hallo Bill' gaf. In slechts vijf minuten leerde hij me hoe ik een geweer moest laden en schieten. Hij was echt een typisch Australisch personage, wat je in Australië een larrikin zou noemen - goedhartig en ondeugend, zonder iemand kwaad te doen, een soort onhandelbare, onschuldige kerel. Ik dacht dat hij een veeleisend persoon zou zijn, iemand die constant aandacht nodig had. Bill zou 's nachts met ons konijnen gaan jagen op het land van zijn vriend Farmer O'Keefe, die konijnenjagers verwelkomde. Konijnen veroorzaakten veel schade aan gewassen en verarmden flora en fauna, altijd kauwend op de schors van jonge bomen en dicht bij de grond gravend; dit veroorzaakte ernstige bodemerosie omdat er geen plantenwortels waren om de bovenste bodemlaag bij elkaar te houden. Dit verklaarde ook waarom we verschillende angstaanjagende rode stofstormen hadden gezien.

Voort het verhaal vertellen over onze jachtdag bij Farmer O'Keefe vond Maar een heerlijke barbecue die plaatsvond op zijn oude boerderij.

Man, die boerderij was echt oud! Het farm huis stamde zelfs uit het jaar 1876. Ik moet zeggen, het veranderde volledig mijn stereotiepe beeld van Australische boeren die in rijke, prachtige boerderijen wonen. Deze boerderij was eigenlijk niet veel beter dan ons garagehuis in Nowra. Het was groot en rook naar vervallen, schimmelige geuren. Ze hielden het bewust donker van binnen om het koel te houden in de zomer. Ik dacht bij mezelf: "Dit kan wel wat nieuwe, felgekleurde verf gebruiken! Maar laten we het hebben over de barbecue zelf. Mevrouw O'Keefe en haar knappe, gespierde zoon Ben waren degenen die de leiding hadden over het vuur op de BBQ . Ze serveerden ons heerlijk kangoeroevlees en konijn. Maar wacht, hier komt het interessante gedeelte: we werden gewaarschuwd dat er mogelijk loodkogel pellets in het vlees zaten. Als we ze tegenkwamen, moesten we het gewoon uitspugen. Klinkt misschien een beetje wild, maar hé, zo gaat dat hier blijkbaar! Het vlees en de geroosterde barbecuegroenten smaakten eigenlijk helemaal niet slecht. Ik bedoel, Australische barbecues zijn gewoon geweldig, vooral als het gaat om geroosterde aardappelen, pompoenen, koolrapen en uien. De smaken en geuren waren zo geconcentreerd en intens, veel lekkerder dan wanneer je ze op een gewone manier zou klaarmaken. Serieus, ik begin nog steed al te watertanden bij alleen al de gedachte eraan.

De mannen dronken wat bier en raakten opgewonden, luidruchtig. Heimelijk vroeg ik me af of het verstandig was om bier te drinken voordat we met schijnwerpers gingen jagen. Misschien hadden ze moed nodig voordat het schieten en doden begon. Ben en ik kregen frisdrank. Bill zei dat we ook kangoeroes, wilde honden en katten moesten afschieten, vooral de vraatzuchtige wilde honden. Deze waren erger dan wolven en zouden schapen aanvallen en verwonden, niet altijd doden, vooral de lammetjes. Maar vanavond mikten we op konijnen. Het deed me denken aan Jarrah, mijn Aboriginal-vriend, die vertelde dat zijn volk duizenden jaren lang het land verzorgde en behield, totdat een paar arrogante boeren alles verpestten door konijnen, vossen en zelfs schadelijke geïmporteerde planten, zoals Paterson's curse , te introduceren. Paterson's Vloek is een ernstig onkruid voor weiden dat de lever van koeien, schapen , kangoeroes en andere buideldieren beschadigt, gewichtsverlies veroorzaakt en de wolproductie vermindert. Het werd geïntroduceerd door Jane Paterson, een vroege kolonist hier in de buurt van Albury. Ja, en konijnen en vossen werden geïntroduceerd door een stinkende rijke veeboer in de buurt van Geelong, omdat hij konijnen en vossen wilde jagen met honden, zoals in Engeland.

Ik was geschokt toen ik het idee kreeg om het nationale symbool van het land de Kangaroo ook neer te schieten. Dit symbool wordt afgebeeld op het wapenschild en is het embleem van Qantas, de nationale luchtvaartmaatschappij van Australië. Ik vroeg me af of Australiërs zich schuldig voelden bij het doden van hun nationale icoon. Hoewel ik donkere gedachten voor mezelf hield, voelde ik plotseling geen interesse meer om deel te nemen aan het jagen op konijnen. Nadat we onze maag gevuld hadden, waren we klaar voor de jacht, of zoals ze het noemden, het 'schijnwerpen'. Bill merkte mijn toenemende bezorgdheid op en legde uit dat er een konijnenplaag was in het gebied en dat de boeren het waardeerden dat er op konijnen gejaagd werd.

Schieters gebruiken schijnwerpers om konijnen te schieten. Mijn taak was om de schijnwerper vast te houden terwijl we de paddock doorkruisten en op zoek waren naar konijnen. De Feenstra jongens waren verantwoordelijk voor het schieten, samen met Bill en Ben, de zoon van de boer. Ze leken op stereotiepe Australische jagers, compleet met een sigaret in hun mond om de konijnen te laten weten dat we eraan kwamen. Ik denk niet dat een van ons Nederlanders konijnen schoot; we waren geen goede schutters. In Nederland hebben maar weinig mensen vuurwapens. Die avond schoot Bill vijftig konijnen; de Feenstra's namen alle konijnen mee naar huis. De jongens zouden ze villen. Bets en Annie Feenstra marineerden en maakten het konijnenvlees mals, en vervolgens vroren ze alles in om de komende weken niet naar de slager te hoeven gaan. Ze maakten ook konijnenworstjes en gehaktballen, en de minder gezonde konijnen werden aan de honden gegeven. Ik zag dat sommige konijnen niet snel konden rennen; ze waren aangetast door myxomatose, een virus dat opzettelijk was vrijgelaten en in 1919 werd ontdekt door een Braziliaanse wetenschapper om konijnenplagen onder controle te houden. De Australische overheid wees het myxomatosevirus af totdat een kinderarts uit Melbourne, Dame Jean McNamara, de regering ervan overtuigde om het CSIRO (Commonwealth Scientific and Industrial Research Organisation) opdracht te geven veiligheidstests uit te voeren voordat het virus werd vrijgelaten. Boer O'Keefe zei dat hij op een gegeven moment bijna een half miljoen konijnen op zijn terrein had, en dat was verwoestend. Het myxomatosevirus verspreidde zich via rivieren, meren en moerassen waar muggen zich voortplanten, evenals de larven zodra ze volwassen waren, zouden ze myxomatose in hun bloed hebben, konijnen bijten en zouden ze in groten getale sterven. Dit programma voor konijnenbestrijding was zeer succesvol," zei boer O'Keefe. Het redde zijn boerderij en zijn levensonderhoud. Ik was van plan hierover een brief te schrijven aan de Nederlandse regering, omdat de konijnen in mijn woonplaats in Zeeland een ware plaag waren. Vooral wanneer ze hun konijnenholen in de dijken graafden. Als duizend konijnen dat op verschillende plekken op de Nederlandse dijken zouden doen, zouden ze instorten. Dit zou op zijn beurt kunnen leiden tot het verlies van miljoenen levens van Nederlanders, aangezien een groot deel van Nederland beneden zeeniveau ligt.

Hallo Bill (de bijnaam die ik hem had gegeven) was een erg charmante man. Hij zei dat hij Nederlanders, of "clog wogs" zoals hij ze noemde, leuk vond vanwege hun intelligentie. De meesten van de Nederlanders waren vrijdenkend, niet zo conservatief als de Australiërs. Ik had geleerd om mensen te negeren wanneer ze me denigrerende namen gaven. Dit was een belangrijk onderdeel van onze assertiviteit, omdat bigotten en onwetenden niet kunnen verdragen genegeerd te worden. Hallo Bill merkte mijn ongenoegen op en zei vervolgens dat hij "clog wogs" een denigrerende naam vond voor Nederlanders. Hij vertelde me echter dat Australiërs het op een vriendelijke manier bedoelen, als een soort koosnaampje. We moesten leren om het van ons af te laten glijden en het te accepteren in de geest waarin het bedoeld was. Ik merkte op dat de Ierse mensen ook Ierse grappen moesten verdragen en meestal wuiven ze die weg, net als wij Nederlanders. Ze waren niet zo gevoelig. Ik kon wel wat scheldwoorden bedenken waarmee ik Australiërs zou kunnen aanduiden, maar Piet zei dat ik dat idee moest laten varen. Het zou niets bereiken en ons alleen maar verlagen tot het niveau van ongeletterden een gemeenschappelijke factor in de samenleving. Ondanks dat alles, gaf Bill me nog een fles Fanta omdat ik zo'n fatsoenlijke jongen was. Terwijl hij en sommige anderen meer bier dronken en als een stoomboot rookten, moedigden ze me aan om niet te proberen een van hun ondeugden uit te proberen. 'Maatje,' zeiden ze, 'ondeugden kosten geld en geven je alleen tijdelijk een beter gevoel, en bovendien houden Sheilas van nette, atletische jongens zoals jij.' Sheila was in het pre-1970's Australië een veelvuldig gebruikte denigrerende term voor meisjes; nu wordt het zelden gehoord en is het tegenwoordig onaanvaardbaar.

Hallo Bill vertelde me dat zijn vader, grootvader en ooms al generaties lang jagers waren en een grote rol speelden in de bontindustrie; met trots zei hij dat het bijdroeg aan de Australische economie en duizend banen bood. Zijn grootvader stuurde in 1908, 60.000 koalavellen naar Groot- Brittannië, maar ze moesten stoppen met jagen in het zuidoosten van Australië omdat de koala's bijna waren uitgestorven. Dus verhuisde de familie naar Queensland, waar ze in 1927 maar liefst 500.000 koala's doodden voor hun vachten. Hij vervolgde zijn opschepperij met het feit dat er tussen 1906 en 1931 ongeveer 8,7 miljoen huiden van de borstelstaartige buidelratten aan de Engelsen werden verkocht, die er modieuze jassen van maakten genaamd Adelaide chinchilla.

Ik was volledig geschokt door wat ik hoorde, en het trieste was dat Bill en sommige andere mannen dachten dat jagen fantastisch was, vooral als je er veel geld mee verdiende. Deze mentaliteit was voor mij onbegrijpelijk. Ik was simpelweg niet in staat om het plezier te begrijpen dat ze hadden in het jagen, schieten en vangen van schattige dieren.

Mijn jeugdige idealisme en mijn naïviteit weigerden het idee van het doden van onschuldige wezens te accepteren, want dat was het. Het voelde alsof Australië een macabere slagerij was voor inheemse dieren. En zo, binnen enkele jaren, sloot ik me vol overtuiging aan bij de Australische Conservation Movement en werd ik vegetariër. Jan Veenstra kon ongetwijfeld mijn innerlijke worsteling voelen, want de volgende dag zei hij: 'Je was zo stil en je hebt geen konijnen geschoten, wil je deze kalkoen neerschieten? We eten vanavond kalkoen.' Hoewel ik mijn best deed, miste ik zes keer. Jan verloor zijn geduld en besloot de zielige kalkoen zelf te doden. Op dat moment besliste ik zonder enige twijfel dat ik voorgoed vegetariër zou worden.

HOOFDSTUK 18

Fluisteringen uit het Verleden: Het Afdalen in de Geheimen van een Geheimzinnig verlaten boerenhoeve. Onverwacht Extase: Een Tikkeltje Intimiteit en Tederheid

Ik kon mijn blijdschap niet bedwingen toen Maarten Van der Vlught ons kwam bezoeken terwijl we op bezoek waren bij de Feenstras. Jullie kennen Maarten toch wel, mijn geweldige Nederlandse vriend uit Bonegilla? Degene waarmee ik de Hume Weir heb verkend op een vlot? Nou, raad eens? Maarten, mijn favoriete polderjongen uit Emmeloord, besloot eigenlijk zo maar te komen om mij te zien! Ik kon het niet helpen dat er een golf van vreugde door me heen ging toen ik zijn knappe, ondeugende glimlach zag. En wacht even, hij bleef zelfs een nachtje slapen, zodat we de volgende dag samen nog meer heerlijke momenten konden beleven. Onze vriendschap pakte precies op waar we gebleven waren. Niet alleen was hij fysiek gegroeid, maar hij was ook emotioneel volwassen geworden, net als ik. Maarten ging naar de Wodonga High School, en raad eens? Hij is een getalenteerde voetballer die zowel door jongens als meisjes geliefd is! Echt een superster! We deelden een passie voor boeken, spelletjes, de natuur verkennen en nieuwe dingen ontdekken. Al deze geweldige ervaringen hebben onze band alleen maar sterker gemaakt en dat was erg belangrijk als je als vreemde jongen immigreerden naar een vreemd land en je maakten betrouwbare vrienden.

We gingen regelmatig samen op ontdekkingstochten in ons nieuwe land. Er was altijd veel te ontdekken, zoals wandelende takken, bidsprinkhanen en vervelende rode stiermieren. Deze stiermieren waren indrukwekkende wezens, met een lengte van wel 2,5 cm. Ze waren snel, behendig en goed gepantserd. Ze konden bijten, spugen, snijden en kauwen. Het waren een van de grootste soorten mieren ter wereld. Op een dag werd ik gebeten door zo'n krijgshaftige mier. Het voelde als een snijdend scheermes en veroorzaakte zwelling. Hoewel het enkele dagen pijnlijk bleef, kon ik het verdragen. Het was eigenlijk mijn eigen schuld, omdat ik met stokken in het nest prikte. Als ik ze met rust had gelaten, zou er niets gebeurd zijn. Zo is het altijd in de natuur: als je haar met rust laat, zal ze je helpen; als je de natuurwetten en natuurkunde negeert, zul je de gevolgen ondervinden. Dit was in ieder geval mijn ervaring en op basis daarvan verklaarde ik mijn geloof in God door middel van de natuur. Voor mij was de natuur God.

In het begin vonden Maarten en ik het leuk om de mieren op te jagen; ze maar al snel kwam het schuldgevoel opzetten en stopten we ermee. Hoe konden we de natuur verstoren en tegelijkertijd beweren één met haar te zijn? We beseften dat we de natuur moesten respecteren. Terugkijkend denk ik dat dit diepzinnige gedachten waren van jongens met empathie. We knipten oude fietsbanden kapot om katapulten te maken, waarmee we de grijze en roze kaketoes wegjoegen bij de perzikbomen. Als munitie gebruikten we alleen droge groene erwten.

Aan de overkant van de weg van de Feenstra's bevond zich een intrigerende oude Australische boeren woning, zoals Annie Feenstra ons waarschuwde, in een vervallen staat verkeerde. Deze grote mysterieus spook woning was omringd door diverse fruitbomen, waaronder perzik-, citroen- en limoenbomen, alsook een groot, verwaarloosd sinaasappelbos. Volgens Annie zat de houten gebouwen van de 100 jarige oude boerderij vol met witte mieren, ook bekend als termieten, die de funderingen hadden aangetast, waardoor het huis op instorten stond. Om ons verder te ontmoedigen, beweerde ze dat het land rondom het huis krioelde van de tijgerslangen en valdeurspinnen. De jongens van de Veenstra's hadden zelfs het idee dat de boerderij spookte.

Als nuchtere Nederlandse jongens, verwierpen we echter snel het idee van een spookhuis. In onze ogen was niets betoverd; het bestond allemaal alleen in de verbeelding van mensen. Ik had geen geloof in het bovennatuurlijke; volgens mij had alles een wetenschappelijke verklaring. En als er geen verklaring was, dan zou er uiteindelijk wel een wetenschappelijke verklaring voor worden gevonden.

Samen besloten we om het betoverende landgoed te verkennen, waarbij onze harten werden vervuld met een gevoel van romantiek en verwondering. Onder de elegante takken van de sinaasappelbomen plukten we zachtjes de verrukkelijke vruchten, vol zoetheid en verlangen. Als Nederlandse jongens voelden we een onweerstaanbaar verlangen om deze exotische lekkernij te proeven, die ons in ons thuisland normaal gesproken vreemd is. Een betoverende ervaring wachtte ons op toen we het majestueuze boerderijhuis binnengingen. In tegenstelling tot de bedompte sfeer die vaak te vinden is in oude Nederlandse huizen, omhulde dit oude huis ons met een verfrissend gevoel van puurheid. Zonnestralen drongen door de vele ramen en dakramen naar binnen, waardoor het interieur werd verlicht met een magische gloed. Elk hoekje was opmerkelijk vrij van rommel en perfect geordend, alsof het rechtstreeks uit een andere wereld kwam. De krakende deuren bewogen zich mysterieus, als waren ze gestuurd door een onzichtbare hand, met elegantie en gratie. In plaats van angst op te wekken, wekte dit intrigerende schouwspel eerder opwinding op in onze zintuigen en prikkelde het onze nieuwsgierigheid. Boven ons hoorden we het getrippel van verschillende vogels op het warme dak, alsof ze deel wilden uitmaken van dit betoverende tafereel.

Het huis was spaarzaam ingericht, afgezien van de boekenplanken in de muren die rijkelijk gevuld waren met waardevolle oude boeken, waaronder F. Scott Fitzgerald's The Great Gatsby, A. A. Milne's Winnie-de-Pooh, Edith Wharton's The Age of Innocence en E. M. Forster's A Passage to India. Netjes gestapelde kranten uit de jaren 1920 en '30 lagen er ook, als stille getuigen van een vervlogen tijdperk. Foto's hingen nog steeds aan de muur, waarop Australische soldatenjongens uit de Eerste Wereldoorlog te zien waren, waardoor hun moed en opofferingen tastbaar werden in onze gedachten. gehuld in hun eenvoudige maar frisse uniformen, stonden daar een groep knappe jonge mannen. Het is hartverscheurend om te bedenken dat toen ze poseren voor hun fotoportretten, ze misschien al ergens in hun achterhoofd het vermoeden hadden dat ze mogelijk niet zouden terugkeren naar hun geliefde Oz. Ze leken een deel te willen worden van ons avontuur, deze jonge Australiërs; enkelen droegen zelfs Nederlandse namen alsof ze wensten deel uit te maken van ons ontdekkingsavontuur. Op hun foto's leken ze te fluisteren dat er meer was, dat er meer te ontdekken viel. Misschien hadden ze mijn grootvader kunnen ontmoeten op zijn rivierschip, terwijl hij hulp bood aan de Belgen tijdens de Eerste Wereldoorlog, mensen in Ieper of Passchendaele. Mijn verbeelding nam een vlucht.

Het is hartverscheurend om te bedenken dat toen ze poseerden voor hun fotoportretten, ze misschien al ergens in hun achterhoofd het vermoeden hadden dat ze mogelijk niet zouden terugkeren naar hun geliefde Oz. Ze leken een deel te willen worden van ons avontuur, deze jonge Australiërs; enkelen droegen zelfs Nederlandse namen alsof ze wensten deel uit te maken van ons ontdekkingsavontuur.

Maar plotseling doemde er een ander vreemd geluid op, zachtjes zoemend als een oude televisie, vanuit een andere kamer in het grote boerderijgebouw. Desondanks ging onze verkenningstoewijding voort, die inmiddels was veranderd in een mix van opwinding en angst, hoewel we dat laatste niet wilden toegeven. Van nature nieuwsgierig, genoten we van de sensatie van onverwachte verrassingen. We hadden vertrouwen in onszelf en voelden ons sterk genoeg om elke indringer te weren, wij waren toch trouwens stoere polder jongens. Wij creëreddn zelfs een bijnaam van "Polder Boyz "hadden we onszelf gegeven, met een knipoog naar 'boyz'. We hadden onze vaardigheden al bewezen op het Australische voetbalveld.

Het kwartje viel toen we ontdekten dat dit de geheime kamer van de Feenstra broers. Dat verklaarde waarom we gewaarschuwd waren om deze verlaten boerderij niet te verkennen. Uiteraard keken we vol enthousiasme, vooral naar de gedurfde tijdschriften, zoals Playboy. Alle jongens waren daar in geïnteresseerd en het was behoorlijk opwindend. We voelden geen schaamte en bleven doorgaan met bladeren en commentaar geven op de intrigerende afbeeldingen. Ook al hadden we misschien een soort schuldgevoel als tienerjongens, we bleven kijken. Ik was al bekend met afbeeldingen van geslachtsdelen, omdat Piet me foto's had laten zien die hij uit de oorlog had bewaard. Het Nederlandse leger gebruikte deze foto's om soldaten te informeren over verschillende soorten geslachtsziekten die je kon oplopen als je geen veilige seks had. Ik was degene die met een zekere autoriteit uitlegde wat elke foto betekende. We vroegen elkaar hoe het zou zijn om seks te hebben, maar als dertienjarigen beseften we dat we daar nog niet klaar voor waren, met mannen of vrouwen. Misschien in de toekomst. Maarten en ik spraken Nederlands met elkaar, voor het geval dat we ooit terug zouden gaan naar Nederland. We hadden al gehoord dat veel Nederlandse migranten waren teruggekeerd. Ze vonden dat Australië zijn beloftes niet waarmaakte. Het levenspeil hier was ver beneden dat van Nederland, en in werkelijkheid waren de banen die Nederlandse migranten in het buitenland werden beloofd er simpelweg niet in het begin van de jaren '60 waren de werkloosheidscijfers in Australië zorgelijk. Terwijl ik daarover nadacht, kwamen herinneringen aan mijn ontmoeting met de Van Oses, een Nederlandse familie die afgelegen en hoog in de bergen woonde en zich erg alleen voelden. Het was hartverscheurend om te zien hoe ongelukkig ze waren, ook al waren ze deel van een grote familie. Maarten, zei dat hij ook van een grote familie kwam maar en onthulden me dat hij zich meer verbonden voelde met mij dan met zijn elf broers en zussen. Hij was blij dat we binnenkort zouden gaan wonen in het Tallangatta- en Bonegilla-gebied en hij deelde zijn enthousiasme over Piet's plannen om een scheepswerf te beginnen. Maarten zei dat we vrienden konden worden en samen een nieuw leven konden opbouwen in Australië.

Mevrouw Feenstra had ons gewaarschuwd over termieten in dit verlaten huis. De vensterbanken waren zo broos dat ze bij de minste aanraking uit elkaar leken te vallen. Alleen de verf hield de illusie van stevigheid in stand, omdat het hout al was verrot in bruin poeder door de termieten die er grondig hun werk hadden gedaan.

In de stille schemering van de dag hoorden we onheilspellende fluisteringen en een zacht gezoem dat uit de gesloten badkamerdeur leek te komen. Een mysterie hing in de lucht, alsof er iets bovennatuurlijks verborgen was binnen. We voelden ons aangetrokken tot het onbekende en openden voorzichtig de deur.

Toen we de deur openden, werden we overweldigd door een angstaanjagend en surrealistisch tafereel. Duizenden vliegende termieten krioelden, vlogen en zoemden door de lucht, met een onaangename geur die zich verspreidde op het T-shirt van Maarten. Maar dat was niet het enige vreemde. De kamer begon langzaam te vervormen en te draaien, alsof we in een bizarre droom waren beland.

In paniek renden we naar buiten, terwijl Maarten zijn kleren uittrok in een wanhopige poging om de dikke klonten termieten van zich af te schudden. Maar tot onze verbijstering waren de termieten niet alleen op zijn kleren, maar kropen ze ook tussen zijn kleding en huid. Het voelde alsof ze een vreemde greep op hem hadden gekregen, zowel fysiek als emotioneel.

Met een blik van vastberadenheid nam ik zijn kleren en gooide ze in een dierenwaterbak buiten, dichtbij de sinaasappelboomgaard. Het water had een verlossend effect, waardoor de termieten verdwenen. Maar terwijl de termieten vervlogen, ontstond er iets anders tussen ons. Een onverklaarbare sensatie van verbondenheid en intimiteit overspoelde ons, waardoor er een nieuw gevoel van liefde en tederheid tussen Maarten en mij ontstond.

Maarten, hoewel geschrokken, voelde zich ook opgelucht en gelukkig. Hij zat naakt op een rots, angstvallig ervoor zorgend dat geen van die enge beestjes zijn strakke lichaam zou bereiken. Zijn huid jeukte hevig. Ik greep naar de citroenen in de buurt, sneed ze open en masseerde zijn rug met het verfrissende sap, terwijl ik met de schil over zijn huid wreef. Een vreemde, onbekende sensatie bruiste in mij op, terwijl ik die menselijke huid aanraakte. Ik besefte dat dit een nieuwe vorm van sensualiteit was, die mijn verlangen naar gezondheid en fitheid deed nog meer ontwaken.

De massage bracht ontspanning voor Maarten, terwijl de zon warm op onze huid scheen. De termieten waren snel vergeten, en lachend stelde ik voor om een boek te schrijven met de titel "Termieten Vallen Nederlands Voetbalteam aan". Hoewel de mierenbeten op mijn benen nog een beetje pijn deden, voelde Maarten zich al veel beter. Hij nam ook citroenen en wreef over de gebeten plekken op mijn benen, als een teken van vriendschap en verbondenheid.

Hoewel we beseften dat hij de volgende dag terug moest koesterden we het moment dat we samen hadden doorgebracht. Die spannende nacht, doordrenkt met mysterie en intimiteit, had iets bijzonders tussen ons gecreëerd. Het was jammer dat we later het contact met Maarten verloren, iets wat ik altijd betreurde tot dat ik 1983 in een zieken huis werkte, maar dat verhaal kan je in mijn ander boek Big Bunches lezen.

HOOFDSTUK 19

Zeilen door Overgangen: Het Verbinden via Gedeelde Verhalen en Dromen.
Ontdekt het leven is geen bier met suiker; We vormen een goed team,' zei Piet.
'Ja,' antwoordde ik, 'wij zijn de jongens van Tromp en Piet Hein, er zijn er
maar weinig die hen kunnen verslaan.'

Het zeil boot bouw bedrijf liep niet goed; na zes maanden besloot de familie dat we geen voortgang boekten. Het geld was op. Mijn magere jeugdloon van de boter fabriek kon ons vijf niet langer onderhouden. Piet had vacatures gezien in de krant voor banen in Geelong bij de net geopende aluminiumsmelterij van Alcoa. Binnen enkele uren was hij onderweg naar Geelong om naar banenkansen te zoeken. De reis duurde vijf uur over de Hume Highway, het leek altijd wel de Hume Highway, een weg naar overal. In die tijd hadden we geen telefoon en Piet zou drie dagen weg zijn, slapen en leven in de ute. Hij benoemde mij opnieuw als degene die voor de vrouwen moest zorgen. Het was juli en erg koud; hij zei me ervoor te zorgen dat er genoeg brand hout was om het huis warm te houden. Hij dacht dat een warm huis een warm hart creëert en om de gezelligheid te behouden.

We besloten elkaar op te beuren. Dit was al de vierde keer dat we onze spullen inpakten en verhuisden, allemaal binnen een tijdsbestek van twee jaar. Maar al snel klaarde mijn stemming op toen mijn vader vertrok om werk te zoeken in Geelong. Op die dag ontvingen we ook een pakket met Nederlandse kranten en tijdschriften, wat me zou helpen mijn gedachten te verzetten terwijl ik in de warmte van onze woonkamer zat te lezen. Terwijl we de verschillende artikelen doornamen, deelden we ze met elkaar en voerden we er gesprekken over. Bets vertelde over nieuwe Nederlandse recepten die ze net had ontdekt, terwijl ik commentaar gaf op muziek en economie. Het nieuws over de flinke groei van de Nederlandse economie, drie keer zo snel als de Australische economie, wekte nostalgische gevoelens op naar mijn thuisland Nederland.

Ik reflecteerde op het feit dat Nederland steeds meer een immigratieland wordt, vergelijkbaar met Australië. Ik vroeg me af waarom mijn ouders destijds hadden besloten om naar Australië te emigreren, terwijl we nu in armoede leven. Ondanks mijn negatieve gevoelens besloot ik moedig te zijn, net zoals mijn grootouders altijd waren, in het licht van tegenslagen. Bovendien hoorde ik van een andere Nederlander die zich voorbereidde om terug te keren naar Nederland vanwege de betere economische toestand en betere sociale zekerheidstelling.

Bijna elke week ontvingen we brieven van vrienden en familie waarin ze ons aanmoedigden om terug te komen, vooral toen ze hoorden dat we in een soort kippenhok woonden. Mijn opa schreef dat er een tekort aan arbeidskrachten was in Nederland. Turken, Italianen en Marokkanen arriveerden met busladingen tegelijk, die noemde hij gastarbeiders. Mijn neven bereidden zich voor om naar de universiteit te gaan en ik werkte in een boterfabriek. Mijn melancholische stemming veranderde snel toen Piet 's avonds laat met heel goed nieuws aankwam: hij was aangenomen bij Alcoa in de smeltkamer. Piet bezocht Gerard en Corrie van Beek in Portarlington, een vissersdorp op vijftien mijl afstand van Alcoa. We hadden de Van Beeks vijftien maanden eerder ontmoet op de camping van Hanson; het was een grote katholieke familie met zes kinderen. Ze boden Piet gastvrijheid voor een paar nachten. De Van Beeks kenden ook een andere Nederlandse familie, de Van Leeuwens, die in een groot huis woonden met twee vrije kamers. Ze stemden ermee in dat wij daar zouden verblijven totdat we een huis om te wonen vonden maar het was enigszins moeilijk vanwege een tekort aan woningen in Australië.

Binnen enkele dagen pakten we onze spullen in voor onze reis naar Geelong. Met enige spijt nam ik ontslag bij mijn baan in de boterfabriek; ik begon er net aan te wennen en ik hield van de eenvoudige, ongecompliceerde mensen op het platteland. Er waren opnieuw afscheidsgroeten; ze namen me mee naar de pub voor een afscheidsdrankje. Dat is toen ik mijn eerste biertje dronk, een VB. Iedereen dronk VB. Ik vond de smaak niet lekker, maar de mannen legden me snel uit dat ik vanzelf de smaak van Australisch bier zou leren waarderen als ik volhield om het elke dag te drinken. Ter wille van de kameraadschap deed ik alsof, omdat hun intenties goed waren.

Hans kwam vroeg langs om mij gezelschap te houden. Hij hielp ook met het opruimen van de tuin en het vangen en terugbrengen van de kippen naar Mabel. We namen meer koffie en Hans rolde zijn eigen sigaretten om kosten te besparen. Ik vond dat een vieze gewoonte en een verspilling van geld, alles ging immers in rook op. Ik besloot Hans niet te vertellen dat ik eigenlijk pas bijna 14 jaar oud was, omdat ik bang was zijn vriendschap te verliezen.

Na de koffie maakten we een wandeling langs de Kiewa-rivier en gooiden we stenen over het water die op en neer botste en gleden over het spiegel gladde water. Tijdens onze wandeling stelde Hans de vraag: "Wat betekent vriendschap? Wat maakt iemand een vriend?" Ik antwoordde dat een vriend iemand is met wie je over alles kunt praten en die je accepteert zoals je bent. Ik legde uit dat sommige mensen het Griekse woord "agape" gebruiken om totale en onvoorwaardelijke liefde te beschrijven. "Dus Hans, wat er ook gebeurt, ik zal onvoorwaardelijk van je houden," voegde ik eraan toe.

We genoten allebei van dit soort gesprekken, omdat we nog steeds onze plek in het leven aan het vinden waren en onze identiteit aan het vormen waren.

Onze discussies verschilden sterk van die van onze Australische vrienden, die vaak spraken over voetbal, vrouwen, bier en seks - typische onderwerpen die Australië kenmerken. Zij vertegenwoordigden slechts één deel van de Australische samenleving. Ik zocht ook contact met Australiërs die van lezen hielden, vragen stelden, aannames testten en andere culturen begrepen dan alleen de Anglo-Keltische cultuur.

Terwijl ik in de keuken stond, bracht Bets me terug naar de realiteit en herinnerde me eraan dat Hans onlangs zijn broer had verloren. Ze opperde dat ik waarschijnlijk een vervangende broer voor hem was, iets wat ik met open armen accepteerde. Bets stelde voor dat Hans naar Portarlington zou kunnen komen zodra we ons eigen huis hadden betrokken. Terwijl ik door het bijna lege huis liep, met alleen een eenpersoonsbed waarin ik de laatste nacht in het kippenhok moest slapen, zag ik dat bijna al onze spullen waren ingepakt en klaar stonden voor een vroege start richting Portarlington. Mijn zussen en moeder zouden de volgende dag om 6 uur vertrekken, terwijl ik zou wachten tot Piet terugkwam voor de tweede lading huishoudelijke spullen.

Hij kwam die avond om 11 uur terug uit Portarlington na een reis van tien uur heen en terug. Hij was uitgeput maar blij dat Bets en de meisjes tevreden waren met hun kamers bij de van Leeuwens. Vroeg op zondagochtend, nadat we de laatste spullen hadden ingepakt.

Terwijl we wegreden naar Geelong voelde ik een mengeling van verdriet en verwarring. Het afscheid nemen van Hans, zonder te weten dat het de laatste keer was dat ik hem zou zien, liet me beseffen hoe onvoorspelbaar het leven kan zijn. Zijn moeder had ons twee maanden later geschreven dat er iets tragisch gebeurt was met Hans. We probeerden de redenen achter zijn zelfmoord te begrijpen, maar konden alleen maar speculeren. Misschien miste hij zijn broer of worstelde hij met zijn seksualiteit, zoals hij met mij had besproken.

Ik herinnerde me dat ik eerder afscheid had genomen van mensen en dat sommigen van hen kort daarna stierven. Het besef dat afscheid nemen de laatste keer kan zijn dat je iemand ziet, raakte me diep. Ik realiseerde me dat de dood onvermijdelijk is en ons allemaal op een dag te wachten staat. Ondanks dat besef vond ik troost in de kostbare herinneringen die ik had aan mijn oma, tante Rita en Hans.

Terwijl we onze spullen inpakten, moesten we ook de modelschepen van Piet, de Golden Hind en de Irene, inpakken. Deze schepen waren met zorg gemaakt en hadden een bijzondere betekenis voor mijn vader. Het inpakken ervan voelde als het afsluiten van een hoofdstuk, maar ook als het meenemen van een stukje geschiedenis op onze nieuwe reis.

Het vertrek uit Kiewa bracht een mix van emoties met zich mee, maar ik was vastberaden om vooruit te gaan. Het leven is vol onvoorspelbaarheid en uitdagingen, maar het is ook gevuld met mooie herinneringen die we koesteren. Ik verliet het plaatsje met een zwaar hart, maar ook met de hoop op nieuwe ervaringen en kansen die ons te wachten stonden in het onbekende.

We vernamen verrassend nieuws op de autoradio: het VOC schip De Vergulde Draeck was gevonden voor de kust van West-

Australië. Duikers hadden vijftig zilveren munten opgedoken van het schip, dat zich ongeveer zes mijl uit de kust bevond, zestig mijl ten noorden van Perth. Het schip stond bekend om zijn waardevolle lading van edelmetaal ter waarde van drie miljoen pond. Duikers hadden jarenlang naar deze schat gezocht. Het verslag onthulde ook dat achtenzestig bemanningsleden het land hadden bereikt en nooit waren teruggevonden. Piet merkte op: 'Dat verklaart waarom sommige Aborigines blauwe ogen en blond haar hebben.' Nieuwsgierig lachte ik, benieuwd naar wat hij bedoelde.

Zowel pa als ik voelden een sterke historische band tussen Nederland en Australië. Piet had zelfs plannen om een model van de Batavia te bouwen, die in 1961 vijftig mijl voor de kust van Geraldton werd ontdekt. We waren goed op de hoogte van de bloederige strijd om de lading van het schip, waarbij honderden mensen omkwamen. Gedurende het volgende uur bespraken we geschiedenis en onze eigen verbondenheid met het verleden. We realiseerden ons dat iedereen een connectie heeft met het verleden en zijn eigen geschiedenis schrijft.

Terwijl de regen begon te vallen, vergezeld door een mistige nevel, creëerden het geluid van de ruitenwissers en de zachte muziek uit de autoradio een sfeer van verwachting. Ondanks dat voelde ik een moment van onzekerheid in mijn hart. Ik wilde Piet niet overbelasten, vooral omdat hij de volgende dag aan een nieuwe baan bij Alcoa zou beginnen. Als veertienjarige vond ik het best spannend om niet te weten wat me te wachten stond.

We maakten een tussenstop bij Seymour bij een gezellig Golden Fleece servicestation, een perfecte plek voor een bakje koffie en een smakelijke 'bijensteek', een Australische lekkernij die lijkt op onze 'eierkoeken', maar dan gevuld met heerlijke vanillepudding. We waren gek op Australische gebakjes, vooral diegenen die ambachtelijk werden gemaakt in landelijke bakkerijen, niet de massaproducties uit fabrieken.

Een vriendelijke Australische dame merkte ons met veel enthousiasme op , 'Oh, dus jullie zijn gek op de 'bijensteek', hè? Jullie duiken erin alsof er geen morgen is. Jullie moeten wel uit Nederland komen. Ik herken de Nederlandse taal en jullie Dutch accent, ik weet het, omdat ik vrienden heb die uit Nederland komen. Jullie zijn ook echte koffieliefhebbers, al mijn Nederlandse vrienden zijn dol op koffie en ze zijn behoorlijk kritisch over de manier waarop het wordt gemaakt. Vertel eens, hoeveel kinderen hebben jullie? Elke Nederlandse persoon die ik ontmoet, lijkt uit een reusachtig rooms-katholiek gezin te komen.'

We waardeerden de hartelijkheid van Merle, ook al was ze een beetje brutaal. Merle leek op een mix tussen Dawn Lake en Phyllis Diller, populaire comédiennes. Ze had de neiging om woorden af te korten met een 'o': ze noemde de middag 'arvo', de melkboer 'een milko', en het servicestation waar we nu koffie dronken 'een servo'. Een pauze tijdens het werk noemde ze 'een smoko'. 'Dus, jullie hebben nu even een smoko,' zei ze lachend.

Plotseling stelde Merle de vraag over het verschil tussen Holland en Nederland, iets wat ons altijd verbaasde wanneer mensen het vroegen. Maar voordat we konden beginnen met het uitleggen van het onderscheid tussen Holland, Nederland en de Nederlandse taal, vroeg Merle ineens of we een rondje wilden geven, oftewel een drankje wilden betalen, wat in het Engels 'a shout' wordt genoemd. Ze vroeg op zo'n serieuze en aardige manier om een pakje sigaretten dat Piet het gewoon niet kon weerstaan om haar een pakje Peter Stuyvesant te geven. Ik kon het niet laten om te zeggen: 'Weet je wie Peter Stuyvesant was?' Haar antwoord was: 'Ja, dat zijn sigaretten, dat zijn ze.' Met een lach vertelde ik haar: 'Oh, maar hij was eigenlijk de gouverneur van Nieuw Amsterdam, nu bekend als New York.' Haar reactie was hilarisch: 'Oh, maatje, interesseert me niet. Het enige dat ik weet, is dat Peter Stuyvesant me kalmeert. Nadat we haar een kopje koffie hadden aangeboden en ze het accepteerde, bleef ik naar Merle luisteren en dacht ik bij mezelf dat ze echt wat vriendelijkheid en liefde kon gebruiken. Papa onderbrak ons gesprek om te laten weten dat we moesten gaan en zei gedag tegen Merle: 'Dag Merle, het was leuk om je te ontmoeten.' Waarop Merle vrolijk antwoordde: 'Ja, leuk jullie clogg wogs ook te ontmoeten, hou van jullie.'

Het laatste stukje naar Portarlington duurde nog ongeveer twee uur en het weer werd steeds slechter. Het regende nu pijpenstelen. Later hoorden we dat Melbourne in één dag maar liefst zeven centimeter regen had gekregen, met overal overstromingen. Piet en ik keken elkaar verbaasd aan. Dit was Australië, niet Nederland! We reden door een buitenwijk genaamd Flemington en hoewel we de wegen niet precies konden volgen vanwege de overstromingen, maakten we er gewoon het beste van als navigators met een kaart van Melbourne. Wie had gedacht dat we hier onze vaardigheden als amateur-ontdekkingsreizigers zouden inzetten?

Terwijl we onze weg vonden tussen de overstroomde straten, werden we ook geconfronteerd met hevige regen die de autoradio uitschakelde. Bovendien veroorzaakte een storm omgevallen bomen op de weg. Terwijl Piet zijn aandacht op het autorijden richtte, concentreerde ik me volledig op de kaart. Ik riep de namen van de straten en gaf aan waar hij moest afslaan. Uiteindelijk bereikten we Footscray en reden we over de Princes Highway richting Geelong. Gelukkig was er niet veel verkeer op de weg. Onze spullen waren opnieuw veilig bedekt met de oude hennepzeilen van De Scheldestroom, die ik vastmaakte met mijn knopen van de scouting en Piet's zeemanskunsten. Terwijl we verder reden richting Geelong, merkten we dat de regen en de wind afnamen en de lucht opklaarde, wat ons een sprankje hoop gaf. 'We vormen een goed team,' zei Piet. 'Ja,' antwoordde ik, 'wij zijn de jongens van Tromp en Piet Hein, er zijn er maar weinig die hen kunnen verslaan.' Tromp en Piet Hein waren 16e-eeuwse Nederlandse maritieme helden die talloze zeeslagen tegen de Spanjaarden en Engelsen hebben gewonnen. In navolging van hun dappere geest, zongen we samen het populaire lied 'En de jongens van Tromp en Piet Hein die krijgen ze zo maar niet klein'. We waren vastbesloten en lieten ons niet zomaar uit het veld slaan. Onze vreugde en opwinding groeiden naarmate we dichter bij Portarlington kwamen. Nadat we Geelong waren overgestoken, vervolgden we onze weg over de Portarlington Road. Toen de Van Leeuwens de deur openden, werden we hartelijk begroet. Bets, Lizzie en Marianne waren blij om ons te zien en er werden kussen en knuffels uitgewisseld. De Nederlanders staan bekend om hun warme knuffels en kussen. Mevrouw Pietje van Leeuwen gaf me zelfs drie kussen, hoewel ik hen nog nooit eerder had ontmoet. Dirk schudde mijn hand en gaf me ook een knuffel, net als hun drie zonen. We waren overweldigd door de vriendelijkheid van deze familie. De geur van hete koffie vulde het huis en mijn moeder had heerlijke scones gemaakt, waarvan ze het recept bij de CWA had geleerd, en lamingtons van Rita. Dirk werkte ook bij Alcoa en zowel hij als Piet zouden de volgende ochtend samen beginnen. Terwijl ik genoot van de warme ontvangst, begon ik na te denken over mijn eigen toekomst. Wat zou ik doen? Ik bad om helderheid van geest en troost in deze nieuwe fase van mijn leven.

Onze allereerste auto in Australië een Holden FE waar we drie keer met zeer grote afstanden verhuist waren. Wij hadden geen geld en de Garage Manager zei betaal maar als je geld hebt ,zulke goei mensen zei mij pa Piet verbazend

HOOFDSTUK 20

Zij leek op Frau Antje ; Het grappige was dat Frau Antje in haar vorige leven, voordat ze kaas begon te promoten, een carrière had als pornoster. Toen dit aan het licht kwam, waren er overal krantenkoppen met "Foei, Frau Antje

De Van Leeuwens waren een eerbiedwaardige Nederlandse rooms-katholieke familie die tijdens de Tweede Wereldoorlog veel geleden heeft. Hun ouderlijk huis in Rotterdam werd vernietigd door Nazibommen en de herinneringen aan die noodlottige dag hebben diepe sporen achtergelaten in hun ziel. Bij die bombardementen zijn twee broers en drie zussen omgekomen, waardoor het ouderlijk huis is veranderd in een gebroken ruïne. De gevolgen van deze vreselijke gebeurtenis hebben diepe wonden geslagen in de harten van de overlevenden. Ze werden geplaagd door terugkerende herinneringen en elk geluid dat leek op een explosie bracht hen terug naar die verschrikkelijke dag.

Om die redenen hebben ze besloten om, net als veel andere immigranten, te vertrekken vanwege deze gruwelijke herinneringen. Pietje en Dirk van Leeuwen emigreerden met hun kinderen naar Australië, op zoek naar een beter leven en nieuwe kansen. Het land van hoop bood hen een nieuwe start, een kans om hun leven opnieuw op te bouwen. Ondanks hun eigen immense verdriet, hebben ze zich ook ontfermd over anderen die getraumatiseerd waren door de oorlog.

De Van Leeuwens waren werkelijk een van de warmste gezinnen die we tot dat moment, in 1963, hadden ontmoet. Het verbaasde me altijd weer dat juist de mensen die het meest hadden geleden vaak de vriendelijkste en meest charmante waren. Deze visie werd vooral versterkt toen ik het boek "De zin van het bestaan" van Victor Frankl las.

Pietje vertoonde gelijkenissen met Frau Antje, het bekende Nederlandse gezicht dat al jarenlang kaas promootte in Duitsland. Ze was werkelijk een opmerkelijke vrouw. Het grappige was dat Frau Antje in haar vorige leven, voordat ze kaas begon te promoten, een carrière had als pornoster. Toen dit aan het licht kwam, waren er overal krantenkoppen met "Foei, Frau Antje" en werd haar kaas-promotiecontract geannuleerd. Per ongeluk noemde ik Pietje Frau Antje en ze moest erom lachen. Ze had echt een goed gevoel voor humor, net als haar dochter Margriet, die met een glimlach verkondigde dat ze later pornoster wilde worden. Uiteraard nam niemand dat serieus. Het huis van de Van Leeuwens was niet erg groot. Buiten stond een eenvoudig toilethuisje, in Australië noemen we dat een "buitenbedrijf". De keuken was volgepropt en er stond een bescheiden zwart-wit televisietoestel waar we ons allemaal rond verzamelden om naar oude films te kijken uit de jaren dertig .

Bets, Lizzie en Marianne vertrokken vroeg in de ochtend om zich alweer in te schrijven bij de Portarlington State School. Het hoofd van de school was meneer George Carry, een man die later een niet onbelangrijke invloed op onze carrières zou hebben. Toen Lizzie die middag thuiskwam van school, had ze al vrienden gemaakt met Conny van Beek en Julie Daisly. Bets was ook enthousiast omdat ze was uitgenodigd om lid te worden van de school ouderraad. Meneer Carry zei dat Bets' gesproken Engels net zo goed was als dat van de gemiddelde Australiër; ze was trots en vertelde dit aan iedereen tijdens het avondeten. De grote verrassing was dat ze Piet, mijzelf en haarzelf had ingeschreven voor een Engelstalige conversatieles onder leiding van meneer Carry. De volgende avond waren we allemaal op de Portarlington Primary School om ons Engels te verbeteren. Op die les ontmoetten we bijna elke Nederlandse familie die in Portarlington woonde: mevrouw Colla, meneer Kuiper, mevrouw van Beek, mevrouw Eggenhuizen, mevrouw Oppenhuis, meneer Duim, mevrouw De Koning, mevrouw Van Ess en een familie uit België genaamd de Van Calles, meneer Fabricio, een Italiaan, en mevrouw Shonlied, uit Duitsland. We werden warm verwelkomd en ieder kreeg veel aandacht.

We werden warm verwelkomd en kregen veel aandacht op Engelse les. Het was geweldig om al deze migranten te zien, de meesten waren Nederlanders, afkomstig uit bijna elke provincie van het Nederlandse koninkrijk. Wij waren natuurlijk de enige Zeeuwen. Veel Australiërs raakten in de war toen we vertelden dat we uit Zeeland kwamen; ze dachten dat we Nieuw-Zeeland bedoelden. Ondertussen had Piet zijn eerste werkdag in de smeltkamer bij Alcoa. Het was de warmste baan die hij ooit had gehad, werken met het hete vloeibare aluminium de hele dag door, het gieten in de mal. Hij vond het moeilijk om ingesloten te zijn.

Tijdens die tijd had Dirk van Leeuwen een baan voor mij geregeld bij een tuinbouwbedrijf in Drysdale. De eigenaar van het bedrijf bood aan om me op te halen in zijn auto, aangezien hij ook in Portarlington woonde. Op woensdagochtend werd ik opgepikt in een Vauxhall-auto en reden we samen met mijn nieuwe baas, meneer Jeremiah Palpots, naar de groentetuin. Tijdens de rit spraken we niet veel. Ik merkte meteen dat de Palpots een zeer religieus gezin waren. De andere mannen in de familie Palpots heetten Moses en hun zoon heette Amos. Ze schudden mijn hand en ik kreeg een bescheiden, maar een schijn welkom, hoewel er weinig woorden werden uitgewisseld, wat ik sociaal ongemakkelijk vond. Mijn eerste taak was het snijden van sla en het inpakken ervan in dozen, zodat het 's ochtends vroeg naar de Melbourne Fruit and Vegetable Market kon worden vervoerd. Daarna moest ik met de hand wortels uit de grond trekken, ze wassen en schoonborstelen met jute doeken, en ze in een bak doen, zodat ze er goed uitzagen voor de markt. In de middag besteedden we tijd aan het rooien van aardappelen; na vijf uur voelde mijn rug alsof hij gebroken was. Aan het einde van de dag zou meneer Jeremiah Palpots me weer terugbrengen.

Ze vertelden zonder poespas dat ik snel moest werken als ik dat niet deed, zou hij me minder betalen. Ik dacht dat hij duidelijk geen empathisch persoon was; hij wist dat het mijn eerste werkdag was en dat ik pas veertien jaar oud was en een junior salaris kreeg.

In een ongastvrije sfeer, verstoken van glimlachen en aanmoediging, legde Jeremiah Palpots een autoritaire aanwezigheid op, terwijl ik in het geheim twijfelde aan de oprechtheid van hun beweerde liefde voor Jezus en het christendom. Beleefd verborg ik mijn twijfels en luisterde ik naar Jeremiah en hun medegelovigen die zich tegoed deden aan moralistische lezingen, waarbij ze met bijbelcitaten mijn uiterlijk, haardracht en zelfs mijn kledingkeuze bekritiseerden, terwijl ze voorbijgingen aan de opkomende tegencultuur en mijn individualiteit. Ondanks het doorstaan van hun veeleisende controle tijdens slopende werkweken van vijftig uur in een groentetuin, bracht de aanwezigheid van Wayne, een vriendelijke jongeman met een lichte verstandelijke beperking, verlichting te midden van de ontmenselijkende behandeling door de Palpots. Terwijl ik toekeek hoe Wayne veerkrachtig bleef, versterkte de tegenstelling tussen zijn gelach en tranen binnen deze onderdrukkende omgeving alleen maar mijn medeleven, waardoor ik gemotiveerd werd om mijn eigen vriendelijkheid te beschermen tegen verspilling aan de absurditeiten gepredikt door de zelfgenoegzame hoeders van spiritueel toezicht.

Het fascineerde me allemaal, maar ik had niet de intentie om hierover te praten met Jeremia of Amos. Ik had altijd al een student van filosofie en de Bijbel willen zijn; het maakte deel uit van mijn cultuur. Echter, ik interpreteerde en beleefde het christelijke geloof volkomen anders dan de Palpots. Ik vond dat ze vol angst zaten, onredelijk, dacht ik. Ze spraken gedetailleerd over zonde en zondaars en hun zondige seks, alsof ze genoten van de voyeuristische ervaring, maar tegelijkertijd veroordeelden ze het. Ik concludeerde dat Mozes, Amos en Jeremia zot diepgeworteld gelovige waren.

Bets en Piet merkten op dat ik niet dezelfde positieve persoon was en stelden voor dat ik deze baan van tien uur per dag opzegde, of dat ik aan de Palpots zou vragen of ik gewoon volgens de wettelijke veertig uur per week kon werken. Ik nam hun advies ter harte, maar helaas beviel het de Palpots niet en ontsloegen ze me onmiddellijk. Op dat moment begreep ik het belang van vakbonden in Australië, vooral met bazen zoals de Palpots.

Ik had behoefte aan vooruitgang in mijn leven en dat van mijn familie. Echter, ik merkte dat ik geen vooruitgang boekte, en mijn fysieke, psychologische en spirituele gezondheid leden hieronder. Het besef dat klagen geen zin had, drong tot me door en ik besloot verder te gaan en ergens anders mijn geluk te zoeken. Helaas was het moeilijk om nieuwe vrienden te maken vanwege het isolement waar ik in terechtkwam nadat ik de school had verlaten. In de hedendaagse wereld is het gemakkelijker geworden om vrienden te maken via platforms zoals Facebook, maar destijds had ik weinig tijd voor sociaal contact vanwege mijn lange werkdagen. Dit belemmerde mijn kansen om mensen van mijn eigen leeftijd te ontmoeten, wat me een gevoel van eenzaamheid en ongeluk gaf.

Mijn neef Andre stuurde me regelmatig Nederlandse kranten zoals Het Algemeen Dagblad, Trouw, Parool en De Telegraaf, waarin ik merkte dat de Nederlandse economie tussen 1948 en 1962 aanzienlijk groeide, met een toename van het BBP van 44%. Er was een tekort aan arbeidskrachten en daarom kwamen er Turken, Grieken, Italianen en Spanjaarden om deze leemtes op te vullen. Ik miste ook de boterfabriek, omdat ik daar tenminste wat vrienden had. Dit alles leidde tot een gevoel van psychische eenzaamheid en ik was boos op mijn ouders omdat ze het Nederlandse welvaartsniveau hadden achtergelaten om hierheen te komen. Maar ik herstelde snel toen ik me realiseerde hoe we de afgelopen twee jaar hadden overleefd. We hadden misschien niet veel bereikt, maar we hadden geleerd om samen te werken en allerlei soorten mensen te ontmoeten. Desondanks was ik ervan overtuigd dat ik van mijn eigen ervaringen kon leren en hield ik dit voor mezelf. Ik dacht ook dat Bets en Piet ongetwijfeld hun eigen zorgen hadden. Ik wist dat mijn bevrijdingsdag zou komen. In mijn leven is het altijd zo geweest dat wanneer ik in nood verkeer, hulp niet ver weg is. Bets en ik zongen vaak het bekende Nederlandse lied 'Als in g'nood gezeten, geen Uitkomst ziet wil dan nooit vergeten God verlaat u niet, betekent 'Als er een ramp je treft, vergeet God je niet.'

Mijn moment van serendipiteit was aangebroken. Zo'n tijd noemen we een bevrijding, en dat was toen de Palpots mij ontsloegen. Ik moest liften terug naar huis vanaf mijn laatste dag op de groente kwekerij, met tien pond op zak. Jeremiah en Moses zeiden dat ze me vijf pond extra zouden geven als ik beloofde niets te zeggen over hoeveel ik verdiende of de uren die ik werkte. Ik vroeg waarom ik altijd alleen mijn pauzes moest nemen; ze zeiden dat het een onderdeel van hun religie was. Ik was een liberale Nederlandse jongen en te seculier in mijn kleding en manier van praten; zij concludeerden dat ik te veel duivelse boeken had gelezen. Binnen tien minuten nadat ik afscheid had genomen van de Palpots, werd ik opgepikt terwijl ik in de stromende regen op het grind langs de Portarlington Road stond, zonder paraplu of regenjas, enkel gekleed in mijn geruite flanellen shirt. Gelukkig was het zomer en de regen was warm. Een oude Ford stopte, met drie glimlachende mannen erin, twee jonge en één oudere, een vader en zijn twee zoons; zij stelden zich voor als de familie Steeven uit Portarlington. Ze kwamen uit de provincie Limburg. Ze vertelden me dat ze Nederlands waren, wat ik voor de helft wel kon merken. De bestuurder stelde zich voor als Frits Steeven; de namen van zijn zonen kan ik me niet herinneren. Er waren elf leden in de familie Steeven; zij waren rooms-katholiek.

Hoe bevalt Australië jou?" vroegen ze me. "Je bent nogal jong om te werken, waarom ga je niet naar school? Ben je een Nederlandse katholiek? Wie zijn jouw ouders? We zullen met hen praten." Dit verraste me, maar ik kon zien dat ze geen kwaad wilden. Ze waren ook vrienden van de familie van Leeuwen, met wie ze dikwijls de mis bijwoonden. "Kom zaterdagavond met ons mee naar de drive-in," zei de jongere man. Ah, dat voelde goed. Ik hou ervan om met vrienden op te trekken en hier kreeg ik een uitnodiging om van het leven te genieten, een kans om sociaal te zijn en nieuwe vrienden te ontmoeten. Ik vroeg wat een drive-in was. "Ah, dat is een buitenbioscoop. Je blijft in de auto, zet een luidspreker in je raam en leunt achterover. Het is geweldig als je een vriendin hebt," zei een van de Steeven jongens, maar oude meneer Frits onderbrak en zei: "Kees is te jong voor meisjes, plaag hem niet."

Vanuit een slechte, anti-menselijke en asociale situatie met Jeremiah en Amos, ontmoette ik toevallig de katholieken uit Limburg; wat was mijn familie blij dat ik werd opgepikt. Nu was ik op weg naar vreugde. Mijn ellende begon te veranderen; dat gebeurt altijd voor iedereen. Er was onuitsprekelijke vreugde toen we na drie weken een huis konden huren voor vijf pond per week. De verhuurders waren een gepensioneerd stel, meneer en mevrouw Frank Merick. Het huis leek wel een paleis en de locatie was de beste in Portarlington, gelegen op de hoek van Sproat en Portalington Road. Het was omgeven door zeer grote dennenbomen. Het uitzicht overzag het voetbalveld, het strand en bood een helder zicht op Port Phillip Bay en de You Yangs bergen in de verte. We waren allemaal blij en gelukkig om eindelijk in een fatsoenlijk huis te wonen. De Mericks hadden het huis zelf gebouwd in 1951 door betonnen bakstenen te maken met bakvormen. De vloeren waren van hout en er was een grote serre aangebouwd. Het toilet was nog steeds buiten, maar er was tenminste een septische tank, dus hoefden we geen emmers meer leeg te maken. Lizzie, Marianne en ik hadden onze eigen slaapkamers. We dachten dat al onze kerstwensen in een keer waren uitgekomen. De Steevens kwamen langs en zeiden dat er een baan als spinner was bij Collins Brothers Wool Mill in Latrobe Terrace, Geelong. Een vriend van hen, de Nederlandse migrant Henk Van Dijk, zei dat ik daar eens moest gaan kijken voor werk. Ik stapte meteen de volgende dag op de bus om een sollicitatiegesprek te doen. Piet zei dat ik ook naar de middelbare school kon gaan, maar wel een deeltijdbaan moest nemen voor zakgeld. Ik wist dat onze familie het financieel moeilijk had en als we ooit een aanbetaling voor een huis wilden krijgen, moest ik werken. Deze gedachten deelde ik niet met Bets of Piet. De Mericks vroegen of ik het gras voor hen kon maaien en voor hun visvijver kon zorgen wanneer ze naar Queensland gingen om de kou van Victoria te ontvluchten. Later ontdekte ik dat veel oudere Australiërs met middelen naar Queensland verhuisden voor de warmte tijdens de wintermaanden.

Ik plaagden Pietje...zij leek zoveel op Frau Antje

HOOFDSTUK 21

Een plek in Portarlington; Steeds meer mensen sloten zich aan bij de bijeenkomst en onze voortuin was al snel gevuld met Nederlanders en Australiërs, allemaal verlangend om hun geschokte emoties te uiten

Portarlington, gelegen aan Port Phillip Bay, was gezegend met de grootste camping van Australië, een ware oase voor kampeerliefhebbers met meer dan 1500 volledig uitgeruste kampeerplaatsen. De camping bood alle gemakken, inclusief elektriciteit en water, om ervoor te zorgen dat gasten comfortabel konden verblijven. Naast het kamperen waren er ook tal van werkgelegenheidskansen voor jongere mensen in Portarlington. Zestien winkels en verschillende banken, waaronder de State Savings Bank of Victoria, de National Bank en de Commonwealth Bank, boden werkgelegenheid aan. De lokale gemeenschap werd bediend door een postkantoor met een handmatige telefooncentrale, een lagere school en een bibliotheek. Bovendien was er een Mechanical Institute waar mensen hun kennis konden vergroten, en niet te vergeten een Vrijmetselaar-tempel en vijf kerken om spirituele behoeften te vervullen.

Portarlington bood zowel praktische voorzieningen als culturele en religieuze instellingen om tegemoet te komen aan de behoeften en interesses van de gemeenschap. Het was een welvarend en welkom thuis voor degenen die op zoek waren naar een prachtige omgeving om te kamperen, te werken en te leven.

Bets nam actief deel aan diverse gemeenschappelijke activiteiten in Portarlington , en ze ging zelfs verder en sloot zich aan bij de Portarlington Repertoire Society. Haar eerste optreden was in het bekende stuk "There's No Business Like Show Business". Het hele gezin zette zich wekenlang in en zong enthousiast mee. Marianne, die destijds slechts twee jaar oud was, deed ook mee aan deze voorstelling, samen met andere Nederlandse dames die betrokken waren.

Portarlington straat beeld, waar wel zestien Nederlandse immigranten families gevestigd waren en stimuleerden de economy met hun handels kennis en doorzettingsvermogen.

Het was een welvarend en welkom thuis voor degenen die op zoek waren naar een prachtige omgeving om te kamperen, te werken en te leven.

Nederlander Jack Stroet, eigenaar van een werktuigbouwkundig bedrijf, had gehoord dat Piet een scheepstimmerman was en dat hij niet gelukkig was met zijn werk in de aluminium smeltkroes bij Alcoa. Hij wilde praten over een zakelijk voorstel. Ook ik was uitgenodigd om te luisteren en vragen te stellen. Jack had een vissersboot gekocht, niet om te vissen op vis, maar om te baggeren naar jakobsschelpen. De jakobsschelpindustrie was net begonnen in Port Phillip Bay in het jaar 1964; er lagen slechts drie jakobsschepen aangemeerd in Portarlington, waarvan er twee eigendom waren van onverschrokken Nederlandse zakenlieden. Het leek erop dat Port Phillip Bay wel eens de nieuwe goudmijn kon zijn; het goud moest alleen nog maar worden opgebaggerd van de bodem van de diepe baai; het zou zijn vergulde jakobsschelpen opleveren. De boot die hij op het oog had, moest worden omgebouwd tot een jakobsschelpboot. Dit was niet moeilijk of kostbaar; een platform en een baggerwerktuig zouden de metalen kooi over de zeebodem trekken om jakobsschelpen op te dreggen. Een jakobsschelp lijkt op het Shell Oil-embleem. Er viel veel geld te verdienen. Jack zei: 'Laten we een partnerschap aangaan, jij krijgt 45 procent van de vangst.' Zo begon een nieuw tijdperk in de visserij-industrie. Tot die tijd hadden maar weinigen jakobsschelpen in Port Phillip Bay gebaggerd. De voor- en nadelen werden afgewogen; geen van ons geloofde in snel rijk worden. Niet alles wat blinkt is goud; dat was onze ervaring, en gezond verstand toonde aan dat er niet zoiets bestaat als een gemakkelijke weg of een gratis lunch. Er zouden ongetwijfeld problemen zijn, slecht weer wanneer je niet kunt baggeren, mechanische storingen, prijsfluctuaties op de jakobsschelpenmarkten, exploitatiekosten zoals brandstof en lonen voor de jakobsschelpsorteerders. Jack suggereerde dat ik mijn nieuwe baan moest opzeggen en aan de slag moest gaan in de jakobsschelpenbusiness; hij zag mij twijfelen en zei toen: 'Nou, kom op, je bent toch niet getrouwd met je baan, wel?' Mijn reactie op Jack was recht voor zijn raap, en dat gold ook voor mij. Ik zei: 'Nog niet'. De volgende paar weken waren een kwestie van vallen en opstaan; we hadden geen geld om zelfstandig te ondernemen, we hadden alles uitgegeven toen we ons scheepsbouwbedrijf begonnen dat niet zo uitpakte als we hadden gewild, maar het was niet door een gebrek aan inzet. We zouden het opnieuw proberen; daarom moest ik blijven bij mijn werk als postbode en nachtelijke telefooncentrale-operator. Toen ik dit alles aan Jack uitlegde, prees hij me omdat ik alles goed had afgewogen. Die avond had ik nachtdienst in de telefooncentrale, vanaf 22.00 uur tot 08.00 uur, slapend naast het schakelbord. Als er werd gebeld, zou er een ontzettend harde bel rinkelen om mij wakker te maken.

Op dagen dat ik niet hoefde te werken op het postkantoor, hielp ik Piet op zijn boot, die vreemd genoeg de naam Nelleke droeg, genoemd naar de vrouw van de vorige eigenaar. Wij vonden die naam niet leuk en noemden haar Dorus op de registratiepapieren, vernoemd naar de redder Dorus Rijkers, bekend om zijn inventieve ontwerpen van reddingsboten die theoretisch gezien niet konden zinken. Maar onze

Dorus kon zinken; hij was gebouwd in iemands achtertuin. Het had geen gesloten dek en elk binnendringend water zou zich onderin de romp verzamelen; de bilgepompen waren continu aan het werk. Ik genoot van het sorteren en het verpakken van de Sint-Jakobsschelpen en van het ervaren van de opwinding van het openen van het baggersleepnet; de vangst zat altijd vol verrassingen. De uitdrukking 'modder naar boven halen' of 'modder scheppen' impliceert meestal het belichten van de minder mooie aspecten van iemands karakter. Modder omhoog halen in een baggersleepnet is veel interessanter; Sint-Jakobsschelpen, in het Engels ook wel Scallops genoemd, leven en bewegen zich op de zandvlaktes op de bodem van baaien en riviermondingen. We harkten niet alleen Sint-Jakobsschelpen op, maar beschadigden onbewust de flora en fauna onderwater, zoals sponsentuinen, zeegrasweiden, vernietigden broed- en paailocaties van vissen en schaaldieren, en haalden ook de geschiedenis naar boven; elke sleep was een opbrengst van historisch goud. Australische schippers plaagden Piet vaak dat hij een mooi-weer visser was, omdat hij alleen uitvoer bij rustig weer. Dat was waar; hij nam geen risico's als het ging om wind, water, storm en zee. Hun spottende opmerkingen stopten toen een kleine scallopkotter kapseisde, met het verlies van drie levens voor de kust van Indented Heads. Hun baggersleepnet kwam vast te zitten in een rots en veroorzaakte het omslaan van hun schip. Veel Sint-Jakobsschelpenvissers waren onervaren en er deden zich verschillende tragedies voor. Portarlington was in de greep van de Sint-Jakobsschelpenmanie.

Op het hoogtepunt van de sint-jakobsschelp-hausse waren er 300 boten geregistreerd in Port Phillip Bay. Helaas kende hebzucht geen grenzen en werd de sint-jakobsschelpindustrie door de regering van Victoria stopgezet; sint-jakobsschelpen waren bijna uitgevist tot het punt van uitsterven. Sint-jakobsschelpen hebben een belangrijke functie bij het reinigen van het water in Port Phillip Bay, aangezien ze water filteren om voedsel te vangen. Hun totale uitsterven zou daarom rampzalig zijn voor de gezondheid van Port Phillip Bay.

Onze ontmoeting met de ondernemende Korevaars, een Nederlandse scheepvaartfamilie, was puur toeval. Zij kwamen vanuit Nederland naar Port Phillip Bay met hun eigen sleep- en rondvaartboten. Daarnaast hadden ze een contract met een Nederlands bedrijf dat bezig was met de baggerwerkzaamheden in de vaargeulen, ter voorbereiding op de komst van grote moderne olietankers die rechtstreeks naar de Shell-raffinaderij langs Corio Bay zouden varen, een afgelegen baai in Port Phillip Bay. Hun oorspronkelijke plan was het opzetten van een veerdienst van Geelong naar Melbourne, maar dat liep anders dan gedacht. In plaats daarvan boden ze sleepboot- en pontonondersteuning aan maritieme bedrijven in Melbourne.

In 1965 was er een stilte in de maritieme industrie; met hun innovatieve en ondernemende geest bouwden ze hun sleepboot, de Loevenstein, om tot een mosselvissersboot. De scallop-bodems waren vervaardigd door Jack Stroet; ze waren robuust en efficiënt. De eerste keer dat ik de Loevenstein grote hoeveelheden sint-jakobsschelpen zag lossen, trof me haar vorm. Het was een typisch Nederlands ontwerp met veel teakhout, vergelijkbaar met de Johan Van Oldenbarnevelt; beide schepen waren van dezelfde generatie. Voordat ik mensen aan boord zag, rook ik al de geur van Nederlandse sigaren. Dit wekte direct warme herinneringen en positieve emoties op; dat gebeurt altijd wanneer ik die geur ruik.

Daar in het stuurhuis zag ik meneer Teunis Korevaar, een typisch uitziende Nederlandse kapitein, genietend van een grote Schimmelpenninck sigaar, waarvan de geur zich verspreidde over de gehele pier. Het was duidelijk dat ze van Nederlandse afkomst moesten zijn; de bemanning sprak Nederlands, wat voor mij als muziek in de oren was, aangezien ik dat al minstens drie jaar niet meer in het openbaar had gehoord. Ik besloot deze mensen van dichterbij te bekijken; ze leken zeer competitief ingesteld te zijn. Hun grote sleepboot kon in alle weersomstandigheden sint-jakobsschelpen vangen, in tegenstelling tot onze Dorus die bekend stond als een boot voor goed weer.

Het duurde niet lang voordat Jan Korevaar, de zoon van Teunis, ons thuis bezocht voor koffie en om de modelschepen van Piet te bewonderen. Hij beschouwde ze als ware kunstwerken. Tussen Piet en Jan ontstond al snel een sterke band; een vruchtbare vriendschap die vele jaren stand zou houden. In plaats van terug te keren naar Nederland, begon Piet te werken voor de Korevaars als matroos, scheepstimmerman, schilder, schipper, lasser en nog meer. Mensen in de jaren '60 hadden een breed scala aan vaardigheden en waren gewend aan het vervullen van meerdere taken; deze vaardigheden, geslepen in de Nederlandse maritieme industrie, kwamen ten goede aan de ondernemende Korevaars die pontons, sleepboten en kleine vaartuigen bouwden.

Een vruchtbare vriendschap ontstond tussen hen, en deze vriendschap zou lang standhouden. In plaats van terug te keren naar Nederland, begon Piet te werken bij de Korevaars als matroos, scheepstimmerman, schilder, schipper, lasser en nog meer. In de jaren '60 beschikten mensen over verschillende vaardigheden en waren ze gewend aan het uitvoeren van diverse taken. Deze vaardigheden, opgedaan in de Nederlandse maritieme industrie, kwamen ten goede aan de ondernemende Korevaars, die pontons, sleepboten en kleine vaartuigen bouwden.

Nieuwe lucratieve contracten met het Australische-Nederlandse baggerbedrijf markeerden het einde van het zoeken naar schelpen voor de Korevaars, en hun bedrijf groeide van één vaartuig naar vele. Kenmerkend voor het succes van kleine Nederlandse bedrijven was hun vermogen om snel te reageren en zich aan te passen aan nieuwe technologieën. Naast het vervoeren van vracht waren ze zelf scheepsbouwers, die duwtrekkers maakten die containers van de ene naar de andere kade duwden. Er werden twee van deze innovatieve schepen gebouwd, de enige in Australië.

Het CSIRO was op zoek naar een onderzoeksschip; de Korevaars zagen hierin een kans en kochten een voormalige sleepboot van de Australische marine genaamd de HMAS Sprightly. Oorspronkelijk gebouwd in Texas voor oorlogsdoeleinden en later verkocht aan de RAN, werd de HMAS Sprightly in tien weken omgebouwd tot een onderzoeksschip en verhuurd aan het CSIRO voor een periode van meer dan tien jaar.

Piet beleefde veel plezier aan zijn tijd met de Korevaars gedurende de komende twintig jaar; dit waren zijn gelukkigste en meest productieve jaren in Australië. Het waren jaren van stabiliteit en waardevolle bijdragen. Werkend door heel Australië, reisde Piet vaak samen met Bets, die ook deel wilde uitmaken van het avontuur en het land wilde verkennen. In Townsville woonden ze op een zandzuigsnijkopzuiger waar zowel Piet als Bets samenwerkten om ervoor te zorgen dat alles soepel verliep..

Scallop Mania, de Dorus Rijkers scallop had die dag een goede vangst van $300 dollar, wat goed was in 1965. Deze foto is genomen op de Portarlington Pier.

Op zondagen bezochten we de Presbyterian kerk in Portarlington, waar Bets zich aansloot bij de dameskring. Daar sloeg ze een bijzondere vriendschap op met Kath Wheadon, een inspirerende 84-jarige dame die nog altijd vol energie rondfietste om haar mede-kerkgangers aan te moedigen en te helpen. Kath leerde Bets de kunst van het bakken van echte Australische vruchtentaart en kersttaart. In ruil daarvoor bracht Bets Kath en de andere vrouwen van de kerk de fijne kneepjes van het handwerken bij en de geheimen van de Nederlandse oliebollen - heerlijke gefrituurde deegballen zonder het bekende gat in het midden, want de Australiërs dachten dat die op donuts leken.

Deze culturele uitwisseling was zichtbaar in het delen van Bets' Nederlandse gerechten met de Australiërs, die er enorm van genoten. Thelma Martin was een andere goede vriendin van Bets, en samen waren ze betrokken bij de zorg voor inheemse kinderen. De vrouwen in de kerk vertelden aan Bets dat veel jonge Aboriginal kinderen niet de zorg konden ontvangen die ze nodig hadden vanwege sociale problemen bij hun ouders, wat hen disfunctioneel maakte. Vanuit een christelijk perspectief werd besloten om deze jonge kinderen naar de huizen van blanke mensen te brengen, waar ze beter verzorgd konden worden en meer kansen kregen voor een succesvolle toekomst.

Eigenlijk dachten wij dat het een vorm van kinderontvoering, waarbij zwarte kinderen bij hun ouders werden weggehaald en aan witte ouders werden gegeven. Dit was verschrikkelijk, we vergeleken het zelfs met de wandaden van apartheid, wat tot onze schaamte een Nederlands woord was voor rassenscheiding. Het was schokkend om te ontdekken dat sommige onschuldige Nederlanders zelfs pleegouders waren van Aboriginal kinderen.

In de immigratiebrochures in Nederland werd hier niets over vermeld. Ze spraken alleen over economie, werkgelegenheid en andere directe zaken die relevant waren voor witte Europese gezinnen. Er was geen aandacht voor mensenrechten, vluchtelingen of de verplichte dienst in het Australische leger. Als we destijds al deze informatie hadden gehad, zouden mogelijk duizenden Nederlandse migranten ervoor gekozen hebben om niet te emigreren.

Op 13 februari 2008 bood de Australische premier Kevin Rudd plechtig zijn officiële excuses aan de gestolen generaties aan. Dit ontroerende moment werd bijgewoond door duizenden Aboriginals die decennialang van hun ouders waren gescheiden.

Elke ochtend om 6 uur nam ik de Woolnough Bus Service van de familie Woolnough in Portarlington. De bussen, die erg oud waren, zoals degene die ik nam, een Bedford uit 1946, hadden leren passagiersstoelen. De bus zat vol met mannen die op weg waren naar hun werk bij de wollen molens van Godfrey Hurst, Collins Bros, de Ford Motor Company en andere bedrijven, zoals de Pilkington Glass-fabriek en de Shell-raffinaderij. Er waren zelfs drie volle bussen. Geelong speelde een belangrijke rol als productiecentrum. Sommige van deze mannen begroetten mij vriendelijk met 'Goedemorgen, Dutchie, oude klomp wog.' Het waren vriendelijke mannen, waarvan sommigen voormalige soldaten waren uit de Eerste Wereldoorlog. Portarlington was een hechte gemeenschap met ongeveer 1900 inwoners, waarin de meeste mensen elkaar kenden via de golf-, bowling-, voetbal- en tennisclubs. Bijna alle senioren waren lid van de bowlingclub. Er waren vier grote kerken in de stad: de Methodist-kerk, de Church of England en de Rooms-Katholieke kerk, waar vrijwel alle Nederlandse families lid van waren. Slechts een paar Nederlandse families gingen naar de Presbyterian-kerk, waar Bets elke week naartoe ging. Ik ging er af en toe heen.

Ik vond mijn baan in die tijd niet leuk. Als jongen werkte ik in de wolindustrie op de spin-afdeling. Sommige mannen waren erg introvert en hadden weinig sociale vaardigheden. Ze spraken nauwelijks en mompelden zonder hun mond zelfs maar te openen. Het constante geluid van de spinmachine en de sterke geur van lanoline, afkomstig van de wol, was overal aanwezig en gaf een vettig gevoel. Lanoline ruikt erg muffig wanneer het oud wordt. De houten vloeren van de spinruimtes waren erg glad. Het management plaatste me als leerling-spinner bij de meest humeurige persoon in de wolmolen, genaamd Arthur, maar iedereen noemde hem Art Fart. Destijds begreep ik niet wat 'fart' betekende, dus noemde ik hem meneer Art Fart. Hij reageerde erg negatief en vanaf dat moment verslechterde onze relatie. Hij berispte me en zei dat hij arrogantie bij Nederlanders niet kon verdragen. Hoewel zijn woede een zegen voor me was. Ik werd overgeplaatst om samen te werken met een andere Nederlander genaamd Henk, een vriend van de Steeven- jongens, die zes jaar ouder was dan ik. Hij kwam uit Tilburg en was erg vriendelijk. Henk had echt een typisch Nederlandse uitstraling, met puur blond haar en zachte blauwe ogen. Hij was zeer fit, energiek, geestelijk alert, goed belezen en een persoon waar ik veel van kon leren.

Ik had een vriendelijke werkrelatie ontwikkeld met Henk en we socialiseerden zelfs samen tijdens Nederlandse gemeenschapsevenementen, dé plek om een Nederlandse vrouw te vinden. Henk was vrijgezel en op zoek naar een vrouw, vertelde hij me. Hij wilde graag een Nederlands meisje. Ik zei dat ik hem graag zou helpen zoeken. Hij maakte nog een grapje: 'We zullen ook een meisje voor jou zoeken.' Ik antwoordde: 'Nee, bedankt. Ik ben pas veertien en heb andere dingen aan mijn hoofd.' Het waren die andere dingen die ervoor zorgden dat ik uitgleed op de houten vloer in het draaiende gedeelte en op de tandwielen van de draaimachine viel. Mijn rechterhand werd verpletterd tussen de tandwielen en het veiligheidsdeksel hield het niet toen ik erop viel. De pijn was overweldigend. Toen ik naar mijn hand keek, verloor ik het bewustzijn. Ik werd wakker in het

Geelong Ziekenhuis, met Henk aan mijn zijde. Hij was met me meegereden in de ambulance naar het ziekenhuis. Ik durfde niet naar mijn hand te kijken en voelde niets. De dokters hadden me talloze pijnstillende injecties gegeven. Binnen een uur kwam Bets rennen naar het ziekenhuis. Vrienden hadden haar er naartoe gebracht. De dokters zeiden dat mijn hand geamputeerd moest worden. Bets was het daar niet mee eens en vroeg wat er gedaan kon worden om mijn hand te redden. Ze kregen te horen dat er een specialist beschikbaar was. Dr. Fargie, die een second opinion kon geven, vertaalde het volgende met alle nuances die erbij horen: Dr. Fargie kwam en zei dat hij zou opereren en slechts één vinger zou amputeren. Hij kon niet garanderen dat de hand kon worden gered, maar zou het proberen. Gelukkig zei hij: 'Je hand zal herstellen, de botten zullen genezen omdat je nog een jonge jongen bent.' Henk was het grootste deel van de tijd bij me; ook hij kreeg vrij van zijn werk vanwege de schok, omdat hij bij me was toen het ongeluk gebeurde.

Bets mocht Henk erg graag en behandelde hem als haar zoon. Henk's ouders woonden in Nederland. Een melancholische stemming nam bezit van me. Ik begon het leven te zien als een beetje een jojo. Twee stappen vooruit en één stap achteruit, en ik vroeg me af wanneer de vicieuze cirkel doorbroken zou worden. Na een week was ik thuis aan het herstellen, zittend in de tuin op een zeer aangename zomerse dag in Australië, terwijl ik toekeek hoe Bets het gras maaide omdat ik de handgrasmaaier niet kon duwen vanwege mijn rechterhand in het gips. We spraken over welke zomergroenten we in de moestuin zouden planten, die ik zou gaan aanleggen. Plotseling kwam Piet rennend uit het huis, zijn handen bedekten zijn gezicht, tranen rolden over zijn wangen, ze hebben President Kennedy neergeschoten.' De datum was zaterdag 23 november 1963, Australische tijd. We konden het niet geloven, verbijsterd als we waren. Bets zat dichtbij, naast me op het gras. 'Het is ongelooflijk, het einde van een droom,' zei Piet. "President Kennedy is neergeschoten," schreeuwde mensen in de straat. Het nieuws verspreidde zich als een schokgolf door de buurt. Opgeschrikt kwamen mensen naar buiten en verzamelden zich op ons gazon. Even later haastten de oude heer en mevrouw Mercik zich naar ons toe, met angstige blikken in hun ogen. Overmand door emotie bood Piet hen stoelen aan op het gazon, begrijpend dat ze te zwak waren om lang te staan.

Meneer McGeary, de kruidenier aan de overkant van de straat, stuurde zijn winkelbediende om ons het vreselijke nieuws te brengen. De Van Leeuwen jongens kwamen uitgeput op hun fietsen aan, hun woorden gejaagd in het Nederlands: "Mam vroeg ons om jullie te vertellen dat de president vermoord is!" Ook Simon Zylstra, nog een Nederlandse jongen, kwam langs met zijn ouders die hun fonkelnieuwe draagbare kortegolf transistorradio meenamen. Het was hartverwarmend om te zien hoe al onze nieuwe vrienden zich verzamelden in onze voortuin, ook al woonden we hier nog maar zes maanden. Het was spijtig dat deze ontmoeting plaatsvond vanwege de tragedie aan de andere kant van de wereld. Aangezien slechts weinig Nederlandse migranten een telefoon hadden, waren we afhankelijk van de fiets om snel het nieuws te verspreiden. De moord op President Kennedy sleepte Australië mee in een verstikkende stilte; deze beruchte dag in de moderne geschiedenis zou ons allemaal blijven achtervolgen.

Steeds meer mensen sloten zich aan bij de bijeenkomst en onze voortuin was al snel gevuld met Nederlanders en Australiërs, allemaal verlangend om hun geschokte emoties te uiten. Die avond, via de korte golf radio, hoorden we koningin Juliana haar diepste medeleven betuigen aan het Amerikaanse volk. Haar woorden weerspiegelden precies hoe Piet zich voelde, en eigenlijk ook hoe we ons allemaal voelden. Met bevende hand schonk Bets nog wat warme koffie in; we hadden besloten om een lange nachtwake te houden. Veel van onze nieuwe Nederlandse en Australische vrienden bleven bij ons voor emotionele steun en een luisterend oor. In deze moeilijke tijd vonden we elkaar.

Mijnheer McGeary, de vriendelijke kruidenier, kwam persoonlijk aanzetten met versgemalen koffie, heerlijke noten en smakelijke kaas. Hij wilde ons troosten met wat hartverwarmend eten en drinken, vergezeld door twee flessen Cherry. Het gevoel van saamhorigheid verwarmde mijn hart en ik was vooral blij met de gesprekken die, naar mijn jonge oren, oprecht en verfrissend klonken. Er waren al enkele merkwaardige samenzweringstheorieën in omloop, maar mijn onschuldige geest verwierp ze zonder aarzeling.

Als Nederlandse migranten deelden we in de droom van president Kennedy; hij sprak over nieuwe mogelijkheden en inspireerde ons met zijn idealisme, iets wat wij als migranten goed begrepen. Ook wij waren vol idealen en toekomstperspectieven. Onze dromen, even belangrijk als Kennedy's beloften, waren essentieel om het vertrouwen in onszelf te behouden, misschien zelfs sterker dan wat hij of wij als individuen konden bereiken. Kennedy's veeleisende geest en inspirerende stijl waren besmettelijk; hij bracht een gevoel van veiligheid, hoop en vertrouwen met zich mee.

Die avond waren we het er unaniem over eens dat er een groot man veel te vroeg van ons was weggenomen, terwijl we nadachten over onze eigen toekomst hier in Australië. Wat konden wij bijdragen aan dit land? We bespraken de beroemde woorden uit Kennedy's inauguratietoespraak, die twee jaar eerder werden uitgesproken: "Vraag niet wat je land voor jou kan doen - vraag wat jij voor je land kunt doen." Ik vroeg me af wat ik kon betekenen voor Australië.

HOOFDSTUK 22

*Resonerende Herinneringen: mijn postbode fluitje dat de Moed van de Anzacs
Weergalmt. Bevoorrecht om vriend te zijn van de originals Anzacs door Postbode
en telefonist te zijn; Terwijl ik mijn hand op de Heilige Bijbel legde, beloofde
ik plechtig aan het volk van Australië dat ik nooit zou onthullen welke post of
pakketten burgers zouden ontvangen*

In de krant stond aangekondigd dat er publieke examens zouden
plaatsvinden in Portarlington voor de vacature van postbode/ telefonist.
Ik heb hard gestudeerd voor deze examens en ben met succes geslaagd.
Van de andere 13 Australische kandidaten had ik de hoogste cijfers
behaald en kreeg ik uiteindelijk de baan. Dit gaf me veel zelfvertrouwen,
vooral omdat ik in Nederland op de lagere school drie keer was blijven
zitten, iets wat ik nooit zal vergeten.

Volgens, speelden het nationale volkslied van Australië, 'God Save
the Queen'. Postmaster Les Evans en Assistant Postmaster Vic Hitch
waren erbij toen ik mijn ambtseed aflegde. Terwijl ik mijn hand op
de Heilige Bijbel legde, beloofde ik plechtig aan het volk van Australië
dat ik nooit zou onthullen welke post of pakketten burgers zouden
ontvangen. Ook werd van mij verwacht dat ik tijdens de nachtdienst
bij de handmatige telefooncentrale geen telefoongesprekken zou
afluisteren. Na de ceremonie kreeg ik de sleutels van het postkantoor,
waardoor ik me belangrijk en bekwaam voelde.

Als een Nederlandse jongen en volgens Australiërs met een licht Engels accent, hadden de Australiërs vertrouwen in mij. Alleen al het krijgen van de sleutels gaf me een gevoel van betekenis en zelfvertrouwen. Elke ochtend fietste ik snel om 6.30 uur naar alle drie de straatbrievenbussen om ze leeg te maken, verspreid over een straal van vijf mijl. Ze moesten klaar zijn voor de postbezorging om 8 uur 's ochtends. Ik kon me geen vertraging veroorloven, anders zou ik de postwagen missen. Met name op donderdagen ontvingen oorlogsveteranen hun pensioen. Plotseling, een paar seconden nadat ik op mijn fluitje blies om aan te geven dat de post er was, werd het rustige geluid van dichtslaande vliegendeuren, blaffende honden, het gefladder van eksters en het irritante gekrijs van zeemeeuwen doorbroken door een uitbarsting van vreugde en verwachting. De oude soldaten spoedden zich naar hun brievenbus altijd vol enthousiasme.

Dit is waar mijn verhaal begint, ontmoetingen met gepensioneerde soldaten uit de Eerste Wereldoorlog. Zij noemden zichzelf de Anzacs, wat staat voor Australian and New Zealand Army Corps. Op warme dagen en op de dag hun pensioen arriveerden stonden deze veteranen vaak bij hun poort te wachten, waar ik hun enveloppen met oorlogspensioenen overhandigde. Het schrille geluid van mijn postfluitje riep herinneringen op aan de momenten waarop zij in Vlaanderen de Duitse loopgraven bestormden (de Australiërs noemden dit gebied Flanders). Bill Gamble, een van de Anzacs, gaf me zelfs zijn fluitje uit de loopgravenoorlog van 1916. Het ligt naast me ter inspiratie terwijl ik dit schrijf; ik stel me voor dat voor veel Anzacs het geluid van dit fluitje een van de laatste geluiden kon zijn die ze hoorden voordat ze werden neergemaaid door Duits of Turks machinegeweervuur terwijl ze vijandelijke loopgraven aanvielen.

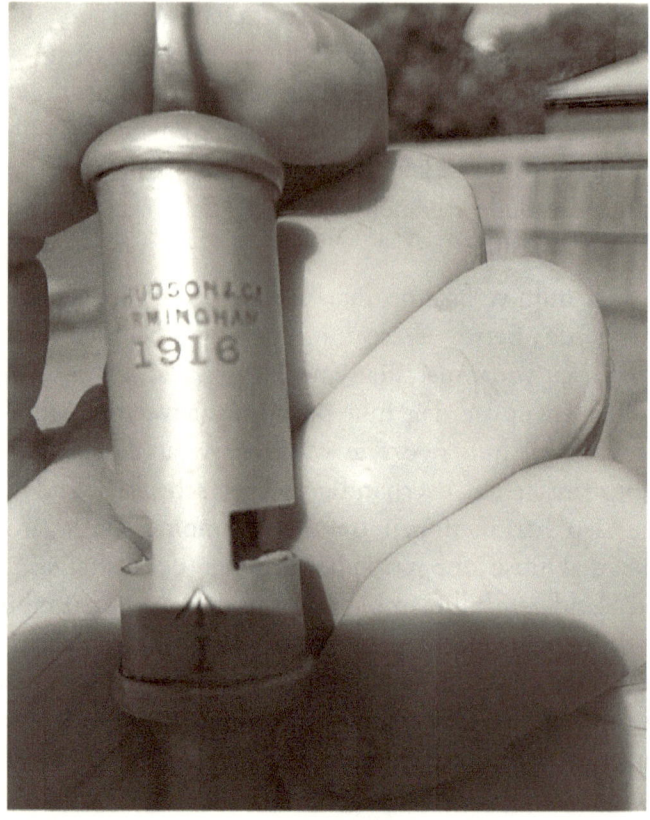

Het fluitje van 1918 dat Bill mij gaf

Op dagen dat er weinig post was, bleven de Anzacs bij hun brievenbus wachten, zelfs als er geen post voor hen was. Ze wilden gewoon even praten of de monotonie doorbreken. Een vriendelijke en oprechte begroeting werd altijd gewaardeerd. Het was veel meer dan zomaar een zakelijk 'goedemorgen'. Zoals Bill Gamble ooit zei, beseften zij dat het zomaar hun laatste ochtend kon zijn, dus maakten ze er altijd een oprechte en welgemeende begroeting van. Het begroetingswoord 'g'day' was voor hen kort maar authentiek. Ik voelde me vereerd om de post te bezorgen aan deze dappere Anzac-soldaten. Velen van hen waren geland op Gallipoli en hadden daarna gediend aan het Westfront, voornamelijk in plaatsen als Passchendaele, Ieper, Zonnebeke en Fromelle. Uit respect voor hun privacy en eventuele nog levende familieleden, heb ik hun persoonlijke namen iets aangepast. Als medewerker van de Postmeester-Generaal- afdeling (PMG) was ik gebonden aan strikte geheimhouding en mocht ik geen vertrouwelijke informatie bekendmaken.

Portarlington is een charmant kustplaatsje, beschermd tegen de elementen door de glooiende heuvels van het Bellarine-schiereiland. Veel veteranen uit de Eerste Wereldoorlog hadden zich daar gevestigd om van hun dagen te genieten. De ontspannen sfeer en de verfrissende briesjes van de baai boden rustige wateren om te vissen en de beschadigde zenuwen van de oorlog tot bedaren te brengen. De lange visserspier was een geliefde plek voor de Anzacs om te zitten, te mijmeren, elkaar te ontmoeten en kinderen te zien spelen, terwijl de vissersboten hun vangst losten.

De jongere vissers boden de oude strijders verse vis, mosselen en schelpdieren aan. Samen rolden ze een sigaret en praatten ze over hun avonturen op Port Phillip Bay. De veteranen waren van onschatbare waarde; hun aanwezigheid zorgde voor de voortzetting van wat eens was: kameraadschap. De oude Anzacs waren geliefd bij iedereen die hen kende en ontmoette. Ze creëerden herinneringen door verhalen te vertellen, niet alleen aan mij, maar vooral aan vreemden. Ze spraken zelden over de oorlog met hun naaste familie, maar met een onbekende Nederlandse postbode die wist waar de Anzacs hadden gevochten, voelden ze zich veilig om te praten.

Het jaar was 1964 en de meeste oorspronkelijke Anzac-soldaten waren in hun middenzeventig. Dat klinkt misschien niet oud volgens de huidige normen, maar destijds werden ze als oud beschouwd. De veteranen van de Eerste Wereldoorlog waren buitengewoon speciaal. Ik kon het zien aan hun houding en aan hoe ze mijn hand schudden. Ze straalden een andere houding uit, doordrenkt van ervaring en veerkracht. Ik kon zien waar kameraadschap vandaan kwam en hoe het werd beoefend. Vriendelijkheid, zorgzaamheid en soms een vleugje larrikinisme werden tentoongesteld, als een deel van wat het niet-stereotype Australische karakter zou gaan definiëren.

Natuurlijk ontmoette ik ook veel andere mensen bij hun brievenbussen, meestal vrouwen, vooral Nederlandse vrouwen wiens echtgenoten aan het werk waren. Zij bleven thuis om voor hun gezin te zorgen, maar veel Nederlandse vrouwen hadden geen kinderen en spraken veel met mij staande aan de brievenbus. Ik voelde dat sommigen eenzaam waren en heimwee hadden, vooral omdat afstand toen een tirannie was. Niet zoals vandaag, nu we in een fractie van een seconde contact kunnen hebben met geliefden over de hele wereld.

De veteranen van de Eerste Wereldoorlog waren echt bijzonder; dat zag ik aan hun manier van doen en hoe ze mijn hand schudden. Hun houding straalde ook iets anders uit, namelijk een diepe ervaring en veerkracht. Ik kon zien waar het kameraadschap vandaan kwam en hoe het in praktijk werd gebracht. Zelfs op hun oude leeftijd probeerden ze behulpzaam te zijn. Ik merkte dit toen ze mijn fietsbanden controleerden, de kogellagers smeerden en zelfs advies gaven over het poetsen van mijn schoenen voor een glanzend resultaat. Ze hadden ouderwetse en beleefde waarden, wat een groot contrast vormde met de onbeleefdheid en gebrek aan hoffelijkheid die vaak voorkomen in de materialistische consumptiemaatschappij van vandaag.

Egoïsme stond haaks op het kameraadschap dat de Anzacs (soldaten uit Australië en Nieuw-Zeeland tijdens de Eerste Wereldoorlog) beoefenden. Deze voorlopers speelden een cruciale rol in allerlei aspecten van het leven: mythen, verhalen, mode, etiquette en religie. Ze vormden de basis van de Australische nationale identiteit, een identiteit die vandaag de dag ook vrouwen, inheemse Australiërs en onze diverse multiculturele samenleving zou moeten omvatten.

Vaak wilden ze graag hun verhalen delen, maar meestal gingen ze over de grappige kant van hun Anzac- ervaring. Bill Gamble, de oudste overlevende Anzac, was al vierentachtig in 1964. Hij vertelde me dat veel van de verhalen waren opgeblazen en aangedikt door propagandamachines, met als doel een Australische witte mythologie te creëren, vergelijkbaar met de Aboriginal Droomtijd. Ze deelden ook verhalen over Keith Murdoch, de vader van Rupert Murdoch, die tijdens de Eerste Wereldoorlog als spindokter fungeerde voor de Australische regering. De Australische kranten stonden onder zijn invloed.

De Aussies hadden zich vrijwillig aangemeld om te vechten voor de Engelse koning en zijn land. Australië werd behandeld als een kolonie, en niet als de onafhankelijke natie die het was. Ze beschouwden zichzelf als overlevenden, zij hadden de Eerste Wereldoorlog doorstaan en dat woog zwaar op sommige veteranen. Op latere leeftijd waren herinneringen alles wat ze hadden, maar wat doe je met slechte herinneringen? Herinneringen hebben een uitlaatklep nodig; ze moeten niet alleen in de hersenen blijven rondspoken. Ze zijn bedoeld om te delen, om doorgegeven te worden aan de volgende generatie. Dit was echter moeilijk omdat de volgende generatie juist die van de Tweede Wereldoorlog was. Vaak leden ook hun zonen en dochters ernstig onder de Tweede Wereldoorlog. Er waren veel families die beïnvloed waren door oorlog of oorlogsgerelateerde situaties, wat invloed had op hun gedrag, karaktereigenschappen, stemmingen, persoonlijkheden en meningen. Tijdens mijn rondes als postbode kwam ik ook veel Anzac-veteranen tegen uit de Tweede Wereldoorlog. Velen van hen hadden ernstige alcoholproblemen als gevolg van hun ervaringen in Japanse krijgsgevangenenkampen.

Ik voelde door middel van oogcontact en lichaamstaal dat sommigen van hen een bepaalde vorm van eenzaamheid ervaarden, een kosmische eenzaamheid betekent dat je jezelf zelfs te midden van mensen alleen en teruggetrokken voelt. Toch verlang je naar een luisterend oor en een hart, misschien iemand die niet-indringende vragen stelt. Meer dan eens haalden ze oude slagveldkaarten van het Westelijke Front tevoorschijn en vroegen ze me hoe ver ik woonde van de Vlaamse slagvelden. Ik vertelde hen dat ik was geboren in Terneuzen in Zeeuws Vlaanderen aan de zuidelijke kant van de Schelde-rivier.

Het nieuws verspreidde zich snel in een kleine stad zoals Portarlington. Al snel wist iedereen van de nieuwe Nederlandse jongen die hun post bezorgde en 's avonds de telefoons bediende. Vooral de veteranen voelden zich aangetrokken tot deze nieuwe postbode. Ze waren onder de indruk van zijn beleefde en meelevende Nederlandse manieren. Zijn manier van spreken, met een fijn Vlaams- Nederlands accent, dat zo anders was dan het Australische dialect, deed Collin Elliot, een veteraan uit de Eerste Wereldoorlog, denken aan de jonge Vlaams-sprekende Belgische soldaten die hij had ontmoet in Passendale, Ieper, Loos, 't Schijnsel en Nieuwpoort. Collin zei dat mijn Nederlandse accent flashbacks opriep, maar niet van het ernstige soort dat een nieuwe terugval van shell shock zou veroorzaken. Het waren eerder flashbacks van kameraadschap tussen jonge soldaten uit verschillende culturen.

Deze Nederlandse postbode bracht hen terug naar hun jeugd en de herinnering aan de honderdduizenden jongeren die stierven op de velden vol klaprozen in Vlaanderen. Vaak vulden hun ogen zich met tranen, maar ze huilden net niet. Ik raakte nooit gewend aan het zien van de tranen van veteranen, inclusief die van mijn vader. Het is dan ook niet verwonderlijk dat velen van hen zeiden dat de oorlog niet eindigde op Wapenstilstandsdag, 11 november 1918. De oorlog bleef een effect hebben op hun geest en voor sommigen was het een onophoudelijke nachtmerrie. Op vijftienjarige leeftijd overstroomde mijn beïnvloedbare geest van empathie. Ik moest mijn gevoelens van respect, verdriet en trots delen met mijn ouders, vooral met mijn moeder, want praat niet elke jongen met zijn moeder? En wat te denken van de moeders van de veteranen? Velen van hen verloren hun zonen en Collin vertelde dat zijn broer Joel was omgekomen in Passendale. Zijn ouders konden het niet verdragen; ze hielden zijn slaapkamer intact tot ze overleden van verdriet. De pet van de kapitein van zijn gevallen broer werd nu bewaard in Collins slaapkamer. Hij toonde het aan mij toen ik zijn huis binnenkwam om een aangetekende brief te ondertekenen. De woonkamer leek bijna op een altaar ter ere van zijn verloren broer: foto's, medailles, ingelijste brieven, onderscheidingen en andere herinneringen aan een knappe, intelligente jongeman genaamd Joel, die op twintigjarige leeftijd stierf. Zijn lichaam is nooit gevonden.

Collin deelde een vreemd verhaal met me dat ik nog niet eerder had gehoord. Hij zei dat zijn familie had geprobeerd te communiceren met Joel via een medium nadat hij was overleden. Hij legde uit dat honderdduizenden jonge mannen waren gestorven in de Eerste Wereldoorlog; het enige bericht dat de meeste families ontvingen, was een telegram waarin stond: 'Met spijt delen wij u mee dat uw zoon is gesneuveld, lichaam niet gevonden'. Families waren verwoest en leden aan onverwerkt verdriet; er was geen afsluiting, geen lichaam, geen begrafenis, geen laatste woord. Het leek alsof ze in een andere wereld van geesten waren beland, een wereld waar duizenden families troost zochten. Ik ontmoette zelden de vrouwen van de Anzacs, maar dat betekent niet dat ze er niet waren. Het leek erop dat veel van de Anzacs hun vrouwen hadden verloren of eenvoudigweg geen partners hadden gehad.

Reg Hitching, een gepensioneerde geschiedenisprofessor en een originele Anzac, landde op 25 april 1915 op Gallipoli, bijna honderd jaar geleden op het moment dat ik dit schrijf. Hij wachtte altijd op me bij zijn brievenbus, vooral als het weer warm was. Als het weer nat en koud was, bezorgde ik zijn post recht voor zijn voordeur, net als bij alle Anzacs ik wist dat dit tegen de regels van het postkantoor inging, maar ik dacht dat het niet zou uitmaken. Ik bedacht me dat ze mogelijk zouden uitglijden op de natte stoep en hun heup zouden breken, en dat dit het einde voor hen zou betekenen. Reg onderhield een prachtige tuin waarin hij alleen inheemse Australische bloemen, bomen en struiken kweekte. Wanneer hij me uitnodigde om zijn huis op de heuvel aan de Esplanade te bezoeken, met een uitzicht op Port Phillip Bay en de verre wolkenkrabbers van Melbourne, vertelde hij me in detail over de inheemse planten en grassoorten. Zijn vrouw was overleden en zijn twee zonen waren gesneuveld tijdens de Tweede Wereldoorlog. Meestal deed ik wat zwaar werk in zijn tuin. Als ik klaar was, dronken we graag samen thee in zijn comfortabele gereedschapskamer, waar de geur van olie, benzine en gedroogd gras door elkaar hing. Daar vertelde hij zijn verhalen terwijl hij ontspannen in een comfortabele ligstoel zat, bedekt met een dikke wollen deken. Voor de volgende twee jaar hadden we deze waardevolle gesprekken, waarna hij naar Smyth Street verhuisde (Smyth Street is waar de Portarlington-begraafplaats zich bevindt; de meeste oude soldaten werden daar begraven.

Reg vertelden voort ; We betaalden de prostituees en keerden ons toen tegen deze vrouwen die alleen maar hun werk deden omdat we betalende klanten waren. Niet erg christelijk, toch? Zouden de Nederlanders zoiets doen, Kees?' vroeg hij me. Ik antwoordde en zei dat menselijke natuur overal hetzelfde is; veel mensen worden niet geregeerd door rede, maar meer door hun geslachtsorganen. 'Seks staat altijd in de weg,' zei hij, 'je hebt gelijk, zoon,' nam zijn post en liep weg. Hij hoestte en zei dat ik dit niet in de officiële Anzac- geschiedenis zou lezen. 'Daarom vertel ik je dit, bedankt voor de post vandaag, oroo!' Het gesprek met Reg was altijd een beetje chaotisch: 'Geen wonder dat we allemaal gek waren toen we terugkwamen van de oorlog en er met niemand over konden praten, met niemand. Reg vertelde dat ze in de problemen kwamen toen Churchill besloot om een invasie in Turkije bij Gallipoli in de Dardanellen uit te voeren, omdat hij en de Britten dachten dat het de zwakke plek was. Nou, het was een ramp, er was niets goeds aan, behalve de persoonlijke moed van de jonge jongens. "Ja, we waren allemaal jong, net als jij," zei Reg. Hij hoestte en keek weg, terwijl zijn waterige ogen gericht waren op een vlieg aan het plafond van de schuur. Hij zei dat geen enkele oorlog gerechtvaardigd was en dat hij zich vrijwillig aanmeldde voor koning en land om eigenlijk gewoon avontuur te zoeken met zijn kameraden, en het was de goedkoopste manier om naar het buitenland te reizen. "We gingen er gewoon van uit dat wij, de zonen van Groot-Brittannië, altijd aan de goede kant stonden, aan de kant van God. We voelden ons superieur aan anderen omdat we onderdeel waren van het grootste rijk dat de wereld ooit had gekend. Maar helaas, onze onwetendheid kende geen grenzen. We geloofden dat alles wat Brits was - wetenschap, literatuur, de Engelse Verlichting en cultuur - superieur was aan andere niet-Engels-sprekende culturen. Dit betekende dat we intellectueel en filosofisch geïsoleerd waren en afgesloten van andere niet-Engels-Keltische bewustzijnen.

Reg groeide op in Nutimuk, een stadje in Victoria waar tarwe werd verbouwd. Het enige intellectuele voedsel was het Mechanics Institute met een handelsbibliotheek, maar er was weinig filosofie om over te praten. Vervolgens zei hij: "Jullie Nederlanders waren slim, jullie waren neutraal. Ik weet dat we veel voedsel uit Nederland hebben ontvangen in Ieper, en jullie hebben gezorgd voor duizenden Belgen.

Geduurd ons gesprek onthulde Reg dat hij een uitstekende schutter was, maar alleen als het ging om konijnen en kangoeroes op de boerderij, niet om het nemen van mensenlevens. Hij vertelde hoe zijn morele kompas in de war raakte door de militaire filosofie. Plotseling werd het oke bevonden om Duitsers of Turken te doden, en al zijn morele waarden werden op hun kop gezet. Reg deelde zijn verontwaardiging over de veranderingen die hij had gezien, waar soldaten net zo snel naar prostituees in Caïro gingen en zichzelf bedronken om te vergeten. Dit soort gedrag werd niet langer afgekeurd, want wie wist wat de volgende dag zou brengen?

Meneer Frank Dalziel woonde in Clarke Street en noemde zichzelf ook een oude 'digger'. Hij legde me uit dat de term 'digger' afkomstig was van de landing bij Gallipoli, waar ze onder voortdurend Turks vuur loopgraven moesten graven. Ze deden dit in een ongelooflijk hoog tempo. Binnen een dag hadden de diggers kilometers aan loopgraven gerealiseerd. Daar komt dus de naam 'digger' vandaan. "Oh," zei ik, "ik dacht dat het afkomstig was van de goudvelden, waar mensen goud moesten delven." Wat de oorsprong ook was, het beschrijft de Australische identiteit van die tijd. .Hoewel ik hem eerst meneer Dalziel noemde, zei hij dat ik hem ook gewoon Frank mocht noemen. Hij was verhuisd vanuit Sebastopol, een buitenwijk van Ballarat. Grappend maakte ik de opmerking dat Sebastopol in de Krim lag, waar de niet al te slimme generaal Raglan de leiding had en meer bezorgd was om zijn eigen reputatie en sociale status dan om de arme soldaten die vochten in de Krim. Frank was verrast dat ik dat wist en voegde eraan toe: "Jij bent Nederlands en jij kent geschiedenis." Ik glimlachte. Maar het tragische, zo zei Frank, was dat sommige "Pommy"-generaals net zo slecht waren als Raglan, vol van zichzelf en doordrenkt van de Engelse klassenstructuur. Maar wij Aussies beschouwden onszelf als klasseloos maar stijlvol, als je begrijpt wat ik bedoel. "Jullie Nederlanders zijn stijlvol en jullie meisjes zijn prachtig. Ik ken Rietje Van Leeuwen en haar dochter Marijke hier verderop, ze verzorgen een paar keer per week de lunch voor me, vooral sinds mijn lieve vrouw Mary vorig jaar is overleden. Nederlanders zijn altijd geweldig geweest voor ons Aussies voegde hij er aan toe. Ik ken ook je moeder Bets, ze gaat naar onze kerk en ze is een prachtige vrouw.

Frank deelde met me: "Oorlog is niet goed, jongen. Het is een enorme psychologische valstrik. In Australië waren we destijds onwetend; onze leiders en de publieke opinie zagen oorlog als essentieel voor onze natie. De meesten stelden weinig vragen en waren gehoorzaam en loyaal. Een sterk gevoel van nationalisme heerste en dit gevoel werd alleen maar sterker toen de oorlog uitbrak. Helaas wordt nationale trots vaak misbruikt om oorlogen te ontketenen. In Australië gebeurde er echter niets bijzonders, behalve het trainen van jonge mannen voor oorlog en het onnodige opofferen van mensenlevens. Daarom hebben we bijna 600.000 jonge mannen onder de dertig verloren." Frank kreeg tranen in zijn ogen toen ik hem zijn tweewekelijkse oorlogspensioen gaf. "Tot morgen, Frank." Terwijl ik verderging met het bezorgen van post en de brievenbus van de volgende persoon vulde, bleven Frank en Reg gedurende de komende drie jaar brievenbussengesprekken met me voeren.

Hé, postie kun je binnenkomen? Mijn man heeft zichzelf net neergeschoten.' Ik was geschokt. Ik zette snel mijn fiets neer en rende naar binnen om meneer Syd Brown tegen de kledingkast in de slaapkamer te zien leunen, een geweer in zijn hand en bloed dat overal spatte. Mevrouw Brown was in paniek en kon de dokter of ambulance niet bellen, omdat ze geen telefoon had. Ik rende snel naar de buren; zij hadden een telefoon. Ik weet dat omdat ik ook hun maandelijkse telefoonrekening bezorgde. Mevrouw Pickering was thuis en zorgde voor mevrouw Brown terwijl ik de dokter en politie belde.

Mr Bob Brown was een soldaat in de Tweede Wereldoorlog. Zijn dochter vertelde mij dat haar vader leed aan ernstige depressies als gevolg van de oorlog. Helaas was er destijds geen adequate steun beschikbaar voor psychische problemen, waardoor er weinig kon worden gedaan om hem te helpen. Zijn dochter zei: 'Papa praatte nooit veel, hij was altijd stil.' Terwijl ik mijn post bezorgde, kwam de politie langs en dat zorgde die dag voor enige vertraging in het bestellen van de post.

Stan Johnston hoorde via de lokale radio dat er een Nederlandse postbode was die een grote interesse had in geschiedenis, vooral in maritieme geschiedenis. Ik had het genoegen om Stan persoonlijk te ontmoeten bij zijn brievenbus, terwijl hij een nauwkeurig model van de MV Oranje bij zich had. De opvallende oranje-zwarte schoorsteen deed me direct denken aan ons eigen schip, de Johan van Oldenbarnevelt. Ik wist dat Stan tijdens de oorlog had gediend en daarom een veteranenpensioen ontving. Stan deelde met me dat hij verzorgd werd door Nederlandse artsen aan boord van het ziekenhuisschip MV Oranje, dat destijds onder Australisch commando stond. Het schip was op indrukwekkende wijze omgebouwd tot het grootste ziekenhuisschip ter wereld, zoals Stan vol trots deelde. Hoewel het schip onder Australisch commando stond, wapperde er nog steeds de Nederlandse vlag. Het heeft vijf jaar lang Australische troepen die gewond of ziek waren gediend, waarbij duizenden gewonde Australische soldaten werden geëvacueerd uit het Midden-Oosten en de Indisch-Pacifische oorlogsgebieden. In totaal werden eenenveertig reizen gemaakt. Ik kan je verzekeren dat de Nederlandse bemanning uiterst efficiënt, nauwkeurig en beleefd was.

Hij vond het belangrijk om dit met mij te delen, omdat de Nederlanders net zo belangrijk waren als bondgenoten als de Amerikanen, maar zelden erkenning krijgen voor hun hulp bij de verdediging van

Australië. Stan was oprecht blij toen hij later Piet ontmoette, en ze werden goede vrienden vanwege hun gemeenschappelijke interesse in het maken van scheepsmodellen. Terugkijkend vanaf 2015 naar de jaren 1960, realiseer ik me hoe bevoorrecht ik was als postbode bij het postkantoor van Portarlington, omdat ik bijna dagelijks veteranen uit de Eerste Wereldoorlog en echte Anzacs ontmoette. Ik had het geluk om vrouwen te ontmoeten die tijdens dat verschrikkelijke conflict in Japanse concentratiekampen hadden gezeten. Deze mensen waren buitengewone Australiërs, want ze hadden niet alleen de Depressie van de jaren 1930 meegemaakt, maar ook nog eens de Tweede Wereldoorlog. Ze begrepen de betekenis van kameraadschap, om voor elkaar te zorgen, onvoorwaardelijk te accepteren en elkaar trouw te blijven. Kameraadschap was voor hen een persoonlijke ervaring.

Gelukkig had ik de Australische loopgraven rond Ieper vaak bezocht en wist er veel van, goede spraak stof met de original Anzacs

HOOFDSTUK 23

Josefina van Bentick met ander dames stonden vol verwachting iederdag te wachten bij de brieven bus; en het verschil tussen Australische en Nederlandse theedoeken waren onderwerp van eindeloze discussie, niet alleen bij de brievenbus, maar overal, samen met hun passie voor voetbal en roddelen. Het was een prachtig gezicht!

Zes dagen per week fietste ik op mijn postfiets, beladen met zware post, door weer en wind. Of het nu dagen waren met brandende hitte, regen of hagel (maar nooit sneeuw), ik ging van brievenbus naar brievenbus terwijl ik mijn fluitje blies. Aan het begin van mijn bezorgronde was de lading altijd zwaar, met tot wel twintig kilo aan brieven, kranten, tijdschriften en kleine pakketjes, allemaal hangend aan het stuur en op de bagagedrager achter mijn zadel. Maar naarmate ik elke brief en elk pakketje afleverde, werd de last steeds lichter en bereikten ze de vrolijke handen van de ontvangers.

Bij het geluid van mijn fluitje begon het dagelijkse ritueel van begroetingen en ontvangsten bij de brievenbus. Voor veel mensen was dit sociale gebeuren het hoogtepunt van hun dag, vooral voor eenzame Nederlandse vrouwen wiens echtgenoten en vriendjes weg waren, of voor Anzac- soldaten uit de Eerste Wereldoorlog, wier leven vaak getekend werd door eenzaamheid en onuitsprekelijke trauma's. De vriendelijke en persoonlijke uitwisselingen bij de brievenbus voelden aan als een helende balsem.

Mannen, vrouwen, tieners, peuters, honden, katten, eenden, ganzen, pony's, paarden en hun ruiters zouden op verschillende momenten bij hun brievenbus wachten, hoopvol uitkijkend. Niet alleen voor post, maar ook voor een vrolijke begroeting, erkenning en misschien een kort praatje over het weer of een tv-show, en om te horen wat premier Menzies de avond ervoor had gezegd.

"Dus, jij bent Kees de Postbode," zei ze, terwijl ik een aantal luchtpostbrieven aan Mieke De Graaf gaf. Mieke was een lange, slanke blonde vrouw met groene ogen en een duidelijk Nederlands accent. "Is dat alles aan brieven die je voor me hebt?" En in gebrekkig Engels zei ze: "You know dat ik geen bills wil ontvangen." Mieke leek in eerste instantie wat bot, maar al snel veranderde haar glimlach in een welkomstgroet. Het was gemakkelijk om te zien waar Nederlanders woonden; doorzichtige raamgordijnen en planten op de vensterbanken waren duidelijke aanwijzingen dat ze Nederlanders waren. In de directe naoorlogse periode werd Nederlands geassocieerd met Holland, maar voor ons Zeeuwen was dat niet juist. Holland bestond slechts uit twee provincies, Noord- en Zuid-Holland, die samen het Koninkrijk der Nederlanden vormden. Wij Zeeuwen moesten soms slikken en accepteren dat we als Hollands werden gezien. En dan was er nog de was. Maandag was wasdag, wanneer, zonder uitzondering, elke Nederlandse huisvrouw de was deed. Het kenmerk van een Nederlands huishouden was het wapperen van de uniek ontworpen dikke katoenen theedoeken, opgehangen alsof het de nationale oranje vlag was aan de Hills Hoist waslijn, om aan iedereen te laten zien dat ze Nederlanders waren.

De kwaliteit en het verschil tussen Australische en Nederlandse theedoeken waren onderwerp van eindeloze discussie, niet alleen bij de brievenbus, maar overal, samen met hun passie voor voetbal. De Nederlandse gemeenschap in Portarlington stond bekend om hun ondernemingsgeest; velen hadden binnen enkele jaren succesvolle kleine bedrijven opgezet in diverse vakgebieden en beroepen. Hun succes was te danken aan hun haast fanatieke verlangen om te assimileren, wat betekende dat ze zowel in het openbaar als onderling geen Nederlands spraken. Door contact te maken met Australiërs en zich aan te sluiten bij cricket- of voetbalteams, deden ze goede zaken. Ze volgden niet de trends van andere migrantengroepen die zich alleen in etnische enclaves in voorsteden socialiseerden en bijeenkwamen. Het waren gewone Nederlandse en Australische gezinnen die een buitengewone impact hadden op de gemeenschappen waarin ze leefden. Vóór de migratie waren ze allemaal vreemden, maar de immigratie naar Australië bracht hen samen in een hechte band, een band van families. In Portarlington richtten zij bedrijven op zoals bouwbedrijven, garagewerkplaatsen, scheepsreparatiewerven, mosselvissers, pluimveehouders, zandgroeve-eigenaren, vertegenwoordigers, bankmanagers, leerkrachten, bibliothecarissen, elektriciens en gereedschapsmakers. Geen van de Nederlandse immigranten in Portarlington was werkloos, ondanks de hoge werkloosheid in de vroege jaren 1960.

In Australië werkten Nederlandse katholieken samen met protestanten, respecteerden andere ideologieën en hielden overleg. Socialistische en liberale opvattingen waren daar pluriformer dan in Nederland. Ze beseften dat ze niet in hun eigen geïsoleerde gemeenschappen konden leven, wat leidde tot een massale assimilatie, waarbij Nederlanders bijna volledig onzichtbaar zijn geworden. Helaas behoren ze mogelijk in 2023 tot een uitgestorven migrantengroep. Desondanks liep er een gemeenschappelijke draad door alle Nederlandse migranten: een onderliggend en vaak onopgemerkt calvinistisch en gezelligheidsgevoel. Hoewel Nederland een seculiere staat is, is het ironisch genoeg nog steeds de meest calvinistische natie ter wereld. Hard werken, zuinigheid, introspectie, totale eerlijkheid, soberheid (samengevat in het Nederlandse woord 'nuchterheid'), consensus en tolerantie van alle meningen vormen de basis van hun welvaart door de eeuwen heen. Een ander belangrijk aspect is 'gezelligheid'; dit woord definieert de psyche van de Nederlanders. Gezelligheid staat haaks op de moderne samenleving waarin alles geobjectiveerd en onpersoonlijk is. Wanneer mensen zich gezellig gedragen, gebeurt er iets bijzonders. Gezelschap, stijl, ambiance, eten, drinken, omgeving en oprechte menselijke lieflijkheid komen allemaal samen in één moment van tijd, plaats en ruimte.

Op de derde dag van mijn nieuwe baan als postbode ontmoette ik Opa Schreurs op zijn houten Nederlandse klompen, gekleed in blauwe overalls, met in zijn rechterhand een omgekeerde tuinhark. Hij had gehoord van zijn schoondochter Annie Schreurs, die aan de overkant woonde, dat er een nieuwe postbode was uit Zeeland, een maritieme provincie in Nederland. In het Nederlands zei hij wachtend: 'Nu ben jij Kees de Postbode.' Opa Schreurs was op zijn drieënzeventigste naar Australië gekomen om bij zijn twee zonen, dochter en veertien kleinkinderen te zijn. Hij was blij dat hij op zijn leeftijd aangenomen werd als hoofdtuinier bij een welgestelde Australische familie, waar hij hun twee hectare grote tuinen onderhield - een kleinschalige versie van de beroemde Keukenhof-tuinen. Mensen kwamen van heinde en verre om de tuin van de Nederlander te bewonderen.

Opa Schreurs deelde zijn levensverhaal met mij. Hij vertelde dat zijn vrouw overleed tijdens de bevalling vlak voor de Tweede Wereldoorlog, toen zijn jongste zoon Jerry geboren werd. Tijdens de onderdook Opa Schreurs, samen met duizenden anderen, in België om gedwongen moffen arbeid te vermijden. Na de oorlog keerde hij terug naar Nederland en droeg hij bij aan de wederopbouw van het land. Australië was altijd zijn droom geweest, en op zijn zeventigste maakte hij die droom waar door naar het land van de kangoeroes te verhuizen. Zijn familie en buren in Australië ontvingen hem met open armen, en daar hervatte hij zijn passie voor tuinieren. Terwijl hij daar stond met zijn tuinhark, deelde Opa Schreurs deze herinneringen en ervaringen met mij. Hij sprak over de moeilijke tijden waarin hij geen steun kreeg van het Nederlandse welzijnssysteem of de katholieke kerk na het overlijden van zijn vrouw. Het gezin overleefde alleen door hun eigen groenten te verbouwen, een paar kippen te houden en melk van een koe te krijgen. Deze herinneringen maakten zijn reis naar Australië nog betekenisvoller.

Op een dag werd Opa Schreurs door de Duitsers opgepakt en gedwongen om in de fabrieken van de nazi's te werken. Ondertussen moest hij zijn gezin achterlaten onder de zorg van zijn dertienjarige dochter Corrie. Corrie had een vriendschap opgebouwd met mijn moeder Bets, wiens post ik ook bezorgde. Op een dag gaf Opa Schreurs mij zijn oude, versleten Nederlandse houten klompen, die hij vroeger droeg terwijl hij over de klei van zijn Limburgse boerderij liep, toen zijn geliefde vrouw nog leefde. Deze klompen staan nog steeds in mijn woonkamer als een herinnering aan een moedige man die zielsveel van zijn gezin hield. Onlangs bood ik deze historische klompen aan enkele van zijn kleinkinderen aan, maar zij waren er niet in geïnteresseerd. Ik mocht ze houden, terwijl zij zich weer richtten op hun iPhones en internetactiviteiten.

Toen opa Schreurs stierf had zij familie geen interesse in zijn oude klompen van voor de oorlog, maar toen ze Vertrek lazen kwamen zij vragen over de klompen, natuurlijk kregen ze die mee, die klompen die gezwoegd en gepolderd hadden over het Limburgse land.

Fransien Van Klep stond te wachten bij de brievenbus want zei had mijn aankomst al gehoord door mijn post fluit, plagend zei tegen me: 'Hallo, leuk ventje, fluit nog eens voor mij.' Ze sprak dit in het platlands Nederlands. 'Leuk ventje' betekent aardige jongen. Als tiener was ik niet helemaal zeker van de nuances, dus ik bedankte haar gewoon en zei: 'Het lijkt erop dat je vandaag populair bent, je hebt eenentwintig brieven ontvangen en ze lijken allemaal op verjaardagskaarten.' Fransien was een van die meisjes die altijd giechelden. Ze vertelde me dat ze aanstaande zaterdag haar twintigste verjaardag vierde en nodigde me uit om langs te komen. 'Je zult het leuk vinden,' zei ze, 'ik vier het samen met een aantal van mijn collega's en ze willen graag wat Nederlandse jongens ontmoeten.

Fransien en haar ouders kwamen uit Breda, een van de zuidelijke provincies van Nederland. Veel Nederlanders hier kwamen uit de zuidelijke provincies Brabant en Limburg. We noemden ze vaak de armere provincies en ze waren voornamelijk katholiek. Piet vertelde me dat de katholieke Nederlanders die beneden de rivieren woonden niet zo conservatief waren en veel meer lachten. Ze wisten hoe ze plezier moesten hebben.

De Nederlandse dames bij de brievenbus waren gemeenschapsgericht. Ze zouden zich kleden in Nederlandse kostuums en oliebollen maken om geld in te zamelen voor liefdadigheidsinstellingen. Van links naar rechts, Antoinette Colla, oprichtster van Colla's Egg Farms, Bets Paulusse, Jo Eggenhuizen, Corrie van Doeselaar, onze nicht.

Op de lichte postdagen, meestal op maandagen, ontmoette ik altijd Fransien bij haar brievenbus. We hadden gesprekken over de Beatles, hun liedjes en teksten. Ze had een Australische vriend genaamd Neil. Ik had eens tennis met hem gespeeld en mocht hem wel. Maar Fransien vertelde me dat haar ouders Neil niet zo leuk vonden omdat hij lang haar had en eruitzag als een hippie.

Ik was verbaasd toen ze me vroeg naar mijn mening over de nieuwe anticonceptiepil voor vrouwen. "Wacht even, hebben jullie al seks?" vroeg ik. Wat betreft mijn mening over de anticonceptiepil, vond ik het een goede zaak. Veel katholieke vrouwen in mijn buurt hadden veel kinderen en zagen er vermoeid uit. Met de pil hoefden ze niet meer constant bezig te zijn met voortplanting en konden ze seks als een recreatieve activiteit ervaren.

Fransien vertelde mijn uitspraken aan haar ouders, die het op hun beurt aan Vader Maas, de Nederlandse priester in haar kerk, vertelden. Vader Maas klaagde bij Mr. Evans, de postmeester, dat ik niet mocht praten over de anticonceptiepil en de mogelijke gevolgen ervan.

Ik voelde dat ik op vele manieren de vreugde en het verdriet van mensen met hen deelde. Er waren verjaardagskaarten, maar ook condoleancekaarten. Men wist altijd wanneer er een sterfgeval was in een Nederlands gezin, omdat ze een rouwkaart ontvingen in een zwartomrande envelop. Veel gezichten veranderden in een fractie van een seconde van blij naar verdrietig bij het ontvangen van zo'n rouwkaart.

In de jaren '50 en '60 had niet iedereen een telefoon om te bellen. Mensen moesten gebruik nemen van de openbare telefoon cellen op straat om iemand te bereiken. Overlijdensberichten werden per post of telegram ontvangen. Veel telegrammen werden verzonden en ontvangen via telefoons zonder teleprinter. Ik sprak in het Nederlands met de Nederlandstalige operators, schreef de berichten op in het Nederlands en bezorgde ze met mijn fiets bij Nederlandse mensen. Ze vroegen me altijd om te wachten op een antwoord totdat ze de inhoud van het telegram hadden gelezen, vaak was het nieuws niet positief. Ik leerde al snel over verdriet en rouw, medeleven en sympathie. Deze mensen waren ver van hun geliefden aan de andere kant van de wereld en in Australië hadden ze iemand nodig om hun verdriet mee te delen.

"Fluit ook nog eens voor ons," zei Antoinette Colla, een Nederlandse migrant wiens man, Louis, drie jaar geleden op 57-jarige leeftijd overleed aan een hartaanval terwijl hij de kippen aan het voeren was op zijn pasgebouwde pluimveebedrijf. Antoinette was bevriend met Bets en beiden waren lid van het lokale koor 'Repertoire Society' onder leiding van Jenny Bushels, waar ze bekende musicalnummers zongen. Op dat moment waren ze aan het oefenen voor de Amerikaanse musical Oklahoma. Ik bewonderde Antoinette, die leek op een slankere versie van Bette Davis, met als enige verschil dat Antoinette altijd oprecht glimlachte. Ik beschouwde haar als een van de vriendelijkste mensen die ik kende.

Antoinette had destijds negen kinderen in haar gezin, waarvan drie nog erg jong waren. Ze waren streng katholiek en maakten zich zorgen over de maatschappelijke veranderingen en de activiteiten van de jongere generatie. Alle alternatieve bewegingen, met name de Provo's in Nederland en de decriminalisering van marihuana, waren voor haar een belediging voor de Nederlandse katholieke normen en waarden. Antoinette en haar negen kinderen hebben het pluimveebedrijf uitgebreid tot een van de grootste in Australië. Alle elf kinderen waren op de een of andere manier betrokken bij het bedrijf; de jongere kinderen gingen langs de deuren om eieren te verkopen. Al snel kochten alle families in de stad hun eieren daar. Het bedrijf boerde goed. Alle kinderen gingen naar particuliere katholieke scholen. Hoewel Antoinette nauw verbonden was met de Australische gemeenschap en actief lid was van de Good Neighbour Council, bleef ze toch trouw aan haar Nederlandse wortels. Ze ontvingen verschillende Nederlandse kranten, evenals de Dutch Australian Weekly. Het viel me op dat slechts drie van haar kinderen Nederlands spraken of enige culturele band met Nederland voelden.

Met een verwachtingsvolle blik stond Jannie van den Berg bij haar brievenbus. Ze was een voedingsdeskundige in Nederland, maar werkte nu parttime als schoonmaker in een plaatselijk motel. Haar man, Frederick, was architect en emigreerde naar Australië omdat hij genoeg had van het ontwerpen van eentonige rijtjeshuizen. Nu werkte hij als metselaar in een van de nieuwe woongebieden. Ik bewonderde hen omdat ze banen aannamen die ver onder hun capaciteiten en kwalificaties lagen, maar dit waren tijden van hoge werkloosheid in Australië en ze namen het werk aan dat beschikbaar was.

Jannie sprak onberispelijk Engels en vroeg me of ik vond dat ze arrogant overkwam, omdat de Australiërs dat weleens zeiden. Frederick en Jannie voelden dat hun Nederlandse afkomst een belemmering vormde om vrienden te maken met de Australiërs; ze hadden het idee dat de Aussies Nederlanders niet mochten. Pragmatisch als ik was, zei ik: 'Je bent een typische Nederlandse vrouw en spreekt je mening vrijuit. Dat kan soms worden geïnterpreteerd als eigenwijs en koppig.' Ik legde uit dat het Nederlands een Germaanse taal is en dat Engelssprekende mensen het soms als een bot bevel kunnen interpreteren wanneer Nederlanders een vraag stellen. Australiërs zijn vaak te beleefd om hun mening te uiten, net zoals de Engelsen. Ironisch genoeg realiseren de Aussies zich dit zelf niet; zij zien zichzelf als direct. Dat zijn ze ook wel, maar op een beleefde manier. Aan de andere kant zien we onszelf nooit zoals anderen ons zien. De beleefdheidsnormen van de Aussies verschillen van die van de Nederlanders; zij denken dat wij nogal bot zijn. Ik moet toegeven dat ik me soms gruwel at de koude en abrupte directheid van Nederlanders, ook al bedoelen ze het niet zo. Ze zijn zich niet altijd bewust van hoe ze overkomen; ze beheersen subtiliteit en nuance niet altijd even goed.

Jannie erkende dat ze, omdat ze nu in een Anglo- Keltische cultuur leeft, de Australische beleefdheid moet leren toepassen en voorzichtig moet zijn om niet onbeleefd over te komen. Ik stelde voor om meer nuance te gebruiken als wij Engels spraken en het botte te verzachten door na elke vraag veel "alsjeblieft" en "dank je" te zeggen en ook positieve woorden te gebruiken. Bijvoorbeeld, als je een idee niet leuk vindt, zeg dan niet "Dat is een slecht idee", maar zeg in plaats daarvan "Ik ben het er niet helemaal mee eens". Ik denk dat deze elementen aantoonden dat we allemaal op zoek waren naar bekendheid en verbinding in deze nieuwe omgeving.

Ik herinner me nog goed de dag dat Jannie me vroeg: "Hoe komt het dat je zo populair bent?" Ik legde uit dat ik van Bets had geleerd hoe ik het gedrag van Australiërs kon nabootsen, maar ik was tenslotte ook de aardige klets Postbode , trouwens ik geloofde dat deze benadering ons zou helpen om beter geaccepteerd te worden in de Australische samenleving.

Aan de waterkant van de Esplanade woonde nog een andere Nederlandse vrouw, mevrouw Saskia Zeeman, die uit Den Haag kwam. Ze had een opvallende gelijkenis met Joan Crawford, maar zonder het psychotische temperament. Het viel me op bij de brievenbus dat veel Nederlandse vrouwen in de jaren '50 en '60 een soort bloemrijke schorten droegen. Ik vermoedde dat deze schorten bedoeld waren om de seksualiteit en vrouwelijkheid te onderdrukken. Elke dag, behalve op regenachtige dagen, hadden we een vast ritueel bij de brievenbus. Saskia leek erg eenzaam sinds haar zoon Arent om het leven kwam tijdens zijn dienst bij de Australische marine, als gevolg van een botsing tussen de HMAS Melbourne en de HMAS Voyager in Jervis Bay. Haar man had haar verlaten voor een andere vrouw. Twee keer per week stond Saskia bij de brievenbus met een vers kopje koffie, wat melk, twee suikerklontjes en wat speculaas, zeggende: "Het is Douwe Egberts, mijn zus heeft het uit Nederland gestuurd. Bijna elk gesprek draaide om haar zoon Arent, die vier jaar ouder was dan ik. Mijn postuniform en het militaire ogende petje herinnerden haar aan Arent en boden haar enige troost. Ze rouwde diep om het tragische verlies van zijn leven voordat Arent kon trouwen. Saskia verlangde intens naar het grootmoederschap, maar ze wist dat dit niet zou gebeuren. Ik probeerde haar te troosten en zei: 'Je bent nog jong en je hebt nog steeds de mogelijkheid om kinderen te krijgen en grootmoeder te worden.'

Ik maakte me zorgen over haar mentale welzijn en besprak dit met Bets, die samen met haar vriendin Wilhelmina Kuiper Saskia bezocht. Na dat bezoek werd Saskia een vriendin van de familie en bleef ze veel van me houden. Dit gaf me een gevoel van eigenwaarde en respect. Onze gesprekken waren altijd diepgaand en betekenisvol. Haar verdriet werd echter te overweldigend en ze besloot terug te keren naar Nederland, waar ze een succesvolle klinisch psycholoog werd. Ze had een grote interesse in de geschriften van Paul Tournier. Ze stuurde me later een exemplaar van het boek 'Het Betekenisvolle Mensenleven' van Paul Tournier, wat een aanzienlijke invloed had op mijn eigen leven.

De Van Straten familie woonde in de buurt van de begraafplaats in de Smythestraat. Ze waren oorspronkelijk afkomstig uit de Nederlandse provincie Overijssel. Mevrouw Marijke van Straten, een jonge Nederlandse vrouw van drieëntwintig, was zeven maanden zwanger en wachtte op haar moeder uit Nederland voor de bevalling. Als ik haar nu zou moeten beschrijven, zou ik zeggen dat ze qua uiterlijk en persoonlijkheid veel lijkt op Angelina Jolie.

Elke dag ontmoette ze me bij de brievenbus, ongeacht of ze post had of niet. Marijke noemde me gezellig, wat voor mij een groot compliment was, omdat het de essentie van de Nederlandse cultuur weerspiegelt. Ze voelde zich eenzaam en verlangde naar haar thuisland; haar Engels was beperkt. Daarom haalden Bets en ik haar vaak op om samen naar de Engelse avondles van de meester George Cary. Ze had het vermoeden dat haar man, Cornel, haar bedroog omdat hij haar zelden omhelsde. Ik stelde voor: "Misschien is hij bang dat hij de baby pijn doet tijdens seks. Misschien kun je het hem gewoon vragen." Marijke zei dat ik beter was in therapie dan de therapeut die ze in Nederland had. Ik glimlachte en antwoordde: "Ik ben gewoon de postbode, geen therapeut." Ik was pas zeventien jaar oud, maar voelde medeleven terwijl Marijke haar verhaal met me deelde. Eigenlijk had ze niet naar Australië moeten komen; ze miste het Nederlandse sociale leven van haar buren, de gezelligheid met haar zussen en de unieke Nederlandse knusheid. Een kort praatje en een kopje koffie met vrienden, en een knuffel van haar man, was alles wat ze wilde. Ik kende Cornel, een aantrekkelijke man die bekendstond als een flirt. Hij had een te nauwe band ontwikkeld met Josefina van Bentinck, een negentienjarig meisje uit een andere invloedrijke Nederlandse gereformeerde familie die ik had ontmoet in de Presbyterian kerk. Ze hadden een melkvee- en veeteeltbedrijf. De oudere heer Dirk van Bentinck en hun vier zonen waren welvarende Nederlandse boeren die rechtstreeks vanuit Nederland naar Portarlington waren gekomen en daar een groot landbouwbedrijf hadden gekocht. Ze waren typische Noord- Nederlanders, een beetje stijf en niet zo ontspannen in de omgang. De Aussies vonden hen een beetje arrogant stug en verwaand en maakten er grapjes over dat deze Nederlanders met hun neuzen het plafond konden aanraken.

De directe stijl van eerlijkheid van de Van Bentinck's had veel Australiërs beledigd, die dachten dat ze zich anders gedroegen dan de gewone Nederlandse migranten die ze kenden. De Van Bentincks beschouwden zichzelf echter niet als migranten, maar als Nederlandse agrarische ondernemers. In de twee jaar dat ze de boerderij runden, behaalden ze aanzienlijke winst en hun vernieuwende methoden voor het fokken van vee en koeien werden breed besproken op boerenmarkten.

Bijna elke ontmoeting met Nederlandse vrouwen bij de brievenbus was en ging over Nederlandse gezelligheid, dat alles belichaamt wat in contrast staat met het behandelen van mensen als levenloze objecten. Voorheen, in Australië, was dienstverlening gepersonaliseerd. Mensen lieten regelmatig berichten achter op hun brievenbus, waarin ze de postbode vroegen of ik even langs kon komen. Vaak waren ze ziek en aan bed gebonden. Telefoondiensten waren voor velen onbetaalbaar, dus vertrouwden ze op hun buren, de postbode en andere deur-tot-deur diensten zoals de melkboer, bakker, groenteboer en krantenjongens voor persoonlijk contact en hulp.

Het was tijdens het verzorgen van zieke mensen dat een diepe vriendschap begon met Ricky O'Farrell, een negenentwintigjarige knappe en atletische katholieke priester die was opgeleid door de jezuïeten. Ik nam contact met hem op zodra een van zijn parochianen ziek werd en deed hetzelfde als er een zieke oud-soldaat of iemand anders hulp nodig had. Ik informeerde andere kerken en de Returned and Services League (RSL). Ricky had een zwak voor Nederlandse mensen, omdat veel van zijn parochianen uit Nederland afkomstig waren. Hij merkte op dat ze anders waren dan Australische katholieken, meer in de trant van protestanten. Ze stelden vaak vragen en dachten kritisch na over verschillende kwesties. Ze waren goed in het testen van aannames, heel anders dan de gemiddelde Angelsaksische of Keltische rooms- katholieke parochianen, die zonder vragen elk dogma of elke moraal accepteerden die hun werd voorgeschoteld. De Nederlanders stelden Ricky vragen over de moraliteit van adoptieregelingen bij het plaatsen van baby's. Bij de geboorte werden de kinderen weggehaald bij ongehuwde moeders en geplaatst bij respectabele katholieke families.

Iemand vroeg me waarom ik niet naar de mis ging. Ik legde uit dat ik geen katholiek ben en geen fan ben van strikte religieuze doctrines. Op mijn eigen manier zou ik mezelf omschrijven als een vrijdenkende agnostische protestant. Hij stelde voor dat ik lid zou worden van hun nieuwe Nederlandse katholieke voetbalclub, maar ik weigerde beleefd vanwege mijn deeltijdopleiding en de examenvoorbereidingen op school. Ik vertelde hem wel dat ik graag zijn vriend wilde zijn, want hij bood aan om me te leren surfen bij Point Lonsdale en mijn tennisvaardigheden te verbeteren. Mijn moeder, Bets, vond het leuk hoe aardig Rick tegen me was. Ze wilde echter wel zeker weten wie hij was en nodigde hem uit om op zaterdagmiddag langs te komen voor de lunch. Voor de lunch maakte Bets een heerlijke Zeeuwse delicatesse genaamd 'Jan in de zak', een deegbrood vol gedroogd fruit en kaneel, gekookt in een kussensloop. Het was een eenvoudig, voedzaam en smakelijk gerecht. Ik was nieuwsgierig naar de topping van 'Jan in de zak', vaak geserveerd met een royale klodder romige boter en rijkelijke hoeveelheden gouden siroop. Ik maakte er grappend "hartinfarctvoedsel" van.

Rick kwam langs in zijn sportkleding en zag er anders uit dan Vader Maas, de andere Nederlandse katholieke priester die vaak een soutane droeg, zoals de meeste geestelijken destijds. Rick daarentegen, zag er slank uit, als een Australische surfer, en trok zowel de aandacht van vrouwen als mannen vanwege zijn typische Australische mannelijkheid.

We hadden een interessant gesprek waarin hij opmerkingen maakte over Nederlandse calvinisten en hun karakter. Hij zei dat ze niet geïnteresseerd zijn in oppervlakkige gesprekken; ze zijn nuchter, intelligent, kalm en zakelijk. Ze vinden dat dingen een doel moeten hebben. Ook merkte ik op dat ze nuchterheid bezitten, maar ook kunnen ontspannen en veel kunnen lachen. Ze houden echter niet van overdreven zotte humor of humor die zich baseert op de tegenslagen van anderen. Ze kunnen meer genieten van satire.

Terwijl we genoten van "Jan in de zak", heerste er een gezellige sfeer. Ons gesprek werd serieuzer toen hij me vertelde dat veel Nederlandse parochianen hem vragen stellen over de Vietnamoorlog, vrouwenemancipatie, feminisme en anticonceptie, Gay liberation, enz. Ze zien deze protestbewegingen tegen de heersende cultuur op de Australische televisie, maar begrijpen niet alle nuances ervan vanwege hun beperkte kennis van het Engels. Bets berispte me omdat ik deze onderwerpen ter sprake bracht bij de Nederlandse vrouwen bij de brievenbus, terwijl Rick glimlachte. Wij deelden onze meningen over de grote veranderingen in de westerse wereld die zich weerspiegelden in de muziek van The Beatles, Rolling Stones, The Mamas en de Papas, Jimi Hendrix, en het aankomende beroemde album van The Beatles, Sgt. Pepper. Rick zei dat verandering het enige constante was in ons leven. Rick en ik waren hechte vrienden, ik hield veel van hem, totdat hij in 1985 overleed aan de gevolgen van HIV/AIDS.

De fluitjes van de postbodes blijven stil, de moeders werken en staan niet meer te wachten. Moderne bezorgers razen voorbij op hun Honda motoren en woelen het gras om, de lucht vervuilend. Snelheid is essentieel; tijd is geld. Er worden geen ziekte- of boodschapbriefjes meer achtergelaten en geplakt op de brievenbus. De mensheid is geobjectiveerd en personalisatie is vernietigd. We zijn niets meer dan een dollarteken, een nummer. Niet meer dan dat. Gelukkig hebben de Nederlanders nog steeds hun gezelligheid, het lichtpuntje in de kamer van persoonlijkheid.

Mijn ouders waren heel sociaal en maakten veel vrienden, op deze foto van links, Jan Kuiper, mama, Nico en Annie Schreurs en Wil Kuiper bij mijn pa op schoot gewoon een lolletje voor de foto denk ik.

HOOFDSTUK 24

Een Loterij voor je nummer .Opgeroepen voor de Vietnam Oorlog; de Raad van Portarlingtonse Nederlanders zegt terug naar Nederland

De Nederlandse vaders hadden een Raad bijeengeroepen (het woord betekent collectief advies). Al meer dan duizend jaar noemen de Nederlanders dit Raadsvergaderingen, waarschijnlijk het oudste democratische instituut ter wereld. De Nederlandse samenleving is altijd een communicatieve samenleving geweest, geëvolueerd via waterschappen, ook bekend als een Raad. De gemeenschappelijke vijand was de zee.

Dit vereiste rationele geesten en duidelijke communicatie. De destructieve krachten van de natuur luisteren niet naar politieke manipulatie of opgeklopte retoriek. Het inspecteren van dijken rondom de polders op zwakke plekken was de verantwoordelijkheid van iedereen. Samenwerken om levensbedreigende situaties op te lossen was een essentieel onderdeel van het eeuwenoude Nederlandse overlevingsinstinct.

Ze geloofden dat door het delen van hun ervaringen rampen voorkomen konden worden en gruweldaden vermeden konden worden. De Nederlandse ouderen in Portarlington wilden graag praten over de Vietnamoorlog. Deze mannen doorbraken het stereotype van de gehoorzame en machteloze Nederlandse migranten in Australië; zij lieten ook hun stem horen, net als Italiaanse en Griekse migranten. In 1966 stemde het Australische volk overweldigend in met steun aan de Amerikanen in de Vietnamoorlog. De Liberale Partij van Robert Menzies pleitte voor dienstplicht om jonge Australiërs, waaronder jonge Nederlanders, naar de oorlogsgebieden in Vietnam te sturen. De Conservatieve Liberalen en de Country Party behaalden de grootste meerderheid in de geschiedenis door twee keer zoveel zetels te winnen als de Australian Labor Party, die campagne voerde tegen de Vietnamoorlog. Velen van de jongere Nederlanders waren al genaturaliseerd; ik werd genaturaliseerd op vijftienjarige leeftijd omdat alleen Australische burgers voor de overheid konden werken en alleen zij in aanmerking kwamen voor een studiebeurs. Echter, de Nederlandse regering erkende mijn Australische nationaliteit niet als haar burgers jonger waren dan eenentwintig jaar. Technisch gezien was ik volgens de Nederlanders dus nog steeds een Nederlander.

Ik heb de namen genoteerd van de Raad van Portarlingtonse Nederlanders die bijeenkwamen om de mogelijke dienstplicht van hun zonen om te vechten in Vietnam te bespreken: Gerard van Beek, Harry Pijper, Henk Duim, Opa Schreurs, Hans Colla, Bram De Ruiter, Dirk van Leeuwen, Frisco Zandstra, Piet Paulusse, Theo Eggenhuizen, Jack Stroet, Bert van Es, Aad van de Velde, Jan van den Berg, Kees Schuitman, Frits Steeven, Mikkie De Bruin, Dick Goedhart, Saskia Zeeman, Jan Kuiper, Jacques Chardin, Vader Maas, Dominee/Pastor Jan Schep. We hadden ook veilige Australiërs uitgenodigd om deel te nemen aan de Raad; zij waren David Simms, een medepostbeambte en deeltijds politieke wetenschap student aan de Universiteit van Melbourne, en Sam Butler, een postbeambte en vakbondsman. We waren allemaal vrienden geworden tijdens onze campagne voor het opkomende referendum voor gelijke rechten en erkenning voor de inheemse bevolking van Australië. David en Sam vonden het verbazingwekkend hoe de Nederlandse Raad bij elkaar kwam om deze belangrijke kwesties te bespreken. Weinig Australische gemeenschappen zouden hetzelfde doen; zij zouden alles overlaten aan de politieke experts en als schapen gehoorzamen zonder vragen te stellen. Bovendien hadden ze al gesproken bij de recent gehouden verkiezingen en vóór de Vietnamoorlog gestemd, dus er was geen noodzaak voor verdere discussie; de natie stond helemaal achter LBJ. Sam sprak en zei dat hij niet verbaasd was dat de Nederlanders niet alleen aan de zijlijn zouden staan. Meegaand zijn en als schapen worden geleid, zou voor hen een moreel dilemma creëren; zij hadden burgermoed, dezelfde moed die duizenden Nederlandse universiteitsstudenten toonden toen ze probeerden om de deportatie van 400 Joden en het ontslag van Joodse professoren en ambtenaren te stoppen. Dit leidde tot een totale staking in Noord- Holland en Amsterdam. Ook Jan van den Berg was aanwezig bij de Raad in Portarlington, een van de duizenden verzetsstrijders die Nederlandse Joden hielpen met schuilplaatsen, papieren, voedselrantsoenkaarten en geld. Ongeveer 28.000 Joden waren ondergedoken in Nederlandse huizen. Opa Schreurs herinnerde ons aan onze erfenis van vrijheid en mensenrechten, zoals vroeger.

Het moet gezegd worden dat de Nederlandse gemeenschapsleiders destijds nogal volgzaam waren en schijnbaar meer geïnteresseerd waren in het dansen van de Nederlandse polonaise dan in het redden van het leven van jonge Nederlandse mannen of het creëren van bewustzijn over een serieus probleem voor Nederlandse gezinnen met dienstplichtige zonen. Het belangrijkste voor de meerderheid van de Nederlanders in Australië was assimilatie, wat betekende dat ze meegingen met de publieke opinie in Australië. Ze wilden blijkbaar niet gezien worden als tegenstanders van de oorlog in Vietnam. De Nederlandse overheid gaf geen advies aan jonge Nederlandse mannen die mogelijk voor militaire dienst opgeroepen konden worden.

Er waren verschillende redenen waarom veel Nederlanders naar Australië waren geëmigreerd. Niet alleen omdat ze dachten dat Australië een betere toekomst bood en geen last had van overbevolking, maar ook omdat ze weg wilden zijn van de Koude Oorlog en de dreiging van nucleaire aanvallen op Nederland vanuit de toenmalige Sovjet-Unie. Veel Nederlanders kwamen simpelweg voor avontuur en een nieuwe start. Ze vertrokken niet uit Nederland omdat het een mislukt land was; het was niet arm, corrupt of slecht bestuurd.

De Australische regering onder leiding van premier Robert Menzies had opzettelijk het electoraat gemanipuleerd om bang te zijn voor het communisme, en gebruikte deze angstfactor opnieuw; angst helpt altijd om verkiezingen te winnen. Het werd duidelijk voor ons allemaal dat er geen directe dreiging voor Australië was en dat het veronderstelde domino-effect dat door de Amerikanen was bedacht, angst en passiviteit veroorzaakte bij goedgelovige Australiërs. De heersende mening onder ons was dat de Australiërs alles zouden doen om de Amerikanen te volgen, zonder vragen te stellen of aannames te testen. Velen van ons slimme Nederlandse raadsleden waren de nazi-propaganda vóór en tijdens de oorlog niet vergeten. Na de oorlog waren we ook het slachtoffer van propagandacampagnes van zowel de Australische als de Nederlandse regeringen. Nederland was nu vol, zelfs de geliefde koningin Juliana moedigde Nederlanders aan om te vertrekken en elders een nieuw bestaan op te bouwen.

De sfeer tijdens de Raad was gezellig: Bets, als gastvrouw, zorgde ervoor dat iedereen die de Raad bijwoonde oliebollen kreeg (vruchtendeeg gefrituurd in olie) geserveerd met hete dampende mokken Douwe Egberts koffie. Onder het genot van koffie en sigarenrook waren de Nederlandse ouderen het erover eens dat ze niet naar Australië gekomen waren om hun zoons op te offeren in een burgeroorlog in Vietnam. Was Vietnam een rechtvaardige oorlog? Bestaat er ooit een rechtvaardige oorlog? vroeg Opa Schreurs. Alle aanwezige migranten hadden de Tweede Wereldoorlog meegemaakt: Piet, mijn vader, Kees Schuitman, Jack Stroet, Bert Van Essen, Wim Duim. Ze waren allemaal vrijwilligers geweest in het Nederlandse leger en hadden ook deelgenomen aan de politieactie in Nederlands-Indië na de Tweede Wereldoorlog. Jan Kuiper en Opa Schreurs, Mikkie De Bruin, Bram De Ruiter hadden in Duitse werkkampen gezeten en Jacques Chardin, een Frans-Nederlandse man, vocht in Indo-China met de Fransen. Jacques las voor uit Le Monde, een Franse krant, en citeerde de Franse president Charles De Gaulle, die de inmiddels overleden president Kennedy had gewaarschuwd dat Vietnam en oorlogsvoering in Vietnam Amerika en Australië in een "bodemloos militair en politiek moeras" zouden doen belanden. Jacques was het eens met De Gaulle. Jacques had de rampzalige Franse nederlaag bij Dien Bien Phu meegemaakt, een zeer grote Franse legerbasis. Honderden mensenlevens gingen verloren, zei Jacques, en tragisch genoeg waren ze verloren gegaan zonder reden, puur verspilling. Oorlog is zinloos, waren we het er allemaal over eens. David, mijn Australische filosofievriend, zei: 'Ik zou de vraag van Opa Schreurs willen beantwoorden door dichter Wyndham Lewis te citeren: Maar welke oorlog ooit gevoerd werd, was een onrechtvaardige oorlog, behalve natuurlijk die gevoerd werd door de vijand.' We waren het erover eens dat oorlog altijd moeilijk is, maar het was rechtvaardig om een humanitaire oorlog te voeren om de Holocaustkampen in

Duitsland te bevrijden. Maar Vietnam was een ander verhaal; het was duidelijk een burgeroorlog.

Wim Duim gaf ons een historisch perspectief op dienstplicht in Australië; hij werd een beetje emotioneel. 'De Australische regering', zei hij, 'roept onze zonen op, ja, onze Nederlandse zonen, en ik heb er zeven, blond en blauwogig, het type waar de immigratieautoriteiten naar op zoek zijn. De Australische regering wilde dat grote Nederlandse gezinnen Australië hielpen opbouwen. Maar oorlog is geen natieopbouw, zeker niet een oorlog die niets met Australië te maken heeft. De meesten van ons zijn onafhankelijke migranten, we worden niet gesponsord door iemand of een groep, en net als de Paulussen hebben we onze eigen weg betaald om hier te komen, niet zoals de Engelsen die slechts vijf pond betaalden om naar Australië te komen. 'En bovendien zijn we vanaf de dag dat we voet aan wal zetten op deze prachtige kusten belasting gaan betalen en konden we zelfs niet stemmen. We zijn hier een paar jaar geleden aangekomen en nu willen de Australiërs Nederlands bloed als kanonnenvoer gebruiken. De Aussies zullen onze kinderen oproepen, zoals Kees en Frits en David; dit is niet anders dan de Duitsers die de Nederlanders conscripteerden om te werken in de Nazi munitiefabrieken, zoals ze deden met sommigen van jullie, inclusief Opa Schreurs en Jan Kuiper.' Wim legde ons uit hoe de oproep werd gedaan door middel van een loterij; hij zei: 'Vorig jaar trok onze lokale parlementariër op 10 maart 1965 zesennegentig knikkers uit een vat. Elke knikker droeg een datum tussen 1 januari en 20 juni. Alle twintigjarige Australische mannen die geboren waren, werden onmiddellijk opgeroepen.

Bets en Piet waren anti-oorlog en waren pacifisten geworden, misschien niet officieel, maar zeker in praktijk en door hun daden. Ik begon al na te denken over mijn terugkeer naar Nederland. Niet veel dingen waren verboden in mijn kindertijd, maar het spelen van cowboys en indianen was verboden omdat het schieten en daarmee doden impliceerde. De oorlogsspeelgoed van mijn vrienden, zoals plastic oorlogstanks of bommenwerpers, werden afgekeurd door zowel Bets als Piet, die mij in plaats daarvan verfkwasten en verf, puzzels, boeken en Meccano-sets gaven. Ik werd altijd aangemoedigd om iets te bouwen, zeilboten, een speelhut, of klei te draaien en keramiek te maken. Terwijl mijn vrienden klappertjespistolen en pijl en bogen hadden, moest ik stiekem mijn eigen pistool maken van lollystokjes. Als ik betrapt werd, kreeg ik te horen waarom ik niet moest doen alsof ik schoot en doodde; de nazi's hadden genoeg gedood.

Over het algemeen was de Nederlandse migrantengemeenschap meegaand en volgzaam, als schapen, maar niet de kritische denkende Nederlandse migranten zoals de Nederlanders die naar de Raad kwamen. We hadden een schriftelijk verslag gestuurd naar de Nederlandse Australische Weekkrant en naar de Nederlandse ambassade in Canberra en naar de belangrijkste Nederlandse clubs, maar er kwam nooit een reactie. Ik had het gevoel dat de Nederlanders in Australië even apathisch waren als de Australiërs zelf; ze waren duidelijk geassimileerd, niet alleen in gewoonten, maar ook in karakter, en reflecteerden het 'Maak je geen zorgen, dat komt wel goed, maatje'-mentaliteit. Maar in ons hart wisten we dat we aan de goede kant van de geschiedenis stonden; oorlog is altijd een tweede keus. Het is interessant dat vanaf het begin van 1966 tot 1973 meer dan 34.000 Nederlanders terugkeerden naar Nederland. Dit gebeurde in de periode van de betrokkenheid van Australië bij de Vietnamoorlog; het eindigde toen Gough Whitlam en zijn Labourpartij aan de macht kwamen. Onze vrienden Kees en Leenie Schuitman waren zich aan het voorbereiden om terug te keren naar Nederland, en Bram en Hettie De Ruiter en hun vier kinderen waren hun koffers aan het inpakken voor de terugreis. De Van Leeuwens waren al teruggekeerd. Mijn ouders zeiden dat het wellicht een goed idee zou zijn als ik ook terug zou gaan naar Nederland gezien de mogelijkheid om te worden opgeroepen voor oorlog. Er werd een brief geschreven naar Les Evans, Hoofdpostmeester van Portarlington, waarin zes maanden onbetaald verlof werd aangevraagd. Het verlof werd verleend. De Raad werd afgesloten met een citaat van Pastor Niemöller: Eerst kwamen ze voor de Joden En ik sprak niet - omdat ik geen Jood was. Daarna kwamen ze voor de communisten En ik sprak niet - omdat ik geen communist was. Daarna kwamen ze voor de vakbondsleden En ik sprak niet - omdat ik geen vakbondslid was. Toen kwamen ze voor mij - En er was niemand meer om voor me te spreken.

THE AUSTRALIAN

NUMBER 248   FRIDAY APRIL 30 1965   PRICE SIXPENCE

WE SAY   SEE PAGE 8

MENZIES SAYS IT – WE FIGHT IN VIETNAM

First Battalion to be flown out

By OUR DIPLOMATIC CORRESPONDENT, KENNETH RANDALL

Australian troops will be fighting alongside the Americans in South Vietnam within a few weeks, the Prime Minister, Sir Robert Menzies, announced last night. About 800 men of the 1st Battalion, Royal Australian Regiment, based at Holsworthy, New South Wales, have been assigned to combat duty in Vietnam, and are expected to be flown out.

Their commitment marks Australia's full entry into two simultaneous Asian wars. The 3rd Battalion, RAR, is already occupying front-line positions against the Indonesians in the Malaysian State of Sarawak in Borneo.

Sir Robert announced the Government's decision to the House of Representatives after a day of speculation in Canberra, London and Washington, where news of the plan had filtered through a tight security screen.

THANKS FROM LBJ

DRAFTEES MAY HAVE TO GO, TOO

By OUR DEFENCE CORRESPONDENT

A MARINE'S TEARS — This is U.S. Marine Corporal Robert Crawford, serving in Vietnam. A Viet Cong bullet made this hole in his helmet. He got a slight head wound — and soldiered on.

SONS OF THE TROOPS

The war yesterday

HALF-FULL HOUSE

HOOFDSTUK 25

Ontvluchting naar Nederland; mijn Australische vriend David als blijk van onze liefde gaf me twee goud vergulde manchetknopen gegraveerd met onze initialen, samen met een bijpassende dasspeld in de vorm van een Australische mimosa bloem, hij sneuvelde in Vietnam

Het advies van de ouderen Raad hat ik ter harte genomen en vol enthousiasme een gloednieuw KLM DC-8 vliegtuig betreden, op een verrassend voordelig retourticket van vierentwintig maanden voor slechts $390. Mijn familie hoopte dat ik tegen die tijd zou weten of mijn naam was uitgeloot in de Vietnam-loterij. Op dat moment was ik bijna negentien jaar oud en al bijna zeven jaar geleden had ik Nederland achtergelaten. Terwijl ik aan deze reis begon, gekleed in een modieus wollen pak, sokken en schoenen - allemaal met trots vervaardigd in Australië - kon ik niet anders dan een gevoel van nationale voldoening ervaren. Zelfs mijn koffer, ondergoed en vier overhemden waren stuk voor stuk van Australische makelij. Dat waren de tijden waarin Australië echt uitblonk in het ontwerpen en produceren van zijn eigen producten. Helaas zijn de tijden veranderd en zijn we een land geworden dat in grote mate afhankelijk is van import. Tegenwoordig worden alles, van auto's en schepen tot schoenen en ondergoed, en zelfs souvenirs zoals boemerangs en presse-papiers met wilde bloemen, elders geproduceerd. Het is een trieste realiteit.

Net voor mijn vertrek naar Nederland leerde mijn Australische vriend David me hoe ik een Windsor knoop moest leggen in mijn stropdas. Als blijk van onze vriendschap gaf hij me twee vergulde manchetknopen gegraveerd met onze initialen, samen met een bijpassende dasspeld in de vorm van een Australische mimosa bloem.

Hij wilde ervoor zorgen dat onze band niet vergeten zou worden. Ik wilde mezelf presenteren als een unieke mix van Nederlands-Australisch erfgoed en vermeed daarom het stereotiepe beeld van Australiërs met slippers, een bierbuik en een slordige uitstraling. Ik bedoel, wie wil er nu uitzien als Crocodile Dundee, een lomperik of een redneck? Geen van de opmerkelijke Anzacs die ik bij de brievenbus had ontmoet, leek ook maar enigszins op de moderne Australische stereotypen die voortleven in roddelbladen.

Wat betreft de vlucht zelf kan ik me niet veel specifieke details herinneren, behalve dat de duur relatief kort was, slechts vierentwintig uur. We maakten tussenstops in Manila, Bangkok, Karachi, Beiroet, Rome en Frankfurt voordat we uiteindelijk in Amsterdam aankwamen. Tijdens een tussenstop in Beiroet, Libanon, kocht ik souvenirs die voor mij een grote betekenis hadden. Eén van die items was een zilveren lepel versierd met het embleem van de cederboom, wat me intrigeerde vanwege de historische associatie van de cederbomen met koning Salomo die de tweede Joodse tempel in Jeruzalem herbouwde.

Terwijl ik de loopbrug van Schiphol Airport afliep richting mijn opgewonden familie, verlangde ik ernaar om de Australische kwaliteit en identiteit te belichamen die ik in de afgelopen zeven jaar had ontwikkeld. Ik wilde de enorme impact overbrengen die Australië op mijn leven had gehad gedurende deze tijd. Mijn familie wist dat ik op dertienjarige leeftijd was gaan werken, deels studeerde en mijn middelbareschooldiploma al had behaald. Met dit in gedachten had ik zorgvuldig overwogen hoe ik mezelf het beste kon presenteren, niet alleen als trotse Australiër, maar als een Nederlands-Australiër die de gedeelde geschiedenis en cultuur van beide landen vierde. Ik streefde ernaar om de essentie van zowel Australië als Nederland uit te stralen.

In de diepten van mijn gedachten kon ik niet anders dan me afvragen hoe anderen mij zouden waarnemen. Toegegeven, men kan zichzelf nooit precies zien zoals anderen dat doen, maar ik had een redelijk goed idee. Het reizen in de jaren '50 en '60 was een gelegenheid om onberispelijk gekleed te gaan, en daar genoot ik van. Voordat ik in Rome arriveerde, adviseerde mijn moeder Bets me om mijn overhemd te verwisselen en me te scheren om er fris, gezond, knap en schoon uit te zien wanneer ik eindelijk Nederlandse bodem betrad. Ik koesterde de ouderwetse, attente klantenservice die in de herinnering voortleeft en legendarisch wordt. Gelukkig had de hedendaagse cultuur van in plastic verpakte massaproductie zich nog niet volledig gemanifesteerd. Er waren geen plastic bestek, drinkbekers of overmatige hoeveelheden plastic verpakkingen. Het was een eenvoudigere, verfijndere tijd.

Het eten op de vlucht was vers en niet verpakt in plastic. In de ruime KLM DC-8 hadden langere en goed gebouwde mensen voldoende beenruimte, in tegenstelling tot de krappe zitplaatsen in de hedendaagse economy class. Het vliegtuig had twee stoelen aan de ene kant en drie aan de andere kant, met een enkel gangpad tussen de rijen. Op de KLM-vlucht was er opmerkelijk geen gebrek aan informele sfeer; de bemanningsleden waren toegewijd aan het leveren van uitstekende service. Ze waren beleefd en personaliseerden hun interacties door elke passagier bij hun naam aan te spreken terwijl ze het vliegtuig vanaf de loopbrug betraden en hen met een glimlach naar hun stoelen begeleidden. Dit stond in schril contrast met de objectiverende en gedepersonaliseerde service van vandaag, die vaak bijdraagt aan de stress van vliegreizen.

Echter, ondanks een klein beetje gevoel van ongemak, was het een vreemde ervaring om, na zeven jaar, de bemanning vloeiend en perfect Nederlands te horen spreken. Ook de veiligheidsinstructies werden zowel in het Engels als in het Nederlands gegeven.

In Beiroet werd ik tweemaal stevig gefouilleerd door zwaar gebouwde beveiligingsbeambten, wat me een gevoel van ongemak gaf. De ervaring deed me beseffen dat veiligheid soms ten koste kan gaan van persoonlijke grenzen. Toch, toen het vliegtuig het Nederlandse luchtruim binnenvloog, overviel me een intense opwinding. Ik tuurde uit het raam en werd begroet door een heldere lucht, waarin ik prachtige, netjes georganiseerde landschappen kon zien die leken op de schilderijen van Piet Mondriaan. Deze landschappen waren gevormd door verticale en horizontale patronen, rechthoeken en vierkanten. Ze waren kleurrijk versierd met landbouwgewassen, waardoor het uitzicht een gevoel van harmonie en schoonheid opriep. Onder mij kon ik het land zien dat bekend staat om zijn beroemde kunstenaars zoals Rembrandt, Vermeer en van Gogh, en visionairs zoals Huygens en Antonie van Leeuwenhoek. Nederland was ook de geboorteplaats van baanbrekende denkers zoals René Descartes en Baruch Spinoza, wiens ideeën over openheid, tolerantie en kritisch denken het Nederlandse nationale karakter hebben gevormd. Een diepe verbondenheid met dit land vulde mijn hart, wetende dat de fundamenten van de Verlichting, secularisme en de Protestantse Reformatie hier werden gelegd - historische gebeurtenissen die de wereld hebben getransformeerd. Het was indrukwekkend om te bedenken dat fragmenten van deze invloedrijke momenten in mijn DNA verweven waren.

Bij aankomst op de luchthaven Schiphol werd ik overweldigend verwelkomd.

Gedurende vlucht raasden er talloze emoties door mijn hoofd terwijl ik me opmaakte om mijn familie in Nederland te ontmoeten. Een diepgeworteld verlangen trok aan mijn hart, omdat ik verlangde naar vertrouwde zien van mijn neven en nichten grootouders, tantes en ooms die ik enorm had gemist sinds mijn migratie naar Australië. Opwinding borrelde als een bruisende drank in me op, vermengd met een vleugje nerveuze spanning. In afwachting van de vreugdevolle momenten van hereniging kon ik niet anders dan me afvragen of hun onderlinge relaties waren veranderd of dat de tijd hen dichter bij elkaar had gebracht. Tegelijkertijd wakkerde de anticipatie ook angstige gevoelens van onzekerheid aan. Als tiener maakte ik me zorgen over hoe ik was veranderd tijdens mijn tijd in Australië en of mijn familie me volledig zou accepteren en begrijpen bij mijn terugkeer. Gemengd met deze emoties raakten golven van dankbaarheid en geluk me, ik was dankbaar voor de kans om herenigd te worden met mijn familie en weer omringd te zijn door hun liefde. Tegelijkertijd trok een gevoel van droefheid aan mijn hart, omdat ik afscheid moest nemen van het leven dat ik had opgebouwd in Australië en de dierbare vrienden die ik had gemaakt. Desalniettemin voelde ik ook een diep gevoel van opluchting, wetende dat ik mogelijk aan de Australische dienstplicht voor Vietnam was ontsnapt en mezelf daarmee potentieel gevaar had bespaard. Toen ik uit het vliegtuig stapte en mijn enthousiast wachtende familieleden zag, werd ik overspoeld door een stortvloed aan emoties. Tranen welden op in mijn ogen, als een bevestiging van de overweldigende mix van verlangen, opwinding, nervositeit, dankbaarheid, geluk, droefheid en opluchting die binnen in mij een draaikolk vormden. Op dat moment, in die tijd en op die plek, was alles goed.

Van Schiphol gingen op een heerlijk Nederlands culinair avontuur bij Tante Dolly en Oom Kees in Haarlem. Terwijl ik daar zat, tolde mijn hoofd van ontelbare vragen en een overweldigend gevoel met van alles. De anticipatie van wat ik me te wachten stond, liet mijn hart sneller kloppen, terwijl we begonnen aan een drie uur durende reis naar Terneuzen, gelegen in Zeeuws-Vlaanderen. Deze lange autorit bood een serene stilte, waardoor ik de ruimte kreeg om mijn gedachten te ordenen en mezelf voor te bereiden op het onbekende. Mijn familie begreep mijn behoefte aan rust en ondersteunde mijn verlangen om te genieten van het moment, zonder gesprekken of afleiding.

Terwijl ik met opwinding aan kwam bij het pittoreske huis van mijn geliefde oma, gelegen aan de betoverende Axelsestraat 105, werd ik onmiddellijk verwelkomd door een levendige menigte van enthousiaste neven en nichten ooms en tantes. Maar dat was nog lang niet alles wat deze ervaring te bieden had zelfs mijn energieke 83-jarige Opa Kees Paulusse, de kloeke kapitein en trotse eigenaar van het vermaarde schip De Scheldestroom, kwam haastig op zijn fiets om zijn kleinzoon te ontmoeten. In 2021 heb ik een boek geschreven over de adembenemende avonturen van de Scheldestroom en haar heldendaden. De vreugde van de ontvangst zal ik nooit vergeten.De lucht was gevuld met de geur van dampende sigaren, terwijl we genoten van sprankelende jonge jenever, heerlijke bessenwijn echte ouderwetse zelf gemalen met Buisman versterk Nederlandse koffie niet te vergeten de romige verrukking van advocaat met een toefje slagroom. Iedereen wist dat mijn hart sneller klopte voor sappige marsepein mergpijpjes! Het feestelijke festijn ging door, doordrenkt van opwinding en geluk, terwijl we ons onderdompelden in een zinderend familie avontuur.

Mijn neef Adrie Bril, beter bekend als de "Bakker van Noten/ Othene "had zijn bakkersgenie op de proef gesteld en twee verbluffende taarten tevoorschijn getoverd. Maar dat was nog niet alles, hij had ook "mergpijpjes" gemaakt, elegant omhuld met een dun laagje marsepein en chocolade . Het was algemeen bekend dat ik als een kind verzot was op deze lekkernijen. Wat een verrassing was het toen ik ontdekte dat je in Nederland zoveel taart mocht eten als je maar wilde! Het was een waar paradijs op tafel, een overvloed die me deed denken aan Australië, en dit stond in schril contrast met de bescheiden porties waar ik aan gewend was geraakt in mijn geboorteland.

Met glinsterende ogen en een brede glimlach op mijn gezicht dook ik in deze overvloed aan smaken en geuren. Het was werkelijk een feest voor mijn zintuigen om de verschillende taarten te proeven, hun decadente aroma's te ruiken en te genieten van de verrukkelijke texturen op mijn tong. In tegenstelling tot de traditionele tijden waarin slechts een koekje of een klein taartje volstond, was dit een ware culinaire hemel waar ik me tegoed kon doen aan zoveel taart als mijn hartje begeerde.

De vrijgevigheid van mijn neef en de rijke taartcultuur in Nederland overtroffen al mijn verwachtingen. Terwijl ik mijn tanden zette in een tweede stuk taart, besefte ik dat deze herinnering voor altijd gekoesterd zou worden. Hier, in een Nederland waar taart niet alleen een traktatie is, maar een bron van vreugde en overvloed, voelde ik me opnieuw verwonderd en dankbaar voor de grenzeloze mogelijkheden en genoegens die het leven te bieden heeft.

Vol enthousiasme om een stukje Australië met mijn familie te delen, presenteerde ik hen unieke cadeaus. Pantoffels gemaakt van kangoeroehuid, gevoerd met zacht Australisch merinoswol, boden zowel comfort als warmte. Oma ontving een kangoeroehuidmat om naast haar bed te leggen, zodat haar voeten niet langer 's ochtends de koude aanraking van linoleum voelden. Daarnaast gaf ik iedereen een Australische kalender, versierd met adembenemende landschappen, en souvenirs van boemerangs, symbolen van inheemse cultuur.

Terwijl de avond tot rust kwam, gevuld met gelach en verbondenheid, dwaalde ik af naar een vredige slaap. Het zachte geluid van de zondag kerkklokken wekte me uit mijn slaap, een vertrouwd geluid dat de afgelopen zeven jaar afwezig was in mijn leven. Toen ik naar de straten hieronder keek, zag ik dat ze leeg waren, op de onregelmatige voetstappen van talrijke mensen gehuld in zwarte kleding - kleding, hoeden en schoenen - die hen kenmerkten als leden van de conservatieve Nederlandse kerk, het zwarte kousenkerkje. Ondanks hun sombere verschijning wist ik dat ze warm en vriendelijk waren, ongeacht de donkere tinten die ze droegen. Volgens hun religieuze tradities onthielden ze zich van autorijden op de sabbat en kozen ervoor om te lopen.

Naarmate de ochtend vorderde, begon het huis van Oma aan de Axelse Straat 105 opnieuw vol te lopen. De tantes, druk in de weer in de keuken, bereidden de koffie en sneden behendig de taarten, terwijl ze in afwachting van de komst van de familie glazen wijn en jenever schonken. De ooms arriveerden iets later, hun sigaren na de kerk vulden de lucht met rijke, aromatische rook. Oma straalde geluk uit, haar ogen sprankelden terwijl ze verklaarde dat het haar plicht was om voor mij, haar achttienjarige tiener, te zorgen. Op tachtigjarige leeftijd was ze nog steeds levendig en scherp van geest, een bewijs van haar veerkracht. Er was geen rimpel te bekennen op haar gezicht en elegant stond ze daar, net iets langer dan 145 centimeter, gekleed in de traditionele klederdracht van Axel. Voor mij was ze het toonbeeld van zoetheid, interesse en vastberadenheid - een belichaming van de Nederlandse geest en onwankelbaar geloof dat ik koesterde.

Op maandagochtend, slechts twee dagen na mijn aankomst, ging ik vol enthousiasme naar het arbeidsbureau, waar ik werd doorverwezen naar de DAF-dealer. Het sollicitatiegesprek duurde slechts 15 minuten en tot mijn vreugde kreeg ik meteen de baan aangeboden. Vol enthousiasme deelde ik het nieuws met mijn vader, die tijdens en na de oorlog had gediend in het Nederlandse leger samen met Anton Verbrugge. Anton had het bedrijf opgericht in 1958 en het in 1969 omgebouwd tot een internationaal logistiek bedrijf. Het vervulde me met vreugde te ontdekken dat Anton zich me nog herinnerde en zelfs vroeg om zijn groeten over te brengen aan Piet, een gebaar dat zeer op prijs werd gesteld.

INTERNATIONAAL TRANSPORT- EN EXPEDITIEBEDRIJF

VERBRUGGE TERNEUZEN HOLLAND

Postbus 31
Telef. (01150) 34 51 (3 lijnen)
Bank: Ned. Middenstandsbank N.V.
Bankgiro 8 60 54

AUTOBEVRACHTINGEN   ESSO FILLING STATION

TERNEUZEN,   26 januari 1968,
Industrieweg 37

09	Accountantskantoor
001	Administratie Dhr.Th.Roelans/J.Riemens
05	Archief
06	Bakker P.J. Adj.Dir. Directiekantoor
6	Privé
5	Bedrijfswagengarage chefmont. Dhr. P.Kerstens
9	Buitenlijn
1 02	Centrale M.Polderman
4	Kantine
08	Magazijn bedrijfswagen Dhr. J.v.d. Ree
003	" personenwagen Dhr. C.Paulusse
03	Personenwagengarage chefmont. Dhr. C.Kolijn
004	" " receptionist Dhr. J.de Jonge
8 3	Planning Dhr. P. van Waterschoot
002	Showroom
2 07	Verbrugge A.J. Directeur kantoor Privé
01 7	Verbrugge M. bedrijfsleider garage Privée

Tijdens mijn tijd bij de DAF-dealer had ik de mogelijkheid om waardevolle relaties op te bouwen met zowel klanten als collega's. De Nederlandse mensen, net als de Australiërs, toonden ongelooflijke vriendelijkheid en kameraadschap. Als teken van gastvrijheid leende zelfs de baas, meneer Rien Verbrugge, ons, een groep achttienjarigen, een auto zodat we naar de internationale autoshow in Amsterdam konden gaan bij het RIA-expositiecentrum.

Een levendige herinnering blijft me nog steeds bij van die tijd: de ontmoeting met de opmerkelijke meneer Hub van Doorn, de uitvinder van de variomatische transmissie en oprichter van DAF-trucks. Hij was een nuchtere en bescheiden heer en heeft een blijvende indruk op me achtergelaten. Meneer Van Doorn legde met veel passie uit hoe zijn versnellingsvrije auto's werkten en deelde zijn ambitieuze plannen om het variomatische transmissiesysteem te testen op volgeladen

DAF-trucks die de verraderlijke bergen van Zwitserland zouden trotseren. Zijn visie en vastberadenheid maakten echt indruk op me. Na de autoshow maakten we een stop in Antwerpen. Drie van mijn metgezellen wilden graag in bars rondgaan en lokale meisjes ontmoeten. Het was een compleet nieuwe ervaring voor mij, aangezien ik nooit eerder aan barhoppen had deelgenomen of alcohol had gedronken. De eerste bar die we binnenkwamen had een gezellige sfeer, met zang en mooie vrouwen die verleidelijk naast een krijtbord zaten waarop prijzen stonden voor verschillende diensten. De prijzen liepen op naarmate de intimiteit toenam - een aanraking van de hand kostte 50 cent, een aanraking van de borst kostte een dollar en een knijp kostte vier dollar. Een natte kus duurde dertig seconden en had een prijskaartje van 20 dollar, terwijl een all-inclusieve ervaring van dertig minuten uitkwam op 200 dollar. Mijn vrienden leken te genieten van het vermaak, maar persoonlijk voelde ik me ongemakkelijk en niet op mijn plek in zo'n omgeving.

Tegen de tijd dat we naar de volgende bar gingen, besloot ik dat dit geen entertainment voor mij was. Ik vroeg om de autosleutels en legde uit met een smoesje dat ik moe was. Ik koos ervoor om in de achterkant van de auto te slapen terwijl mijn metgezellen doorgingen met barhoppen. Ze begrepen het en hadden er geen probleem mee, en toonden een 'leef en laat leven'-houding. We gingen terug naar huis in Terneuzen, slechts dertig kilometer van Antwerpen, en kwamen om 16.00 uur aan. Helaas had oma per ongeluk de deur op slot gedaan, dus ik had geen andere keuze dan onderdak te zoeken in het schuurtje. Gelukkig vond ik wat warme dekens tussen het stro en installeerde ik me voor de nacht. Het was een onbedoelde misser.

Ik had altijd mijn eigen waarden en voorkeuren, maar ik probeerde nooit anderen te overtuigen of extreem over te komen. Zo neigde ik naar een vegetarische levensstijl, dronk ik geen alcohol en was ik sterk tegen roken en drugs. Ik geloofde destijds dat mijn lichaam een tempel was waarin de essentie van God of natuur huisde, wat me inspireerde om mijn gezondheid en fitheid serieus te nemen. Het waren persoonlijke overtuigingen die ik koesterde, maar ik deelde ze nooit op een belerende manier of probeerde anderen te overtuigen. Goede wijn behoeft geen krans.

In tegenstelling tot mijn ervaringen in Australië waren de sociale dynamiek in Nederland ietsje anders. Ik ontdekte dat mensen gemakkelijk contact zochten en uitnodigingen uitbreidden zonder enige inspanning van mijn kant, bijna zoals het ontvangen van een vriendenverzoek op Facebook. Het was verfrissend om te ervaren dat oude buren en vrienden van mijn ouders uit de oorlogstijd bij mijn grootmoeder aanklopten, enthousiast om samen koffie te drinken en te praten. Mijn sociale leven in Nederland was levendig en bevredigend, wat te verwachten was gezien het grote aantal neven, nichten en de uitgebreide familie. Maar ongeacht de locatie realiseerde ik me dat vriendschap grenzen en culturen overstijgt. Ik voelde me aangetrokken tot intelligente, hartelijke individuen met prettige persoonlijkheden en sterke karaktereigenschappen, en ik ontdekte dat ze zowel in Australië als in Nederland overvloedig aanwezig waren.

Het viel me op dat er in 1967 Australië veel beperkingen waren, zoals boekcensuur, terwijl Nederland geen censuur kent. Als 18-jarige jongeman vond ik het destijds werkelijk onbegrijpelijk dat bepaalde boeken verboden werden.Een ander opvallend voorbeeld betreft kunst in Australië. Toen ik hoorde dat er een tentoonstelling was waarbij Michelangelo's David werd getoond met ondergoed aan in een warenhuis in Melbourne, kon ik de beperkingen en preutsheid niet begrijpen. Ik wees toen al op de invloed van Engelse preutsheid. Toen ik we verder keek hebben we het over de decriminalisering van homoseksualiteit. In Nederland gebeurde dit al honderden jaren geleden, in tegenstelling tot Australië waar het nog steeds strafbaar was. Dit toont aan dat er verschillen zijn in wetgeving en sociale ontwikkeling tussen de twee landen. Een laatste punt dat ik wil aanhalen, is de kwestie van rechtvaardigheid. In Australië worden de namen van personen die beschuldigd worden van een misdaad in de kranten gepubliceerd voordat ze voor de rechtbank verschijnen. Dit roept vragen op over eerlijke procesgang en mogelijke vooroordelen in de media.Deze inzichten brengen interessante culturele contrasten tussen Nederland en Australië aan het licht. Het laat zien hoe verschillende landen met zaken als censuur, kunst, homoseksualiteit en rechtvaardigheid omgaan.

Het verkennen van Nederland was een belangrijke ervaring voor mij. Toen ik Nederland leuk vond, zeiden mijn ouders dat ik daar kon blijven. De beslissing lag volledig in mijn handen, niet die van hen. Op dat moment ging het erg goed met zaken in Australië en mijn ouders hadden geen plannen om terug te komen. Ze dachten ook dat de Labor Party zou winnen, wat het einde zou betekenen van de Australische betrokkenheid bij Vietnam en de afschaffing van de dienstplicht. Na lang nadenken besloot ik terug te keren naar Australië en ik had het geluk dat ik meteen weer bij het Postkantoor kon beginnen en mijn studie in Sociale Psychologie kon afmaken.

HOOFDSTUK 26

Geen poëzie meer, lieve Marianne; Marianne vond dat haar moeder op de koningin leek. 'Ik hou van je, mama!' riep ze uit, maar haar stem werd overstemd door het gebulder van de straalmotoren op de kleine luchthaven

Marianne dacht dat haar moeder op de koningin leek. 'Ik hou van je, mam!' riep ze uit, maar haar stem verdween in het lawaai van straalmotoren op het kleine vliegveld. Overigens waren Bets en koningin Elizabeth even oud en even groot, hoewel Bets waarschijnlijk beter kon koken en wist hoe ze haar gezin met een klein budget moest runnen. En nee, kleine meisjes schrijven geen poëzie meer.

'Sta op, sta op!' Lizzie stormde mijn slaapkamer binnen zonder te kloppen; we waren erg laat en ze herinnerde me eraan dat Bets vandaag naar Nederland vertrok. Ze waarschuwde me dat ik niet te lang voor de spiegel moest staan om mijn haar te doen. Ik raakte in paniek omdat de Brylcreem op was. 'Snel,' zei Bets, 'ik ben klaar.' Er was geen tijd voor een douche, alleen een snelle gezichtswas en tandenpoetsen. We hadden haast; het vliegtuig zou over 90 minuten vertrekken. Piet reed te hard vanuit de buitenwijk Geelong naar Essendon Airport; het was een snelle en gespannen rit, niet wetende of we het vliegtuig op tijd zouden halen. Marianne was aan het kletsen met Bets, zich niet bewust van de spanning waar we onder stonden. Ze zei hoe erg ze haar zou missen en beloofde een braaf meisje te zijn, haar kamer op te ruimen en Lizzie te helpen met de afwas.

Ondertussen glimlachte Bets voortdurend en knikte ze met haar hoofd. Terwijl ik meer haar verdriet dan haar geluk zag, probeerde ik haar op te vrolijken door te praten over de vreugde die ze zou ervaren bij het zien van haar 82-jarige moeder, die ondanks het feit dat ze haar nier had verpest door haar hele leven lang pijnstillende poeders te nemen, nog steeds in goede gezondheid verkeerde; haar excuus voor deze vreselijke verslaving was 'om ziekte te voorkomen en de wisselvalligheden van het leven te verzachten'. Ik probeerde Bets gerust te stellen door te zeggen dat ze zich geen zorgen hoefde te maken als ze het vliegtuig zou missen: 'Je kunt de volgende nemen naar Sydney, waar KLM gepland staat om 's middags naar Nederland te vertrekken.' Zoals het was, moest ze toch al twee uur wachten in Sydney. 'Beter om heelhuids op Essendon aan te komen', was mijn hint naar Piet om niet gevaarlijk snel te rijden. Mijn woorden hadden geholpen; ik zag haar ontspannen en aandacht besteden aan Marianne, die nu haar moeder en haar pop knuffelde. Nu begon Bets opgewonden en blij te worden, en het leek erop dat we het vliegtuig op tijd zouden halen, ook al was het maar net op tijd. Bets sprak haar gedachten hardop uit: ze had Marianne mee moeten nemen naar Nederland; de familie zou dan lieve Marianne hebben ontmoet, maar aan de andere kant was het maar voor vijf weken en ze was zeker dat de tijd snel zou gaan. Tot onze verrassing hebben we nooit boetes ontvangen voor het doorrijden van rood licht en het overschrijden van de snelheidslimiet tijdens de hele reis naar de luchthaven. We kwamen met slechts enkele minuten te sparen aan op Essendon, terwijl ik zo snel mogelijk rende met Bets' koffer in mijn hand naar de vertrekterminal; te laat, we hadden de bagagecontrole gemist. Piet begeleidde zijn vrouw, beiden hand in hand, rennend over het platform als atleten bij een hardloopwedstrijd, handbagage alle kanten op zwiepend, rennend de draagbare trap op; voordat ze het vliegtuig binnen gingen, draaide ze zich om en zwaaide voor een laatste keer, snel kusjes blazend, net als de koningin. Marianne vond dat haar moeder op de koningin leek. 'Ik hou van je, mama!' riep ze uit, maar haar stem werd overstemd door het gebulder van de straalmotoren op de kleine luchthaven. Overigens waren Bets en koningin Elizabeth even oud en even groot, behalve dat Bets waarschijnlijk beter kon koken en wist hoe ze haar gezin met een klein budget moest managen, en een overvloed aan liefde had die ze deelde met de armen en verdrukten. We zouden haar missen. Koningin Elizabeth woonde in Buckingham Palace; wij woonden aan Brayshay Road. 'Pfieuw, dat was krap,' zei Piet terwijl we naar het vliegveldcafé liepen voor koffie en ontbijt; Marianne was verdrietig en miste haar moeder al. We hadden Bets beloofd dat we heel goed voor haar zouden zorgen. Om haar blij te maken, namen we haar mee naar de speelgoedwinkel op de luchthaven waar ze vrij mocht kiezen wat ze leuk vond. Twee boeken en een Barbie- pop losten haar verdrietige situatie op. Marianne was een gevoelig meisje, altijd bezorgd om andere mensen, dieren, vogels en vissen. Ze organiseerde namaakbegrafenissen voor dode vogels of een vissen.

Haar favoriete tijdverdrijf was het ontwerpen van mooie wenskaarten van gedroogde bloemen en bladeren, waarbij ze boodschappen van vriendelijkheid schreef, meestal over liefde voor elkaar. Elke kleine Nederlandse meisje had een poesie album dat ze aan vrienden en familie lieten zien, waarbij ze hen vroegen om stukjes proza, een gedicht, een wens, een belofte, iets van hoop op te schrijven. Kleurrijke maar niet schreeuwerige stickers werden naast de stukjes proza geplakt. Marianne's album stond vol met proza waarin veel familieleden hun liefde aan haar uitten; zij schreef op haar beurt proza over hoe zij zich daarbij voelde. Iets als 'Rozen zijn rood, viooltjes zijn blauw en ruiken net zo zoet als jij' of 'Denk aan mij als je verdrietig bent en ik zal voor je stralen als de zon.' Simpele dingen werden vertaald in proza en in het poesie album geplaatst. Ik vraag me vaak af over de literaire vaardigheden van kinderen tegenwoordig. Hoe leggen ze hun herinneringen vast en tekenen ze met de hand? Jongeren zitten allemaal op hun iPhone, iPad. Kunnen ze speciale momenten nog herinneren waarin ze gedichten schreven, proza, gezien ze geen poesie meer hebben? Marianne's poesieboek heeft nog steeds de geur van gedroogde bladeren en bloemen en de sigarenas van haar opa tussen de pagina's. De kindertijd is veranderd; nu worden ze gepest en is er geen poesie meer. Het spelen met poppen was haar favoriete binnenactiviteit; haar verzameling bestond uit poppen van verschillende etniciteiten: Afrikaanse, Latijnse, Europese poppen, inclusief poppen in verschillende nationale kostuums. Pedro was haar favoriet. We genoten van haar geklets en hoe ze de vermaningen van Bets aan de poppen doorgaf. Lizzie en Marianne deelden dezelfde slaapkamer en waren close met elkaar. Ik was de grote broer, en telkens wanneer Bets of Piet niet toegaven aan de wensen en verlangens van het kleine meisje, kwam ze naar mij toe, wetende dat ik haar alles zou geven wat ze wilde.

Uit de hele familie was Marianne misschien wel de meest spirituele persoon. Ze stelde vragen over de hemel, hoe het daar zou zijn en hoe God eruitziet. Ze vroeg zich af of ze naar de hemel zou gaan (diepgaande vragen voor een achtjarige), of waar God is. "In je hart," antwoordde ik, "in je gedachten, waar het geweten wordt gevormd en je goed van kwaad kunt onderscheiden. God is aanwezig wanneer je vriendelijkheid toont naar anderen, wanneer je attent en medelevend bent, zo weet je dat er God is." Binnen enkele dagen ontvingen we ansichtkaarten van Bets, met liefdevolle boodschappen voor ons allemaal. Marianne was vooral opgetogen met die van haar. Ze voelde zich niet zo lekker en legde de kaart onder haar kussen; ze zei dat ze de favoriete parfum van mama op de kaart kon ruiken. Ze bewaarde hem dicht bij zich. De kaart, als een placebo, deed zijn werk; ze voelde zich beter. De geest is krachtig en reageert op liefde. Vrienden kwamen langs met gekookte maaltijden tijdens de eerste week, alsof we zelf niet konden koken. Mevrouw Kuiper bleef een paar dagen. Marianne was gehecht aan mevrouw Kuiper, die ons vroeg om haar Wil te noemen, vernoemd naar de Nederlandse oorlogskoningin Wilhelmina. Er begon een koorts te ontwikkelen en we brachten Marianne naar de dokter. Gewoon een griepje, zei hij, geen probleem, zorg ervoor dat ze een paar dagen binnenblijft.

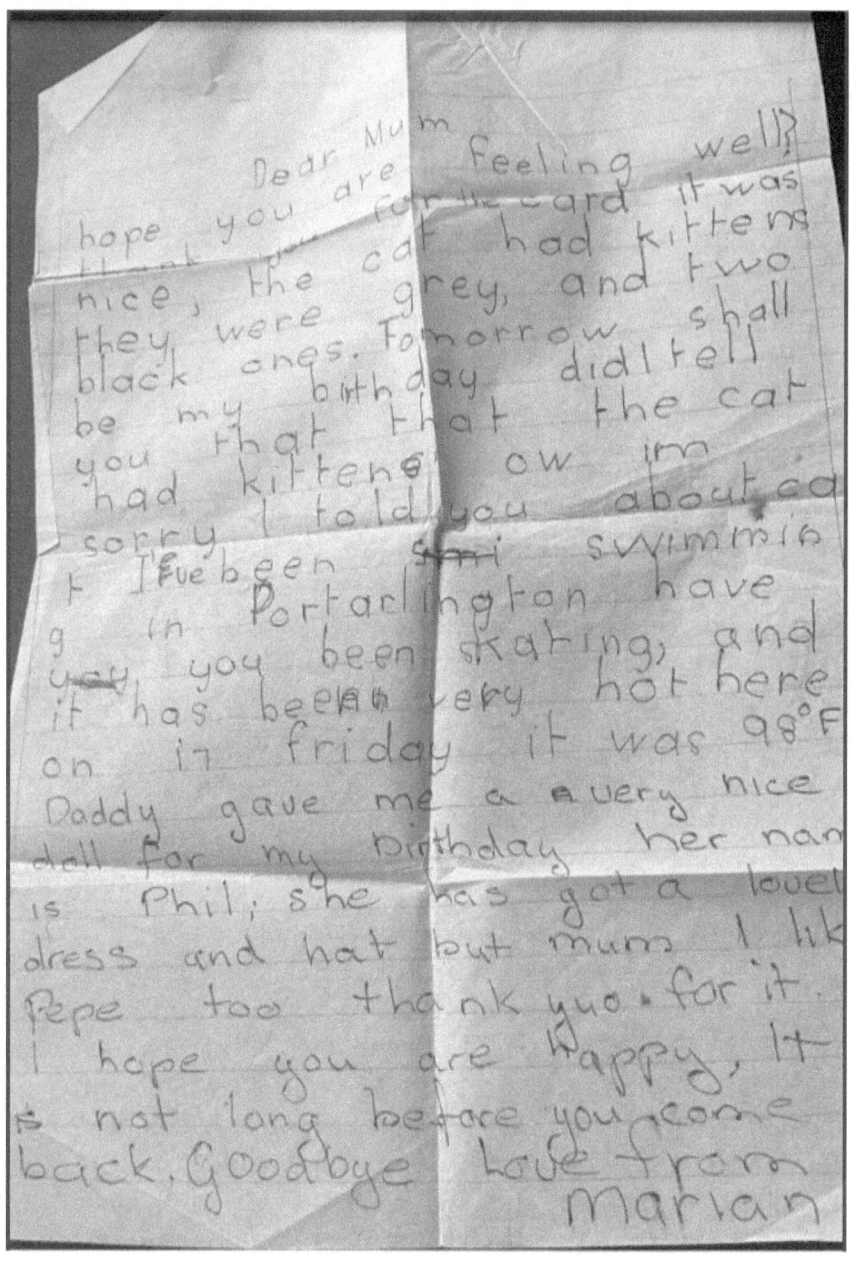

Mama had net deze laatse brief van Marianne gelezen, binnen een paar uur kreeg ze het verschrikkelijke news dat Marianne was gestorven.

HOOFDSTUK 27

Het Tragische Verlies; Het was koud in het mortuarium, te koud

Zaterdag was aangebroken en Bets was al drie weken weg en zou pas over drie weken terugkomen. Bram en Hettie De Ruiter kwamen bij ons op bezoek; ze waren voor de tweede keer naar Australië geëmigreerd. Ze konden niet wennen in Nederland; de economie was goed, maar het weer was niet. Vreemd, dacht ik, hier in Victoria hebben we vier seizoenen op een dag en soms is de gemiddelde neerslag hoger dan in Nederland. Wil had een Nederlandse kaneel-appeltaart gebakken. Marianne lag in bed te spelen met de kittens terwijl wij koffie dronken. Plotseling hoorden we een zeer luid, hartverscheurend, angstig en bezorgd geschreeuw uit Marianne's slaapkamer; we renden er allemaal naartoe. Ze ademde niet meer. Bram nam haar uit bed en begon meteen met reanimatie. Ik sprong op mijn fiets om de dokter te halen die in de volgende straat woonde; gelukkig was hij thuis aan het barbecuen. Ik vertelde hem dat mijn zus niet meer ademde en we haar aan het reanimeren waren; hij kwam binnen enkele seconden en was bezig met Marianne voordat ik terugkeerde. Diep van binnen wist ik dat ze was overleden. Ik kon het niet onder ogen zien. Ik rende naar mijn kamer en smeekte, onderhandelde met God om haar te redden; daarbij deed ik allerlei beloftes, dwaze beloftes zoals dat ik nooit meer een kerkdienst zou missen, dat ik dominee zou worden als je Marianne redt, wat iedereen doet in levensbedreigende situaties. Maar het was te laat, ze was overleden. God verhoort geen gebeden, er zijn geen beschermengelen. De ambulance kwam en meteen werd Marianne naar Kings Mortuary in McKillop Street gebracht. Piet en ik volgden. Mevrouw Kuiper steunde Piet, die overmand werd door verwoestend verdriet en nauwelijks kon lopen. Ik werd naar een koelcel gebracht; daar lag Marianne in haar nachtjapon op een koude roestvrijstalen trolley, met een houten blok als hoofdsteun. Ik was ontroostbaar en huilde, roepend om een kussen en warme dekens. Het zien van haar op die stalen trolley van de dood, met een houten blok onder haar nek geschoven, trof me meer dan wat dan ook, zo onwaardig, zo onpersoonlijk, zo objectief koud, zo respectloos.

Het was koud in het mortuarium, te koud. Binnen een uur na haar overlijden hadden we alles geregeld, ondertekend en betaald. Het afhandelen van het zakelijke aspect van sterven, zo'n gecommercialiseerde bezigheid. Begrafenisverkopers proberen waarde toe te voegen: misschien verdient uw dierbare wel een duurdere kist. We betaalden de aanbetaling en lieten haar lichaam dezelfde dag nog balsemen, omdat we niet wisten wanneer Bets zou terugkomen. Ze overleed om 14.00 uur, de begrafenisarrangementen waren om 16.00 uur rond en afgehandeld. Ik heb nog nooit zoveel hartzeer gevoeld, veroorzaakt door overweldigend verdriet en droefheid. Ik dacht dat mijn hart zou barsten van verdriet. Het voelde zo zwaar, als een gescheurde pees, zo pijnlijk. Mijn hart was zowel fysiek als mentaal verscheurd. Emoties worden verwerkt in de hersenen, maar altijd gevoeld door het hart. Het hartzeer werd veroorzaakt door het verlies van liefde. Hoe kan ik blijven houden van iemand die dood is? Er is maar één manier, en dat is door de herinnering aan die persoon vast te houden. Hartzeer heeft meteen effect; het verandert iemand, voor beter of voor erger. Om Marianne te eren, besloot ik dat ik een verschil zou maken voor iedereen met wie ik in contact kwam. Marianne's dood was niet zomaar niets; ze was zichtbaar en haar dood maakte haar onzichtbaar, maar niet vergeten. Elke menselijke dood heeft een doel, en aan elk menselijk leven zal ik bevestiging geven. Ik geloof niet in een bovennatuurlijke kracht, alleen in de kracht van natuurlijke wetten, oorzaak en gevolg. Ik heb honderden rouwende families gezien sinds mijn betrokkenheid bij mensen die leven met hiv/aids. Op de een of andere manier komt alles goed. Dood is voor mij net zo raadselachtig als de gebieden waar mijn bewustzijn 's nachts naar toe gaat als ik ga slapen; de dood lijkt op slaap, alleen een langere periode. De dood is krachtig, maar niet zo krachtig dat het hoop wegneemt. Ik gebruik zelden de term "overleden" in plaats daarvan zeg ik "overgegaan". "Overleden" klinkt zo definitief.

We herinneren ons Marianne; ze is overgegaan. 'Adrie, ben jij dat?' 'Ah, Oom Piet, wat fijn om je te horen. We zorgen voor Bets, het is geweldig dat ze hier is.' Piet was bij oude Tuenis Korevaar; zij hadden een telefoon. Piet moest Bets vertellen wat er gebeurd was. Adrie Bril sliep uit, omdat hij laat had gewerkt in zijn bakkerij en brood aan het bakken was; het was 11.00 uur op zondagochtend. 'Adrie,' zei Piet, 'ik heb heel slecht nieuws, Marianne is plotseling overleden terwijl ze met de kittens aan het spelen was. Zeg tegen Bets dat ze onmiddellijk terug moet komen alsjeblieft.' Binnen enkele minuten waren Adrie en zijn vrouw Maatje op weg naar het huis van Bets' moeder. Oma de Blaeij luisterde naar een kerkdienst op de radio terwijl haar vrijgezelle zoon Krijn aan het ontbijten was. Bets was in de kerk. Het nieuws was slecht, schokkend. Krijn en Adrie gingen meteen naar de kerk, liepen naar binnen, zochten naar Bets en haalden haar uit de kerk, ontroostbaar van verdriet. Binnen enkele minuten waren broers, zussen en vrienden bij oma verzameld, in afwachting van het moment dat Bets uit de kerk zou komen.

HOOFDSTUK 28

Bets en Jaan beroofd in Singapore op weg reis naar huis in Australië voor de begrafenis.

Tante Jaantje zou op zondagavond om 21.00 uur met Bets terug naar Australië vliegen. Er waren echter verschillende problemen: de banken waren gesloten, KLM moest betaald worden voor hun terugvlucht naar Australië en er waren slechts twee plaatsen beschikbaar op het vliegtuig. Tante Jaantje had geen paspoort. De burgemeester van Terneuzen werd gebeld en de ambtenaren van het stadhuis en de burgemeester namen contact op met de Australische ambassade. Een reistoestemming werd uitgegeven door het personeel van de Australische ambassade en zou aan Bets en haar zus worden overhandigd op Schiphol Airport vóór vertrek. De Australische functionaris nam vervolgens contact op met de douane en gaf hen instructies om Tante Jaantje zonder paspoort toe te laten tot Australië. Oom Krijn geloofde niet in creditcards of al het geld op een bank zetten. Hij had tijdens de Depressie veel geld verloren bij de banken en was achterdochtig over hun zaken. De prijs voor een retourticket van KLM naar Australië bedroeg 7.000 gulden. Tot ieders verrassing kwam er een oude schoenendoos tevoorschijn uit een geheime schuilplaats, vol met Nederlandse guldens; hij gaf het geld aan KLM. De familie reisde met Bets en Jaan naar Schiphol Airport, in totaal vier auto's; hartverscheurende en verwoestende emoties van verdriet maakten alles surrealistisch. Tante Jaan had Nederland nooit verlaten; vervreemd van haar man, ervoer ze emotioneel trauma waarschijnlijk hierdoor. Ik voelde me altijd extra dichtbij haar. Ik hield van haar moderniteit en stijl; te midden van ons verdriet en rouw kwam ze, ze begreep verdriet en tegenspoed. Ze was mijn steun; ik had veel dagen met haar doorgebracht en ze had een enorme invloed op me als opgroeiend kind. Onze troost was te weten dat Bets niet alleen hoefde te reizen; dit verminderde ons verdriet. Dokters wilden kalmerende tabletten voorschrijven, maar dat weigerden ze, met als reden dat ze elkaar hadden en hun zintuigen scherp wilden houden tijdens de reis. Toch was er drama in Singapore terwijl ze wachtten op hun aansluitende vliegtuig naar Australië. Ze werden beroofd in Singapore, waarbij ze hun paspoorten, reisdocumenten en vijfhonderd gulden cash verloren. Zonder reisdocumenten en geld zaten ze vast; daardoor misten ze hun vlucht. De autoriteiten in Singapore waren onverschillig tegenover de twee wanhopige vrouwen, ondanks hun verdriet en benarde situatie. Bets nam contact op met het Nederlandse consulaat, dat zeer snel ter plaatse kwam, samen met Australische functionarissen die hun eigen zoektocht startten en beide handtassen terugvonden die gedumpt waren in een prullenbak buiten de luchthaven. Ze kregen hun paspoorten en reisdocumenten terug, minus vijfhonderd gulden. Mijn angst nam toe toen wij, met z'n drieën, wachtten op Bets en Jaan die met hun geplande vlucht zouden arriveren, maar ze werden niet gevonden aan boord en waren ook niet aanwezig op een volgend vliegtuig gedurende de volgende vierentwintig uur. Niemand kon ons vertellen wat er was gebeurd, totdat ik het Nederlandse consulaat belde; zij volgden het snel op en legden uit wat er was gebeurd. Het feit dat ze waren beroofd en hun vlucht hadden gemist voegde toe aan ons verdriet, maar we wisten dat Bets en Jaan sterke vrouwen waren. Ze hadden allebei de oorlog meegemaakt; ze waren moedig en vastberaden.

Stel je onze momentele vreugde voor op de tweede dag van het wachten, op het moment dat Bets en Jaan plotseling op het platform verschenen. Wat een geluk en intens verdriet, dit keer was Marianne er niet bij om haar moeder te begroeten. Misschien kon ze haar moeder vanuit de hemel zien, dacht ik, wie weet? Er werd veel gehuild, verdriet gevoeld en getreurd. Tante Jaantje's aanwezigheid maakte het iets beter. De terugreis naar Geelong verliep langzaam, met frequente stops van verdriet wanneer Piet gewoon niet verder kon rijden; er werd veel gepraat en dat was een heel goede zaak. Het is goed voor mannen om te huilen; Jezus huilde. Piet voelde zich verantwoordelijk voor haar dood en vond dat hij beter voor haar had moeten zorgen en Marianne meteen naar het ziekenhuis had moeten brengen toen ze zich niet lekker voelde. Hoezeer we Piet ook steunden in zijn droevige toestand, hij was een veranderde man. Vanaf dat moment was alles gevaarlijk en werd hij overbezorgd over mijn zusje Lizzie, wat haar sociale leven beïnvloedde omdat beperkingen werden opgelegd, met name bij het ontmoeten van nieuwe vrienden en haar vriendje. Bets, Jaan en Piet zagen Marianne's lichaam in haar wit-roze kist. Lizzie en ik hebben het lichaam niet gezien; we wilden Marianne herinneren als levend, niet als een beeld van haar in een kist voor de rest van ons leven.

We wilden een beeld van levendigheid. Op de dag van de begrafenis kwamen er meer dan 150 mensen; elke Nederlandse familie die we kenden was vertegenwoordigd in die kleine presbyteriaanse kerk. Mijn zwager Ken Marsland en ik droegen de kleine witte kist de kerk in, droegen hem naar buiten en opnieuw bij het graf. Er waren aankondigingen in zowel de Nederlandse als de Australische kranten, waarin de burgemeestepr en de gemeenteambtenaren werden bedankt, evenals het personeel van het Australische consulaat in Den Haag en alle mensen die de reis naar Australië mogelijk maakten zonder de juiste reisdocumenten. De dominee zei: 'Laat uw hart niet in beroering raken; u gelooft in God, geloof ook in Mij. In het huis van Mijn Vader zijn veel woningen. Als het niet zo was, zou Ik het u gezegd hebben. Ik ga heen om een plaats voor u gereed te maken. En als Ik heengegaan ben en plaats voor u gereedgemaakt heb, kom Ik terug en zal u tot Mij nemen, opdat ook u zult zijn waar Ik ben' (Johannes 14:1-3 uit de Nieuwe Bijbelvertaling). Haar begrafenis was geen viering van het leven; het was te kort. We vierden een zegen, maar niet met vreugde; het was een kort leven dat Marianne had. Ze had een prachtige persoonlijkheid ontwikkeld vol onvoorwaardelijke liefde en empathie voor anderen, tot uiting komend in haar kinderlijke kunst en poëzie. We waren dankbaar dat we onze zus en dochter maar voor een zeer korte tijd mochten hebben. Waarom zou een perfect gezond kind zo plotseling sterven? Miljoenen mensen hebben deze vragen gesteld. We geloofden nooit dat het iets met God te maken had. Het had alles te maken met natuurlijke wetten, er was een fout in de natuur die haar dood veroorzaakte. We stelden vragen en zeiden: wat kunnen we hiervan emotioneel, spiritueel, psychologisch leren? Onze conclusie was dat ieder van ons sterfelijkheid onder ogen moet zien; we sterven allemaal en als we oud worden is dat goed, maar niet wanneer jonge kinderen, jonge mensen of mensen op middelbare leeftijd worden weggenomen. Ieder persoon moet zijn eigen sterfelijkheid uitwerken en hoe daarmee om te gaan. Voor mij is het een afspraak met een natuurkracht die bestaat; ik weet niet zeker of ik het God noem. Ons bescheiden huis aan 39 Brayshay Road in Newcomb zat bomvol. Iedereen had iets meegenomen; de Nederlandse dames hadden oliebollen en appeltaart gemaakt, als concurrentie met de sponscakes en slagroom van onze Australische vrienden. De bezoekers die hun respect betuigden en hun condoleances aanboden, waren van grote troost en kwamen uit alle lagen van de bevolking, christenen, atheïsten, socialisten, Nederlandse katholieke priesters en dominees van de Nederlandse Hervormde Kerk.

Bijna 300 condoleancekaarten werden ontvangen; allemaal werden ze persoonlijk beantwoord. Telkens wanneer iemand zijn medeleven betuigde, werd er gehuild; er werd nog meer in stilte gehuild terwijl rouwende harten langzaam genazen. Ik voelde de behoefte om controle te krijgen over mijn emoties van verdriet; er was genoeg gehuild. Mijn ouders hadden nu steun nodig en nog veel meer uitgesproken liefde van mij en Lizzie. We deden dit en bleven bewust meer verbonden met onze ouders. We hadden zoveel verzorging en liefde van hen ontvangen, nu moesten we die zorg teruggeven om hen psychologisch en spiritueel te ondersteunen. Ik verwierp mijn eerdere onderhandelingen met God als een moment van dwaasheid, een tijdelijke waan van angst en verdriet. Ik lees nog steeds de King James Version van de Bijbel bijna elke dag. Ik geloof niet dat het een letterlijk, verbaal woord van God is. Het is geschreven door mannen en vrouwen met gebreken, net als ik. Mijn spiritualiteit, geloof ik, maakte deel uit van mijn emotionele en coping-mechanisme, net als de steun van alle vrienden en collega's die mij staande hielden.

DANKBETUIGING

Langs deze weg betuigen wij onze hartelijke dank aan H.H. Burgemeester van Terneuzen, ambtenaar ter secretarie Bareman en de ambtenaren der Kon. Marechaussee te Terneuzen voor de op zondag j.l. spontaan gegeven effectieve medewerking ter verkrijging binnen de kortst mogelijke tijd van geldige vervoerbewijzen naar en inreisvergunning in Australië teneinde twee familieleden in staat te stellen de begrafenis van hun dochtertje resp. nichtje bij te wonen.

Familie PAULUSSE

Familie DE BLAEIJ

Terneuzen, januari 1969.

Axelsestraat 105.

PAULUSSE. — On January 26th at Geelong, Marianne, dearly beloved daughter of Pieter and Elizabeth Paulusse of 39 Brayshay Road, Newcomb, loving sister of Keith and Elizabeth, Aged 8 years.

In my Father's House are many mansions: If it were not so, I would have told you. I go to prepare a place for you and if I go and prepare a place for you, I will come again, and receive you unto Myself; that where I am, there ye may be also: John 14-2:3.

Further particulars in Wednesday's issue.

ERNEST H. KING AND CO., 25 Myers Street, Geelong. 'Phone 215760.

PAULUSSE. — The funeral of the late Miss Marianne Paulusse is appointed to leave The Newcomb Presbyterian Church, Cnr. Wilsons Road and Dorward Avenue, Newcomb, Geelong. To-morrow (Thursday) after a service commencing at 10 a.m. for the Lawn Section Eastern Cemetery, Geelong.

ERNEST H. KING & CO., 25 Myers Street, Geelong. 'Phone 215760.

HOOFDSTUK 29

*De Beschutte Maestro: Piet's Haven van Kunst en Magie van Scheepsbouw
De kracht van de Schuur; Een schuur kan veel vertellen over iemands
persoonlijkheid; de schuur van Piet was een weerspiegeling van zijn eigen
karakter. Het was zijn creatieve plek, waar hij kon creëren, uitvindingen kon
doen, bouwen, repareren, tekenen, schilderen, recyclen, demonteren of gewoon
lekker kon rommelen*

Wat hadden Ernest Hemingway, Mark Twain, Gustav Mahler, Henry David Thoreau, Thomas Jefferson en Virginia Woolf gemeen met mijn vader Piet? Al deze grote artistieke mannen en vrouwen hadden hun eigen schuur, een plek waar ze hun creativiteit de vrije loop konden laten. Piet had zijn schuur ook, maar dan gewoon in onze achtertuin. Hoewel hij zichzelf niet op gelijke hoogte stelde met deze grote namen; zijn culturele invloed was daarvoor te calvinistisch, waardoor hij nuchter en zelfrelativerend was. Toch maakte hij enkele van de mooiste modellen van antieke schepen die ik ooit had gezien. Natuurlijk ben ik bevooroordeeld; hij was mijn vader. We noemden de schuur gewoonweg "de schuur". Als we aan Bets vroegen waar Piet was, antwoordde ze steevast: "Waarom vraag je dat? Je weet toch dat hij in zijn schuur is." Waar we ook woonden, Piet had zijn schuur, hoewel deze allesbehalve conventioneel was.

Piet en ik hebben maandenlang langs het strand gezworven, op zoek naar hout om onze schuur te bouwen. We hebben de meest waardevolle stukken teak, eiken, kersen en andere zeldzame houtsoorten verzameld - overboord gegooid door schepen in een tijd waarin er nog geen containers waren. Het gevonden hout werd zorgvuldig gesorteerd en gestapeld tussen de dakbalken, waardoor onze schuur de sfeer kreeg van een levendig scheepswerf, een atelier van een kunstenaar. De fundering, muren en het dak waren gemaakt van gerecycled materiaal, elk met een unieke historische achtergrond. De teakramen waren gered van een gezonken sleepboot en de deur, met zijn handgemaakte koperen sleutel uit 1906, kwam van hetzelfde schip. We hebben wekenlang hard gewerkt om de hout- en koperroest te verwijderen en alles weer te laten stralen. Zelfs de balken waren gerecycled van een groot passagiersschip dat werd gerepareerd. Piet kreeg hulp van zijn vrienden en familie uit Nederland bij de bouw van deze schuur. Charles Paulson, een Deense vriend die Piet had ontmoet tijdens zijn werk bij Alcoa, voltooide het prachtige metselwerk van de voorkant, dat zelfs na tweeënveertig jaar nog steeds geen barst vertoont. Bezoekers lieten ook hun sporen achter in de schuur; Piet's broer Kees, een elektricien in de Nederlandse marine, bedraadde de hele werkplaats opnieuw en zorgde voor elektronische veiligheid. Het koperen mechanisme van de grote garagedeur was met de hand vervaardigd en werkte veertig jaar lang zonder vervanging en duizenden keren soepel. De schuur was een plek voor dagdromen en creativiteit.

Piet had me altijd verteld dat elke man een afgezonderde plek nodig heeft om te dagdromen en zichzelf te zijn. Hij geloofde dat dagdromen een belangrijke sleutel is tot zelfontdekking en het vinden van je plek in de wereld. Zijn overtuiging inspireerde mij en bracht ons nog dichter bij elkaar in onze gedeelde passie voor creativiteit en zelfexpressie.

Een schuur kan veel vertellen over iemands persoonlijkheid; de schuur van Piet was een weerspiegeling van zijn eigen karakter. Het was zijn creatieve plek, waar hij kon creëren, uitvindingen kon doen, bouwen, repareren, tekenen, schilderen, recyclen, demonteren of gewoon lekker kon rommelen. Alles hoefde niet altijd een specifiek doel te hebben; volgens hem was geen tijd verspild zolang je maar ademhaalde. Er waren geen huisregels in Piet's schuur. Het was een plek om verbinding te maken met je eigen innerlijke wereld, een plek die positieve gedachten stimuleerde. Slogans, poëzie en grote posters van klippers versierden de muren, en hij had zeemansliederen en gedichten gestencild op de witgekalkte bakstenen. Bezoekers kwamen langs, lazen en mijmerden. De schuur trok veel bezoekers aan en veranderde in de loop der tijd bijna in een museum, omdat het een verzamelpunt werd voor de Nederlandse gemeenschap. Telkens wanneer leden van de Nederlandse gemeenschap stierven , erfden we hun boeken, muziek en decoraties. De oude houten klompen van opa Schreurs, die hij droeg in de Nazikampen, hingen in de schuur. De houten schoenen die de grond van zijn Limburgse boerderij betraden, sierden de muur van de schuur; we hebben ze wit geverfd en er rode geraniums in laten groeien. Een van de meest gekoesterde bezittingen is een Nederlandse zeekist uit 1838 die aan ons is gegeven door Jan Kuiper, een dierbare vriend van de familie die we hebben ontmoet in Portarlington. Het had toebehoord aan zijn vader. Hij heeft ons ook bijna honderd Nederlandse boeken nagelaten, waarvan sommige gedrukt zijn in de tijd van Napoleon. Telkens wanneer ik deze boeken open, word ik meegenomen naar verschillende tijden. Het luisteren en lezen naar de verre, maar toch aangrijpende stemmen uit het verleden geeft me het gevoel dat ik deel uitmaak van de voortgang van de menselijke geschiedenis. Door onze plaats in de geschiedenis te vinden, zullen we onze betekenis en doel ontdekken. Een van onze meest dierbare bezittingen die nog steeds in de schuur hangt, is een met de handgemaakte Nederlandse bevrijdingsvlag, gemaakt door mijn oma Francien Paulusse toen de geallieerden Zeeuws Vlaanderen bevrijdden, het meest zuidelijke deel van de provincie Zeeland, aan de overkant van de Schelde, in september 1944. Ze maakte deze vlag in slechts tien minuten op haar handbediende Singer naaimachine, vol enthousiasme om koningin Wilhelmina te verwelkomen, die zojuist in Zeelandic Vlaanderen was geland na een vijfjarig verblijf in Engeland. De koningin erkende deze rood-wit-blauwe vlag, die trots wapperde in de frisse Zeelandse wind, nadat hij aan de grote mast van het schip De Scheldestroom was gehesen. Elk jaar hangen we hem op 4 en 5 mei in de schuur, om hem vervolgens weer voorzichtig op te bergen.

Andere Nederlandse migranten hebben ook voorwerpen achtergelaten, zoals een met de handgemaakte vlag van Koninklijke Nederlandse Shell uit 1921, inclusief signaalvlaggen van het Nederlandse schip Willem Ruys. We zouden ze regelmatig tentoonstellen in de schuur, samen met grote houten takels van schepen en eiken stoelen en kasten die gered waren van oude Nederlandse schepen waar de Korevaars mee hadden gevaren vanuit Nederland. In de schuur was er ook oud bestek en serviesgoed van de Koninklijke Australische Marine van de MV Sprightly, een voormalige marinesleepboot waar Piet op had gevaren en gewerkt. De schuur ademde de sfeer uit van een scheepswerf, met de rijke geuren die me deden denken aan een oude, houten scheepswerf. Regelmatig kwamen er deftige Nederlandse mannen langs met hun grote Nederlandse Elisabeth Bas of Schimmelpenninck sigaren. De hele sfeer was natuurlijk en gezellig, een bedwelmende mix van Stockholm-teer, teak- en eikenhout, en de volle geur van sigaren, inclusief de zoete damp van jonge Nederlandse jenever. Iedereen die keek zou kunnen denken dat ze teruggevoerd waren naar een andere wereld, een andere tijd - de Gouden Eeuw van de Nederlandse maritieme geschiedenis, toen ze de wereldzeeën doorkruisten en veroverden. We hebben veel Nederlandse boeken en vinylplaten geërfd van tweedegeneratie Nederlandse mensen van mijn leeftijd. Ze zeiden dat ze er geen belangstelling voor hadden, of dat ze geen Nederlands konden lezen of begrijpen. Toen ik hen vroeg naar hun erfgoed, toonden ze simpelweg geen interesse. Helaas is de tweede generatie sterk geassimileerd en lijkt de Nederlandse erfenis bijna uitgewist te zijn, alsof de Nederlanders hier nooit waren geweest en hun stempel niet hadden achtergelaten. Naar mijn mening zijn ze te sterk beïnvloed door de Australische cultuur, of zoals we grappend zeggen, 'Aussified', een term die verwijst naar het toegeven aan de cultuur van voetbal, Amerikaanse gadgets, barbecues en overvloedig bier en vrouwen, ten koste van culturele ontwikkeling en bewustzijn. Maar het tij lijkt te keren; veel kleinkinderen van de naoorlogse Nederlandse migranten uit de jaren 50 en 60 tonen nu veel interesse in hun erfgoed, taal en de historische banden tussen het continent en Nederland, terwijl ze op zoek zijn naar hun eigen identiteit. De schuur was ook een leerschool voor mij, waar ik houtbewerking, meubelmaken en eenvoudige modelbouw leerde.

In de schuur bespraken we zijn zorgen over Bets, terwijl haar Alzheimer steeds erger werd. We spraken ook over zijn eigen gezondheidstoestand en wat er met Bets zou gebeuren als hij als eerste zou gaan. De schuur was de perfecte vertrouwelijke plek waar zaken van leven en dood, geheime mannenzaken zoals de Australische Aboriginals het zouden noemen, besproken konden worden. De gereedschappen leken eeuwig mee te gaan; Piet gebruikte gereedschap van zijn grootvader en vader, hamers, beitels, snijgereedschap, soldeerbouten, moersleutels en schroevendraaiers. Zelf gebruik ik deze gereedschappen nog steeds tot op de dag van vandaag; sommige zijn meer dan honderd jaar oud.

De moderne gereedschappen van vandaag kunnen niet op tegen de duurzame gereedschappen van de vorige eeuw.

De schuur was vaak een ontmoetingsplek; Bets en haar vriendinnen kwamen soms bij Piet in de schuur voor koffie en oliebollen. Oliebollen zijn Nederlandse deegbollen zonder gat, gemaakt van deeg gemengd met fruit en gefrituurd in hete plantaardige olie. Dit rommelige proces vond altijd plaats in de schuur. Nadat ze gaar waren, hadden ze een goudbruine kleur en verspreidden ze een aantrekkelijke en verleidelijke geur. Daarom waren ze zo populair bij alle Nederlanders. Ze werden bestrooid met poedersuiker, als een laagje sneeuw. Soms werd de schuur omgevormd tot een primitieve bioscoop met stoelen voor veertig personen, gemaakt van houten kratten en een eclectische mix van 'coole' stoelen uit vervlogen tijden, te midden van half afgemaakte modelschepen en machines. Mijn ouders moedigden het aan om vrienden mee naar huis te nemen, meestal op zaterdagavond enkele keren per jaar. We organiseerden dan Nederlandse pannenkoekenavonden, Belgische wafelavonden of Nederlandse spelletjesavonden. Hoewel we ook van Australische barbecues hielden, genoten we van de verscheidenheid aan multiculturele bijeenkomsten. Na veertig jaar zegt men nog steeds dat Oma's Nederlandse vruchtenpunch, gemaakt volgens een Zeeuws recept van 150 jaar oud flinke populaire was er werd altijd naar gevraagd. De ingrediënten waren een familiegeheim: veel kersen, rode wijn, kersenlikeur en een mysterieus mengsel. Niemand werd ooit dronken, alleen een beetje vrolijk. Ik had mijn projectielicentie behaald omdat we een tweedehands 16- mm projector hadden gekocht.

Het centrum van de schuur was de plek waar mooie dingen werden gemaakt en gebeurden. Vanaf dag één in Australië bouwde Piet verschillende houten modelschepen, gespecialiseerd in vintage schepen. Hij besteedde uren aan snijden, buigen, zagen, beitelen, spijkeren en meten. Vrienden en vreemden konden gewoon in de schuur bij hem gaan zitten en kijken, soms in stilte, terwijl anderen zachtjes op de achtergrond praatten. Er was vaak rustige muziek, zoals straatorgels, lichte klassieke muziek en nummers van zangers en muzikanten uit zijn jeugd, zoals Vera Lynne, Glen Miller, Duke Ellington, Corrie Brokken, Annie De Reuver en Toon Hermans. Mensen vroegen zich af waarom Piet deze prachtige schepen maakte.

Piet, een gepassioneerde modelbouwer met een liefde voor maritieme geschiedenis, wordt in het begin van ons bestaan in Australië geconfronteerd met een slechte financiële situatie. Om zijn familie te helpen, overweegt hij enkele schepen te verkopen aan antiekwinkels in Toorak. Deze schepen waren zowel uit zijn jeugd als schepen waaraan hij gewerkt had, zoals de Koningin Emma, een veerboot die op de rivier de Schelde voer. Voor Piet had deze veerboot een diepe betekenis, aangezien hij er zelf op gewerkt had nadat hij en zijn maats teruggekeerd waren van politieacties in Indonesië. Hij beschouwde de vormen van schepen als vergelijkbaar met de schoonheid van vrouwen: symmetrische rondingen, perfect in balans en ontworpen om zich met gratie door de vloeistoffen van het leven te bewegen.

Piet besloot om een gemeenschappelijk element te creëren dat Nederlanders en Australiërs met elkaar konden verbinden. Hij begon met het bouwen van het schip van James Cook, de Endeavour, omdat hij besefte dat kapitein Cook een vereerd persoon was in Australië. De bouw van de Endeavour zou niet alleen de Nederlandse neiging tot assimilatie tonen, maar ook een gespreksonderwerp bieden voor Nederlanders en Australiërs wanneer ze zijn prachtige modellen tentoonstelden. Na de Endeavour volgenden modellen van andere beroemde Engelse schepen, zoals de Golden Hind van Francis Drake - het eerste schip dat de wereld rondvoer - en de Bounty van kapitein Bligh, bekend van de Muiterij op de Bounty. Ook vergat Piet niet om lokale modellen te bouwen. Na een bezoek aan Loch Arch Gorge bij de kustplaats Warrnambool, werd hij geïnspireerd. Hij schreef naar Schotland voor de plannen van de clipper Loch Arch, die zich op de scheepswrakplaats bevond. Met de verkregen plannen duurde het bijna twee jaar voordat Piet dit prachtige historische zeilschip kon bouwen.

Een van de trotsstukken van Piet's modellenvloot, naast de beruchte maar prachtige Batavia, was De Zeven Provinciën. Dit schip was vernoemd naar de oorspronkelijke provincies van de Nederlandse Republiek toen het zich onafhankelijk verklaarde van Spanje. De Zeven Provinciën was het vlaggenschip van de beroemde nationale held admiraal Michiel De Ruyter, die samen met Piet afkomstig was uit Zeeland. Het verhaal van de rivier de Theems die geëvacueerd werd dankzij De Ruyter maakte dit schip nog specialer. Terwijl Piet zijn creaties bouwde, betoverde hij me met de spannende verhalen en de geschiedenis die erachter schuilging. Hij vertelde me over de Slag bij Solebay, waarbij een overmachtige Nederlandse vloot gedurende vier dagen standhield tegen een gecombineerde Franse/Engelse vloot van slechts vierentwintig oorlogsschepen. Deze geschiedenis was helaas in de vergetelheid geraakt volgens Piet, omdat hij ervan overtuigd was dat de Engelsen dat bewust hadden gedaan. Deze slag bij Solebay fascineerde Piet en hij deelde zijn enthousiasme en passie voor deze gebeurtenis met mij. Met behulp van zijn schepen wilde hij de geschiedenis weer tot leven brengen en ervoor zorgen dat deze niet vergeten zou worden. De confrontatie tussen vijfentachtig Nederlandse oorlogsschepen en een kleinere Engelse vloot over een periode van vier dagen was een indrukwekkend hoofdstuk in de maritieme geschiedenis.

Te midden van talloze verhalen die zich afspeelden in de schuur, is er één dat nog altijd mijn favoriet is: het verhaal van de Zeven Provinciën. Deze legendarische zeegaander kreeg de opdracht om veertig Hongaarse protestantse predikanten op te sporen, die gevangen waren genomen en verkocht als galeislaven aan de Spaanse vloot. Admiraal De Ruyter had zo zijn vermoedens dat deze opgesloten zaten in een duistere kerker in Napels, in handen van katholieke strijdkrachten. Hoewel de Napolitanen hun betrokkenheid bij deze zaak ontkenden, drong De Ruyter erop aan en wierp, midden in de doodse stilte van de nacht, het anker uit. De Nederlandse vloot versperde de toegang tot Napels. In de eerste nacht van deze blokkade hoorden de zeelieden de gevangenen de klanken van Psalm 116 aanheffen. Admiraal De Ruyter stelde onmiddellijk de Napolitanen voor een ultimatum: laat de protestantse predikanten vrij of sta toe dat Napels bombardementen ondergaat, met als doel vernietiging. Op 11 februari 1676 werden de zesentwintig overlevende predikanten overgebracht naar de Zeven Provinciën. Terwijl deze overdracht plaatsvond, knielden zij op het dek, gehuld in armetierige kledij, uitgeput van de ontberingen, en zongen zij Psalm 116. De Nederlandse zeelieden, die zelden hun tranen tonen, huilden openlijk.

Het verdient vermelding dat Piet al zijn creaties met de hand maakte, gebruikmakend van gerecyclede materialen. Hij schafte nooit zomaar kant-en-klare voorwerpen aan in hobbywinkels. Voor hem diende elk klein ding authentiek en met de hand vervaardigd te zijn, zoals het oorspronkelijk gedaan werd. Hij had een scherp oog voor detail en kwaliteit; alles moest oprecht zijn. Het bouwen van de Zeven Provinciën vergde bijna drie jaar aan geduldig werk van Piet. Als een kanon niet perfect was, maakte hij het telkens opnieuw totdat het volmaakt was. De hele familie raakte betrokken bij de geschiedenis van de Zeven Provinciën. Volgens Piet zouden de Nederlanders de strijd tegen de Engelse vloot verloren hebben als zij niet in het bezit waren geweest van dit schip. Het verlenende hen bijna een eeuw lang superioriteit op de zeeën.

Veel mensen kwamen op bezoek voor koffie maar ook om Piet zijn scheepjes te komen bewonderen zoals op deze foto van ons drieën in 1971

HOOFDSTUK 30

Een Prachtig Welkom: Het Onthullen van de Schoonheid van Australië voor Onze Eerste Bezoekers uit Nederland. De Nederlandse tantes en ooms komen; Kees was een populair neefje van de tantes, als altijd een moderne jongen stond hij erom bekend een kletskous te zijn en vond het leuk om hun te vermaken door te zingen, voor te lezen en toneel te spelen de tantes namen hem graag mee voor mode winkelen

Toen we op 11 november 1961 vertrokken vanaf de Java Kade in Amsterdam, namen we afscheid van onze geliefden. Ze zeiden allemaal tegelijk: 'We komen zodra we met pensioen gaan.' Ze hielden woord, ook al duurde het vijftien tot twintig jaar voordat we ons eerste bezoek ontvingen. We waren zenuwachtig toen onze eerste familieleden kwamen. Wat gebeurt er als je vrienden of familieleden twintig jaar lang niet hebt gezien, vertrekken als kind en hen weer ontmoeten als jongvolwassenen? Wat is er veranderd? Heeft de tijd de liefde en genegenheid verminderd? De ooms en tantes die op bezoek kwamen, hadden nu kleinkinderen. Die hadden ze nog niet toen we vertrokken. Daarom stonden wij in het middelpunt van hun aandacht. Zouden ze nog steeds van ons houden?

De Nederlandse economie bloeide, waardoor we welvarender werden, misschien wel meer dan in Australië. In mijn familie werd welvaart altijd gekoppeld aan geluk. Als je gelukkig en tevreden was, betekende dat dat je welvarend was. We waren van mening dat te veel nadruk op materialisme en consumentisme niet tot geluk leidde. Het was belangrijk om je gemoedstoestand en tevredenheid te waarborgen; welvaart zou dan vanzelf volgen. We vroegen ons af hoe het met onze neven en nichten zat. Ze waren even oud als wij en hadden als kind een speelse geest, maar nu zouden ze ons bezoeken als jongvolwassenen. Hoeveel waren zij en wij veranderd? Wat waren hun interesses? Waarom bezochten ze ons? Was het vanwege jeugdherinneringen of omdat Australië een goedkope plek was om te verblijven?

Het eerste familielid dat ons bezocht was Tante Jaantje, de zus van Bets. Ze wachtte niet tot haar pensioen. Ze kwam onder vreselijke omstandigheden naar Australië, namelijk samen met mijn moeder toen mijn kleine zusje Marianne plotseling overleed. Tante steunde en troostte mijn moeder tijdens de terugreis om de begrafenis van haar jongste dochter bij te wonen. Ondanks deze tragische omstandigheden probeerden we toch goede herinneringen te creëren. De dood van Marianne had een conflict veroorzaakt tussen mij en Piet. Hij voelde zich verantwoordelijk en had moeite om met schuldgevoelens om te gaan. Dankzij mijn wijzere tante Jaantje slaagden we erin om deze problemen op te lossen. Ze was anders dan de meeste andere tantes die ik kende, ik wil snel toevoegen dat ik van hen allemaal hield. Ze was anders omdat ze weduwe was en om die reden mocht ik, als jongen, veel tijd met haar doorbrengen om haar eenzaamheid te verzachten en gezelschap te bieden. Zelfs als jonge jongen stond ik erom bekend een kletskous te zijn en ik vond het leuk om haar te vermaken door te zingen, voor te lezen en toneel te spelen. Ze genoot van het kijken naar etalages en stelde zich voor hoe ze eruit zou zien in die jurk of die schoenen en welk parfum bij haar zou passen. Ze had interesse in mode, film en genieten van heerlijke maaltijden in chique restaurants en gezellige koffiebars. Ze was de Nederlandse versie van Imelda Marcos; ze hield gewoon van veel schoenen, vooral met hoge hakken, waarschijnlijk omdat ze klein van stuk was. Nu ik erover nadenk, leek ze meer op Dolly Parton qua uiterlijk, maar iets kleiner. In mijn vrije tijd nam ik haar mee naar de beste modewinkels van Melbourne, destijds bekend als David Jones, Myers en Walton warenhuis; ze vond dat Nederland niet van dit soort winkels had. Ze genoot van de kosmopolitische sfeer van onze steden en alle verschillende culturen; het multiculturalisme begon steeds zichtbaarder te worden. Tante was ook een natuurlijke gastvrouw, wat ons hielp om beter met ons verdriet om te gaan na de dood van Marianne. Veel van onze Australische vrienden kwamen langs en zij ontving iedereen met haar schattige Nederlands accent met een vleugje Engels; tijdens haar verblijf bij ons werden er recordhoeveelheden koffie gedronken en Nederlandse appeltaart gebakken. Ze vond dat Australiërs veel vriendelijker waren en zeker meer ontspannen dan Nederlanders. Ze zei dat Nederlanders snel van streek raakten en overal een mening over hadden, terwijl de Aussies veel relaxter waren. Na vijf weken moest ze terug naar Nederland. Ik vloog met haar naar Sydney om haar uit te zwaaien; ik kon het niet verdragen om haar alleen over de startbaan te zien lopen en het vliegtuig in te zien stappen. Terwijl we koffie dronken en mensen bekeken in afwachting van haar vlucht, vertelde ze me dat ze de beste ambassadeur voor Australië zou zijn; ze hield van de mensen, het warme weer en de ongecompliceerde manier waarop Australiërs hun dagelijkse taken aanpakten. Ze merkte op dat Nederlanders zelfs helemaal opgedoft naar de supermarkt zouden gaan om melk te halen, terwijl Aussies gewoon comfortabele oude kleren zouden dragen.

In overeenstemming met hun belofte boekten Oom Free en Tante Rie meteen op de dag van hun pensionering in augustus 1973 hun ticket; vijf dagen later vlogen ze naar Melbourne Airport in een KLM-jumbojet en werden ze verwelkomd door een grote ontvangstcommissie. Voor onze familie was dit een grote gebeurtenis. In ons achterhoofd wilden we ons succes in Australië laten zien, ook al werd dat niet zo gezegd. Onze acties, zoals het schilderen van het huis van boven naar beneden, het leggen van vloerbedekking en het opknappen van de tuinen, bewezen dat we op de een of andere manier indruk wilden maken. Het leggen van nieuw tapijt in het hele huis leidde tot de enige echte ruzie die ik ooit met mijn ouders heb gehad; we hadden de mooiste houten vloeren gemaakt van Australisch jarrah-hardhout en nu zouden we deze bedekken met wollen tapijt met afschuwelijke bloemenpatronen. Voor de vrede kozen mijn ouders' keuze. Natuurlijk zag onze tuin op het kwart-acre perceel er geweldig uit; geen enkele Nederlandse tuin leek op onze Australische tuin, dachten we, omdat we Australische inheemse bomen hadden geplant om inheemse vogels zoals rosella's, kaketoes, willy wagtails maar geen zwarte kraaien aan te trekken. Wanneer bezoekers uit het buitenland kwamen, kwamen ze niet slechts voor een paar weken, maar voor drie maanden, of zelfs tot vijf maanden, afhankelijk van hoe nauw de verwantschap was. Ik had een gezegde dat bezoekers zijn als vissen, na vijf dagen vertrekken ze, maar dat gold niet voor onze tantes en ooms; zij werden werkelijk evenveel geliefd. Free en Marie hadden veel foto's meegenomen, maar ook cassettes met gesprekken die mijn oom stiekem, zonder medeweten van andere familieleden, had opgenomen: ze waren ongecensureerd en natuurlijk moesten we urenlang naar ze luisteren en de foto's bekijken. Gelukkig stond er niets slechts op de cassettebandjes en waren de foto's altijd prachtig; je kon niets anders zeggen. Natuurlijk waren onze ooms en tantes voor ons niet veranderd, maar voor hen waren wij veranderd. Zij moesten zich aanpassen; ze bleven me nog steeds bij mijn vierjarige naam Keesje (kleine Keith) noemen en mijn zus werd Liesje (kleine Lizzie) genoemd. We corrigeerden dat snel en zeiden vriendelijk dat we nu volwassen waren, zonder enige belediging. Al snel noemden ze ons bij onze volwassen namen.

Als er visite was van Nederland hadden wij het altijd druk. Op weekends organiseerden we roadtrips en gingen kamperen, beginnend bij de Great Ocean Road naar de Grampians, en vervolgens naar de goudmijnstadjes Ballarat, Bendigo, Swan Hill en Mildura. Daar gingen we aan boord van de Murray River stoomboten voor tochten langs de Murray, de langste rivier van Australië. Telkens wanneer we dode kangoeroes, goannas, wombats, possums, galahs en kakatoe's op de weg zagen, stopten we om voor oom Free foto's te maken, wat ik eigenlijk niet leuk vond. Ik wilde dat ze niet alleen de doden toonden in Australië, maar ook alles wat leeft; dit land was immers levendig. Daarom kocht ik een grote familietent met drie slaapkamers en ruimte voor zes personen, zodat we op roadtrips konden gaan zonder in dure motels te hoeven verblijven.

Door gesprekken bleken verschillende familiegeheimen naar boven te borrelen die mijn ouders me niet hadden verteld. Ongetwijfeld heeft elke familie zijn geheimen en lasten om te dragen. Ik ontdekte al snel dat wij inderdaad geheimen hadden. Een van de nichten van mijn vader had relaties gehad met Duitse soldaten en was zwanger geworden van een Duitser. Ik was nieuwsgierig naar hoe de familie hiermee was omgegaan. Men vertelde me dat zij niet met de nazi's samenwerkte, maar alleen een romantische relatie had. De familie accepteerde haar en haar kind, en hielden van haar. Het verbaasde me zeer dat het kind eigenlijk een van mijn favoriete neven was, die destijds een Nederlandse filmster was. Zoals ze zeggen, alles is geoorloofd in liefde en oorlog. Nu kon ik vragen stellen die ik als elfjarige niet kon stellen. Deuren gingen open in mijn geest en de ontbrekende puzzelstukjes vielen op hun plaats.

Natuurlijk wilden al onze Australische vrienden onze Nederlandse familie ontmoeten, en dat deden ze. Mijn oom hield van vissen en de Aussies namen hem elke dag mee vissen op het strand van Ocean Grove. Op een dag, tijdens het vissen in de Macalister-rivier in Gippsland, haakte Oom Free een schildpad, wat hem geen goed gevoel gaf. Hij zei dat een schildpad geen vis was en dat hij de haak met aas niet had moeten happen. We slaagden erin de haak te verwijderen en de schildpad los te laten, hopelijk met weinig pijn. Ik was blij dat ik vegetariër was en niet verantwoordelijk was voor het vangen en slachten van gevangen prooi.

Oom Bram en Tante Corrie kwamen twee jaar achter elkaar twee keer naar Australië omdat ze er geen genoeg van konden krijgen. Ze waren dol op de voortreffelijke smaak van Australische wijnen, die bovendien goedkoper waren dan Europese wijnen. Voor de meeste Nederlanders, waaronder veel van onze familieleden uit Terneuzen in Zeeland, was de prijs van dingen erg belangrijk. Ook oom Bram en Tante Corrie namen wij overal me naar toe onder anderen een trip naar Heyfield een plaatsje midden in Victoria waar ook family woonden van Terneuzen.

Het was een kleine stad waar iedereen wel iemand kende, en dat gold ook voor Piet's nicht, Corrie van Doeselaar- Bootsgezel, die in Heyfield woonde. In 1952 waren zij naar Australië verhuisd met hun twee kinderen Sophie en François, die in Australië Frank genoemd werd. Het zoeken naar hen in 1964, nadat we ons hadden gevestigd in Portarlington, was een van de meest aangrijpende momenten in mijn leven. Uiteindelijk vonden we hen op een gemengde boerderij buiten Heyfield, waar ze een varkenshouderij, gevogeltekwekerij en rundvleesvee hadden. Opvallend genoeg kenden verschillende mensen in Heyfield de van Doeselaars en vertelden ze vol trots over de prestaties van Sophie en Frank. Onverminderd blijf ik het typisch Nederlands vinden dat ze zo betrokken waren bij en opgenomen werden in de Australische gemeenschap.

Toen we aankwamen, herkende Frans ons niet meteen omdat hij bezig was met het plaatsen van een hek. Maar toen hij mijn vader Piet zag, was zijn glimlach geweldig. Het was ontroerend om te zien hoe Corrie van de ene kant naar de andere kant van haar grote keuken rende vanwege haar opwinding. De warme ontvangst en het gevoel van liefde dat werd ontvangen en gegeven zal ik nooit vergeten. Al snel voegden Frank, zijn Australische vrouw Pearl en hun twee kinderen Frankie en Diana zich bij ons. We genoten van een gezamenlijke lunch met pannenkoeken en konden daarna in ons Zeeuws-Vlaamse dialect praten, iets wat we niet zouden doen als onze Engelssprekende familieleden in de buurt waren. Frans en Corrie deden me denken aan mijn grootouders; ze lazen veel boeken. Ik bouwde een goede vriendschap op met hen en bracht enkele onvergetelijke vakanties door, omdat we zoveel gemeen hadden. Helaas overleed Frans kort daarna aan longkanker op de jonge leeftijd van 62 jaar. Hij had altijd zwaar gerookt en had tijdens de oorlog geleden als krijgsgevangene in Duitsland, waar hij gedwongen werd om in een nazikamp te werken.Deze ervaringen hadden een negatieve impact op zijn gezondheid, en hij hoopte dat migreren naar Australië zou helpen om de oorlogsherinneringen te doen vervagen. Tijdens onze roadtrip met de Nederlandse familieleden uit Terneuzen, voegden de van Doeselaars zich als vanzelfsprekend toe aan onze reisroute. Corrie was extatisch toen ze mijn oom Bram Stoffells ontmoette; ze hadden beiden in hun jongere jaren deelgenomen aan een toneelvereniging genaamd AJC (Arbeiders Jeugd Centrale), een socialistische beweging in Terneuzen. Zodra ze herenigd waren in Australië, begonnen ze teksten te citeren die ze veertig jaar daarvoor hadden gerepeteerd. Ze zongen liedjes uit de jaren 1930-musical Ketelbinkie en deelden Nederlandse poëzie, terwijl wij allemaal meededen. Het was op dat moment dat ik me besefte hoe waardevol de Nederlandse cultuur was. Dit was nog vóór de tijd van globalisering en commercialisering van de Nederlandse cultuur, waarin de cultuur, taalnormen en waarden van Australië langzaam samensmelten met de mondiale massacultuur. Nu zingen we hetzelfde lied, spreken we dezelfde talen en zijn we bijna allemaal actief op sociale media, zoals Facebook, Twitter en Google. De tijden veranderen, maar dat is altijd al zo geweest; er is niets nieuws onder de zon.

Toen mijn oom Kees en tante Dolly met pensioen gingen, voegden ze zich ook bij ons. We haalden herinneringen op, wat bijzonder interessant was omdat tante Dolly oorspronkelijk de vriendin van mijn vader was. Ze ontmoetten elkaar toen de eerste Nederlandse troepen Hilversum bevrijdden. Hoewel Piet destijds maar kort in Hilversum verbleef, stelde hij Dolly voor aan mijn oom Kees, en zij werden verliefd en trouwden. Ik had de gelegenheid om alle ins en outs van de familiegeschiedenis te ontdekken, inclusief de emotionele kant van mijn opa Kees waar ik altijd bewondering voor had. Een bijzondere herinnering die oom Kees deelde, was toen hij op het punt stond om naar Nederlands-Indië te vertrekken om de Japanners te verdrijven. Hij ontdekte mijn opa in het toilet van zijn schip, de Scheldestroom. Mijn opa zat daar al een lange tijd omdat hij afscheid wilde nemen van zijn vader. Oom Kees kon niet langer wachten, anders zou hij zijn transport missen. Mijn opa riep simpelweg vanuit het toilet: 'Salut, salut, tot ziens'. Het was een vreemde situatie, maar wellicht kon hij gewoon geen afscheid nemen. Sommige mensen weten daar geen raad mee, en verstoppen zich dan in het toilet of maken zichzelf onzichtbaar.

Tante Dolly had een enorm gevoel voor humor, hier verteld onze Australische cousin een lolletje tegen Dolly en Bets, ik de nuchtere kon het lolletje niet zo goed begrijpen de dames wel

Rondom het bezoek van Kees en Dolly werden negatieve herinneringen uit de jeugd van mijn vader Piet opgerakeld. Het werd duidelijk dat hij enige wrok koesterde jegens zijn jongere broers, omdat zij het voordeel hadden gehad van een technische opleiding, terwijl hij dit niet had. Piet beweerde dat zijn moeder had gezegd dat hij niet slim genoeg was. Helaas had hij deze pijn gedurende het grootste deel van zijn leven met zich meegedragen, en deze gevoelens kwamen vooral naar voren wanneer nauwe familieleden op bezoek waren. Het lijkt erop dat bezoekers herinneringen aan het verleden doen herleven, waardoor verdrongen gevoelens weer naar boven komen. Piet uitte onterecht tegenover zijn broer Kees dat hij de favoriet was van hun moeder en dat hij verwend werd. Dit gevoel van afwijzing werd verergerd door de dood van mijn zus, waar Piet niet goed mee kon omgaan en hij gaf zichzelf de schuld van haar overlijden. Het bezoek van Dolly en Kees bood ons de mogelijkheid om deze kwesties te bespreken. Voor mij was dit een prachtig voorbeeld van hoe families problemen kunnen oplossen door middel van communicatie. Dit was mogelijk omdat we nooit de neiging hadden om elkaar te beschuldigen of te klagen, en we kozen ervoor om altijd respectvolle taal te gebruiken. Kees en Dolly brachten enkele weken door bij Corrie in Heyfield, omdat Kees ook haar neef was. Ze zongen vele liedjes en haalden herinneringen aan hun jeugd op. Het delen en creëren van herinneringen opende mijn geest en wakkerde mijn nieuwsgierigheid verder aan.

Tante Rie kwam vier keer gedurende een periode van zes jaar, vaak reisde ze samen met haar vriendin Sarah van der Hooft, een jeugdvriendin, tijdens de zesentwintig uur durende vlucht. Het was grappig dat ze dezelfde achternaam hadden, maar geen familie waren. We hadden Sarah al meerdere keren ontmoet tijdens tussenstops in Tasmanië, en ze vertelde ons over haar kleinzoon, die een bakkerij runde en aan reuma leed. Ze bezocht hem vaak omdat ze zich zorgen maakte over zijn gezondheid. Helaas voelde Sarah zich op een dag tijdens een wandeling in het park moe, ze zakte in elkaar tegen een boom en zei: 'Ik had nooit naar Australië moeten komen, ik hou van jullie allemaal'. Vervolgens overleed ze onder een eucalyptusboom. Haar kleinzoon van Tasmanië kwam naar Piet en Bets in Victoria om de begrafenisregelingen te treffen. Vanwege zijn gezondheid kon hij niet autorijden, dus bood Piet aan om hem te rijden om het transport en de verzekeringsregelingen voor het terughalen van Sarahs kist naar Nederland te regelen. Tante Rie, 83 jaar oud, moest het lichaam begeleiden en zij gedroeg zich moedig en stoïcijns. Het is moeilijk voor te stellen dat je naar Australië komt voor een vakantie en dan plotseling overlijdt. Dit leerde ons de waarde van een goede reisverzekering en herinnerde ons eraan hoe vergankelijk het leven is en hoe belangrijk het is om goede en liefdevolle relaties op te bouwen, niet alleen met familieleden, maar met alle mensen om ons heen.

Eén van mijn favoriete neven die verschillende keren op bezoek kwam, was Ronald van der Hooft, de kleinzoon van Tante Rie. Hij was een econoom of iets dergelijks, werkzaam in investeringen bij een grote Nederlandse Wereldbank. We maakten lange wandelingen door de Australische bush en spraken over economie, met name het consensus Polder Model, en natuurlijk wereldgeschiedenis en de toekomst. Ronald had een scherpe geest en stelde veel vragen. Wanneer Nederlanders iets vragen, klinkt het vaak als een ondervraging, met korte, precieze zinnen. In het begin vond ik dit intimiderend en arrogant, maar dat bleek helemaal niet het geval te zijn. Nederlanders lijken gewoon zelfverzekerd te zijn in wat ze doen en willen, wat botste met mijn nonchalante houding. We ontwikkelden een zeer goede relatie gedurende zes jaar. Telkens als hij op bezoek kwam, liet hij een Nederlands boek achter om te lezen. Het laatste boek dat hij achterliet, was "De Eeuw van Mijn Vader" door Geert Mak. Dit boek van Geert gaf me de impuls om "Vertrek "te schrijven, het was een geweldige katalysator en bracht zeker momenten van serendipiteit met zich mee.

Vanwege mijn betrokkenheid als vrijwilliger bij de Victorian Aids Council kwam ik in contact met verschillende Nederlandse onderzoekers en journalisten op het gebied van AIDS. In het bijzonder heeft een journalist genaamd Arjen Broekhuizen mijn Nederlandse identiteit waarschijnlijk meer versterkt dan anderen. Mijn goede Australische vriend, Ewen Trigellis-Smith, stelde me in de zomer van 1988 voor aan Arjen en zijn partner, Martin Golding, een Australische diplomaat in Den Haag. Arjen stond bekend om zijn uitstekende reputatie als gezondheidsjournalist, gespecialiseerd in HIV/AIDS-kwesties op zowel politiek als medisch gebied. Tijdens mijn frequente bezoeken aan Nederland nodigde hij me uit om bij hem te verblijven in Son en Breugel. Zijn gastvrijheid, vrijgevigheid en vriendelijkheid raakten me diep. Hij organiseerde zelfs een Nederlandse barbecue ter ere van mij, waarbij ik zijn collega's en vrienden kon ontmoeten. Zo begon ik een netwerk van Nederlandse vrienden op te bouwen, iets wat ik altijd al wilde maar moeilijk vond in Australië. Arjen en ik hadden veel gemeen. Hoewel hij leek ongelovig te zijn, sprak hij vaak over het christendom, filosofie en Nederlands- Romeins recht en geschiedenis. Hij had op een christelijke calvinistische school gezeten, net als ik.

Mijn beheersing van de Nederlandse taal verbeterde aanzienlijk door Arjen's begeleiding. Hij had een geweldig gevoel voor droge Nederlandse humor, wat goed paste bij mijn droge, laconieke Australische humor. Wanneer hij en Martin naar Melbourne reisden, verbleven ze meestal bij mij thuis.

Deze periode was verrijkend op cultureel gebied, met vele wandelingen in de bush, klassieke concerten en inspirerende discussies over politiek, gezondheid en relaties. Onze gedachten vonden hun plek op de terrassen langs de Yarra-rivier in South Bank. We genoten van goed eten, goede wijn en warme vriendschappen. Door Arjen leerde ik Remy Van Heezik kennen, een scherpzinnige, intelligente en goed gelezen Nederlander. Hij bracht me de fijne kneepjes van de Nederlandse literatuur bij en maakte de Nederlandse taal levendig, leuk en verrijkend voor mij. Dankzij hem werd Nederland een zorgeloze taal. Hij bezocht me meerdere jaren in Australië als een frequente gast en nu verblijft ik ten gast bij Remy en zijn man Reiner als ik in Nederland ben.

HOOFDSTUK 31

Dementeren; Zit de deur naar de hemel onderaan het graf?

Een telefoontje kan de hele richting van iemands leven veranderen. Dat overkwam mij toen mijn zus Liz belde en zei: 'Pa is verdwaald, we kunnen hem niet vinden.' Zij waren met z'n allen op een picknick toen Piet even een korte wandeling maakte om een rekening te betalen, maar hij kwam niet terug. In dit verhaal verwijzen de woorden 'Pa', 'Papa' en 'Piet' allemaal naar mijn vader. Mijn moeder Bets noemde mijn vader altijd Piet als ze direct zijn aandacht wilde, en Pa als ze naar hem verwees in ons bijzijn. In haar dementerende toestand noemde ze mijn vader altijd Pa: 'Waar is Pa?' vroeg ze constant. Na nog eens twee uur kregen we het tweede telefoontje dat ze Pa hadden gevonden; hij lag in het Geelong ziekenhuis met een gebroken heup. Hij had geprobeerd over een rots te springen, miste en viel waardoor hij zijn heup brak. Geen goede situatie voor een man van vijfentachtig jaar.

Ik had op de een of andere manier het gevoel dat dit allemaal onheilspellend was; het voelde als het begin van het einde, en mijn voorgevoelens kwamen meestal uit; ze waren een waarschuwing om van richting te veranderen en me voor te bereiden op een grote overgang. Rustig pakte ik mijn overnachtingstas in en nam ik de treinreis van zevenenvijftig minuten naar Geelong. Terwijl ik in de trein zat en luisterde naar de kalmerende maar monotone geluiden van het rollen van de wielen, vroeg ik me af hoe Bets het zonder Piet aan haar zijde zou redden. Zij kreeg in 2005 de diagnose Alzheimer. Ik maakte me destijds al zorgen dat ze dingen vergat, zoals vragen stellen over mijn auto, die ze op de oprit zag staan. Ze wilde weten van wie die zilverkleurige Ford Falcon was. Ik antwoordde en zei dat het mijn auto was. Ze zei: 'Nee, dat is niet jouw auto, jij rijdt in een oranje auto, een Holden Torana.' Dat was dertig jaar geleden toen ik zo'n sportwagen had; nu rijd ik in een zilverkleurige auto. Toen ik voorzichtig uitlegde dat dit lang geleden was, raakte ze van streek en keek verdrietig. Bets wist wat er gebeurde; soms huilde ze stilletjes in haar eentje, hopend dat niemand haar zou zien, maar wij zagen het wel.

Zus Liz stelde voor om haar naar een gerontoloog te brengen voor een geheugentest, hoewel we al het vermoeden hadden dat het de beginfase was van dementie. Drie van Bets' broers en zussen, haar oudere broer Jan, haar oudste zus Rie en haar op-een-na oudste zus Corry, hadden in Nederland allemaal al de diagnose Alzheimer gekregen; we zouden niet verbaasd zijn als het nu Bets haar beurt was . We lazen de literatuur en daar stond dat Alzheimer niet erfelijk is. Nou, in ons geval kunnen we vergeven worden als we denken dat het erfelijk is. Ze zeggen dat het niet erfelijk is, maar als je anekdotisch kijkt, zie je families zoals Bets' familie, waarvan vier van de zeven broers en zussen dementiegerelateerde aandoeningen hadden Bets' ouders werden meer dan tachtig en hadden geen last van dementie.

Mijn drieëntachtigjarige oma van moederskant voerden geweldige filosofische discussies met mijn over Spinoza, Erasmus en Plato. Zulke redelijke discussies kun je niet voeren als je zelfs een beetje dementie hebt; zij was scherp tot het einde. We vroegen ons af of levenslang koken in aluminium pannen, of het gebruik van chemicaliën en aluminiumhoudende deodorant de oorzaak was, maar Bets' moeder kookte veertig jaar lang in aluminium potten. Het komt erop neer dat we eigenlijk niet weten wat Alzheimer veroorzaakt, nog niet tenminste. Ik had mijn twijfels over welk voordeel een diagnose van dementie zou bieden. Dus je krijgt de diagnose, en dan? Er is geen bekende behandeling. Ik ben tot die conclusie gekomen door het internet af te speuren naar deskundigenadviezen en de nieuwste behandelingen.

Omdat ik meerdere talen beheers, heb ik in die talen gezocht naar informatie die onderzoekers uit Nederland, Duitsland, Frankrijk en Zweden naar voren brachten. Dit gaf ons nog meer informatie dan wat de Britse, Amerikaanse of Australische onderzoekers naar voren brachten. Op basis hiervan ontvingen we deskundig en tegenstrijdig advies, wat ons uiteindelijk in staat stelde om zelf beslissingen te nemen. Echter, in dit geval had ik het deels fout. De gerontoloog zei dat hij Reminyl zou voorschrijven, omdat het bij sommige mensen de vroege stadia van dementie vertraagt. En in het geval van Bets vertraagde het inderdaad de progressie van Alzheimer. De diagnose was waardevol en de gerontoloog adviseerde ons hoe we ons leven langzaam konden aanpassen aan de situatie van onze ouders.

Het eerste wat we moesten doen, was een volmachten regelen financieel en medisch zorg zolang mijn ouders nog helder waren in de zakelijke details van hun leven. Dat was een van de beste adviezen die we ooit hebben gekregen bij de zorg voor onze ouders. Op die manier konden we ervoor zorgen dat hun wensen werden vervuld en het maakte de zaken zeker minder gecompliceerd, zonder bureaucratische nachtmerries bij het omgaan met verschillende dienstverlenende instanties, banken, ziekenhuizen en medische beslissingen. Terwijl de trein Geelong naderde, dacht ik weer aan Piet. Hoe zou ik hem vinden in het ziekenhuis? Ze hadden hem vastgebonden omdat hij het verplegend personeel wilde tegenwerken. Hij dacht dat ze Duitsers waren, op het moment dat hij mij zag, zei hij: 'Ze zijn allemaal Nazi's hier, ze hebben me vastgebonden.' 'Alsjeblieft,' smeekte hij, 'maak de banden los.' Hij was overduidelijk neerslachtig door de vernedering die het met zich meebracht. Ik antwoordde: 'Ja, pap, maar nog even niet, ik moet eerst de knopen onderzoeken om te zien hoe ik ze kan losmaken. Ik kan geen mes gebruiken, anders zou ik je per ongeluk kunnen snijden.' Toen werd hij boos op me en riep: 'Jij staat ook aan de kant van de Nazi's', omdat ik hem niet snel wilde bevrijden. De oorlog en de effecten ervan waren nooit ver weg. In hetzelfde jaar dat Bets werd gediagnosticeerd met vroege Alzheimer, werd Piet gediagnosticeerd met Parkinson. Hij kreeg medicijnen voorgeschreven in de hoop het beven te stoppen en zijn looppatroon te stabiliseren.

Op het eerste gezicht veranderde er niet veel; hij probeerde nog steeds zijn model schepen te bouwen. Hij was net begonnen met de constructie van een nieuw model van de Batavia en ging door met surfen op het internet en e-mails schrijven naar zijn oude legerkameraden. Het trillen van zijn handen maakte elke taak die precisie vereiste moeilijk; gelukkig hielpen voorgeschreven tabletten om het trillen te stoppen. Soms leken de tabletten echter een melancholische stemming te veroorzaken die tot totale depressie leidde. Dit kwam door een te zware dosis; er werd een lichtere dosis voorgeschreven en het leven kreeg weer een zekere regelmaat. Dagelijkse rituelen zorgden voor stabiliteit voor zowel Piet als Bets. Toch merkten we dat kleine dingen beperkingen werden, zoals langer doen over het aankleden of dingen vinden; schoenen aantrekken vergde veel moeite. Zijn trots weerhield hem ervan ons te laten helpen met aankleden; uiteindelijk accepteerde hij onze hulp. Parkinson is een langzaam sluipende ziekte die mensen invalide maakt. De gezichtsspieren zakken vaak in, waardoor er een vreugdeloze en droevige uitstraling ontstaat; dat was voor mij het moeilijkst, omdat ik met hem praatte en er geen sprankeling meer was zo als vroeger. Ook de spieren van zijn stembanden waren verslapt, waardoor het erg moeilijk was om hem te verstaan. Hij was zich daarvan bewust en er sprongen tranen in zijn ogen. We wisten dat hij zich gênant voelde wanneer vrienden of familie op bezoek kwamen; mijn zus of ik waren altijd aanwezig voor een gesprek en om bezoekers te ontvangen. Ik zorgde ervoor dat hij nog steeds zijn modelschepen kon laten zien, waar hij trots op was; de bouwplannen werden tevoorschijn gehaald en hij nam de bezoekers mee naar de kamer waar de meeste van zijn modelboten tentoongesteld stonden. Bijna als een wonder kwam hij tot leven met enthousiasme, zijn stem werd sterker en stabieler. Ja, we waren ons allemaal bewust van zijn slappe spraak, alsof hij dronken was, dat is de verraderlijkheid van de ziekte. Vaak zat hij stil in zijn stoel en zag er zo verdrietig uit. Vrienden stopten met langskomen, waarschijnlijk bang om geconfronteerd te worden met hun eigen sterfelijkheid, of gewoon omdat ze zich ongemakkelijk voelden en niet wisten hoe ze moesten communiceren of wat ze moesten zeggen. Op die momenten ging ik naast hem zitten, pakte ik zijn arm vast en streelde ik deze zachtjes, en zei in het Nederlands: 'Papa, is er iets? Je ziet er zo droevig uit.' Hij probeerde te glimlachen en zei: 'Alles is goed jongen.' Af en toe had Piet last van hallucinaties, wat ook een onderdeel kan zijn van Parkinson. Eens waarschuwde hij me tijdens het koffiedrinken of het kijken naar BVN, de Nederlandse zender, hij zei ; Let op, Kees, er ligt een tijgerslang opgerold onder jouw stoel.' Geschrokken zei ik: 'Oké, pa, ik zal de bezem pakken en hem doodslaan.' Ik deed alsof ik de slang doodde. Een andere keer klopte hij op mijn slaapkamerdeur en zei: 'Kees, de nazi's hebben je moeder meegenomen. Ze is in het kantoor van de commandant. Ze willen honderd gulden borg voordat ze haar vrijlaten. Ga haar alsjeblieft halen.' Ik stond op, maakte een kopje thee en ging terug naar zijn slaapkamer om te vertellen dat mama weer thuis was; meestal duurden de hallucinaties maar een paar minuten. Ik speelde mee alsof de hallucinaties echt waren, dit kalmeerde hem juist, in plaats van te proberen uit te leggen dat wat hij zag niet echt was. Ik heb eerder geprobeerd om hem te kalmeren, maar dat veroorzaakte alleen maar meer stress. Dus deed ik alsof de hallucinaties echt waren en speelde ik mee met het herstellen ervan. Helaas werden de hallucinaties uiteindelijk fataal voor Piet. Op een avond stond hij plotseling op van zijn stoel om zijn model van de 'Endeavour', het schip van James Cook, te pakken. Ik vroeg verbaasd: "Pap, wat doe je?" Hij antwoordde: "De 'Endeavour' zit vol met tijgerslangen en ik moet ze buiten gooien, anders bijten ze mama". Voordat ik hem kon tegenhouden, viel hij. Ik zag een pijnlijke grijns op zijn gezicht. Snel hielpen we hem overeind en zetten hem op een stoel. Mijn moeder en ik gingen naast hem zitten, hielden zijn hand vast en bedekten hem met een deken om hem comfortabel te maken. Hij genoot van de aandacht en zorg. Ondanks haar Alzheimer was mijn moeder buitengewoon behulpzaam en herhaalde ze alles wat ik zei op haar eigen lieve manier. De warme chocolademelk die ik maakte, dronken we samen op. Zonder dat we het wisten, was dit de laatste keer dat we allemaal samen in de woonkamer waren.

De volgende dag had Piet koorts en kon nauwelijks lopen. Hij bleef vier dagen in bed en zei dat als hij het huis zou verlaten, hij nooit meer zou terugkomen. Op een dag werd hij zo zwak dat we de ambulance moesten bellen. Ik tilde hem voorzichtig in de ambulance en legde hem op de brancard. Hij vroeg me om mijn speciale tiltechniek te gebruiken, omdat ik de enige was die hem zonder pijn kon tillen. Ik was dankbaar dat ik mijn sportieve activiteiten, zoals gewichtheffen en bodybuilding, had voortgezet. Bets was er niet bij toen Piet naar het ziekenhuis werd gebracht, omdat we wisten dat het te veel voor haar zou zijn. In plaats daarvan bracht Liz haar naar St. Laurence, een dagopvangcentrum. Sinds ik fulltime voor Bets en Piet zorgde, ging zij twee keer per week naar St. Laurence voor wat rust en herstel. Bets was altijd blij tijdens haar verblijf bij "haar dames", zoals ze haar vriendinnen noemde. Mijn zus had al het voorwerk gedaan bij het zoeken naar een verpleeghuis waar Piet en Bets samen konden zijn en nog steeds samen konden slapen, net zoals ze dat al drieënzestig jaar deden.

Ik volgde met een bezwaard hart de ambulance en hielp mijn vader uit de ambulance. Het wachten in het ziekenhuis duurde lang, maar het moest zo zijn. Ik zat aan zijn bed, we dronken allebei koffie. Hij leek zo ontspannen en berustend in wat er te wachten stond. Dit was zijn moment van bezinning. Hij vertelde me over zijn leven, alsof ik het niet al wist. Ze waren meer dan zestig jaar mijn ouders; hij droeg eindeloze gedichten voor die hij op school had geleerd, waarvan veel erg grappig waren. Het was vreemd dat zijn spraak plotseling verbeterd was en zijn uitspraak perfect was, misschien omdat het Nederlandse poëzie was. Hij zong ook voor me en zei dat ik een heel goede zoon was, maar dat hij zich vroeger zorgen maakte dat ik geen partner had gevonden om mijn leven mee te delen. Hij voegde eraan toe dat hij kon zien dat mijn leven rijk en vervuld was. Na negen uur aan röntgenfoto's en een overvloed aan andere medische tests, kwamen de verpleegsters van de operatiekamer. Het zingen stopte en zijn ogen toonden een tijdelijke paniek. Ik hield zijn hand vast en liep langs de brancard, zonder oogcontact te verliezen. Voordat ze hem verdoofden, stroomden de tranen. Een Nederlandse verpleegster zei: 'Opa, alles komt goed'. Ik veegde zijn tranen weg, omhelsde en kuste hem en zei: 'Ik wacht op je, tot na je heupoperatie'. Hij glimlachte en gleed weg in de wereld van de narcose. Intuïtief wist ik dat dit mijn afscheid was aan deze kant van de hemel; mijn geloof gaf me veel troost. Mijn trooster troostte; ik voelde een aanwezigheid en een verre stem. Bets wachtte op me thuis; toen ze me voor het eerst zag, was ze erg blij om me te zien. Ik haastte me naar mijn kamer om mijn gezicht te verbergen in een grote badjas van badstof en huilde stil. Ik waste mijn gezicht en maakte me klaar voor het avondeten dat Liz had klaargemaakt, nu waren we alleen met z'n drietjes. Bets raakte van streek omdat ze niet begreep waarom ik Pa niet vanuit het ziekenhuis had meegenomen en vroeg voortdurend waar Pa was. Ik vertelde het haar, maar het drong niet tot haar door; ze bleef steeds opnieuw vragen.

Piet's laatste wandeling aan het strand in Lorne bij The Great Ocean Road .
Bets wandelden altijd met hem dan was zij echt gelukkig en zij, een hele vrolijke
opgewekte Alzheimers patiënt; foto September 2011 twee weken hier na stierf hij

HOOFDSTUK 32

Leven in een Gelukkige Toestand met Alzheimer

Ik zette een DVD van Andre Rieu op met Nederlandse muziek en liedjes; ze hield ook van gospelmuziek en was blij als we samen zongen. In haar leven met Alzheimer was ze het gelukkigst met muziek, kinderen, kleinkinderen en zes achterkleinkinderen; dat was het paradijs voor Bets. Het effect van deze vreugdevolle momenten zou nog enkele dagen aanhouden, zelfs als ze zich niet kon herinneren; het gevoel van veiligheid en geliefd zijn moet dieper gaan dan de geest. Maar wie weet echt wat er in het hoofd van een Alzheimer- patiënt omgaat? Ze stellen vaak dezelfde vragen, terwijl ze op zoek zijn naar antwoorden. We hielden van haar en zorgden ervoor dat ze nooit alleen zou zijn in de angstaanjagende wereld van Alzheimer, en het was angstig; verschillende keren, in een helder moment, keek ze me met verontruste ogen aan en zei: 'Je weet niet hoe het is om je verstand te verliezen, zoals ik het verlies.' Op zulke momenten voelde ik dat mijn hart zou barsten. Ik reikte naar haar uit, omhelsde haar, streelde haar haar en wiegde haar gezicht terwijl ik het kuste, en daarna zette ik koffie. Ze hield van gezelligheid. Als ik over Jezus sprak, leek ze vrede te vinden. Soms vroeg ze me of ik geloofde in wonderen; dan antwoordde ik: 'Ja, ik geloof in wonderen en in hoop. Hoop is altijd een wonder, en we zijn altijd aangenaam verrast als dingen goed uitpakken ondanks de omstandigheden.' Dan vroeg ze: 'Is er hoop voor mij?' En ik antwoordde: 'Ja, mam, er is veel hoop. Je wordt geliefd, ja.' Ze glimlachte. 'Ja, ik word geliefd.' Piet lag in het ziekenhuis. Elke dag reden we naar Geelong en bleven maar een uur. Het enige wat ze wilde, was bij papa zijn en hem mee naar huis nemen; het was hartverscheurend om hem in een comateuze toestand te zien. Piet had zijn tweede heupoperatie in twee jaar overleefd, maar kon nu geen voedsel of vloeistoffen meer doorslikken; het belandde in zijn luchtpijp en vulde zijn longen, waardoor hij verdronk. Hij had al alle intraveneuze naalden eruit getrokken en weigerde de medicatie die hij toch niet kon slikken. Het was duidelijk dat hij gewoon met rust gelaten wilde worden. Ik bracht mama naar het St. Laurence dagopvangcentrum, waar ze blij deelnam aan de dagelijkse activiteiten, maar nerveus wachtte om aan het einde van de dag opgehaald te worden. Keer op keer vroeg ze aan de verzorgers: 'Wanneer komt mijn zoon?' Ik bracht het grootste deel van de tijd door bij Piet in het ziekenhuis, totdat een verpleegster tegen me zei: 'Heeft u nagedacht over palliatieve zorg?' Ik had een vaag idee van wat het betekende; we ontmoetten de arts voor palliatieve zorg, die ons vertelde dat ze Piet aan een infuus zouden leggen en dat hij vredig zou sterven binnen vierentwintig uur. We hoefden niet lang na te denken; we wisten wat hij zou kiezen. Mijn nichtje Ebony kwam met muziek. De kamer was niet steriel, ondanks de klinisch witte muren; enkele groene planten zorgden voor een huiselijke sfeer. Piet lag comfortabel en had een serene uitstraling; we wisselden elkaar af om bij hem te zitten. Ik las stukjes voor uit zijn favoriete boeken, meestal maritieme boeken over Nederland, de zee en de polders. Zijn favoriete boek was 'Holland's Glory' van Jan de Hartog. Hij mocht de vrouw van zijn kleinzoon Josh, Femke, graag omdat ze een mooie Nederlandse meid uit de polders was. Ebony en haar man Andrew zorgden ervoor dat hun twee kinderen oppas hadden , zodat ze het grootste deel van de tijd bij haar opa kon zijn, zijn meest geliefde kleindochter. Hij had om haar gehuild toen ze ernstige gezondheidsproblemen had; hij was bang voor nog een Marianne. Er was geen laatste bijeenkomst van de familie rond zijn bed, maar we rouleerden zodat hij niet alleen zou zijn; al zijn kleinkinderen kwamen om 'vaarwel, tot we elkaar weer ontmoeten' te zeggen. Terwijl ik naast zijn bed zat en zijn hand vasthield, praatte ik normaal tegen hem; hij hield van mijn humor. Ik zei: 'Pap, ik ga naar het cafetaria voor een latte. Ik haal er ook een voor jou.' Nadat ik terugkwam met de koffie, hield ik zijn hand vast, mijn kartonnen bekertje in de andere hand, en vertelde wat ik in het cafetaria had gezien en wie er waren, en zei: 'Pap, er waren zoveel grote mannen, zo groot dat als je om hen heen zou lopen, je zou zeggen: "Ik zie je over tien minuten."' En ik praatte over de mooie verpleegsters, mannen en vrouwen, die voor hem zorgden. Ik zei: 'Pap, als je me kunt horen, kun je dan in mijn hand knijpen?' Natuurlijk gebeurde er niets, maar na negentig seconden voelde ik een kneepje, het enige dat niet voortkwam uit een zenuwtrekking.

Het was avond en ik keerde huiswaarts en was afgelost te worden door Josh. Een vriendin genaamd Tina Wong kwam langs, een ongelooflijke vrouw vol geloof. Ze had een goede invloed op ons en bracht de geest van de trooster met zich mee. De volgende ochtend was Femke, Josh's vrouw, aanwezig toen hij zijn laatste adem uitblies. De morfine had zijn werk gedaan met waardigheid en zonder pijn, precies zoals voorspeld, vierentwintig uur lang. Nu was het tijd om zijn leven te vieren. Natuurlijk waren we verdrietig, maar we beseften dat hij een goed geleefd leven achterliet, zestigdrie jaar getrouwd met zijn geliefde Bets. Ik reed ietwat droevig naar St. Laurence om bij Bets te zijn en haar te vertellen dat Pa was heengegaan. Ik koos voor een teder moment tijdens een kopje thee. Ze huilde even, maar kon niet volledig bevatten wat het betekende. Ze was simpelweg blij om te weten dat Pa nu in een betere ruimte was zonder lijden. Ze voelde zich tevreden en gelukkig dat ze al die jaren getrouwd was geweest met deze geweldige man.

Tijdens vele bezoeken aan het dementiehuis in St. Lawrence ontmoette ik talloze Alzheimerpatiënten. Ik zag hoe velen van hen een kinderlijke natuur hadden. Mijn moeder, Bets, had de geest van een onschuldig en lief meisje. In het begin was het moeilijk te accepteren, maar na verloop van tijd leerden we hiermee om te gaan. We beseften hoe gezegend we waren dat ze haar vriendelijke, medelevende aard had behouden.

Op deze warme oktobermiddag, de dag waarop haar man was overleden, zaten we samen in de tuin en bladerden we door een van de vijftien fotoalbums die Piet had klaargemaakt voor zo'n gelegenheid. Telkens wanneer Bets naar foto's keek, leek haar Alzheimer even te verdwijnen. Ze herinnerde zich de gelegenheden en de mensen op de foto's, en voor een moment was ze weer mijn oude moeder. Maar zodra de fotoalbums dichtgingen, vervloog haar herinnering weer. Alles was vergankelijk geworden. Voor haar was de tijd van het creëren van nieuwe herinneringen voorbij.

We zongen samen een lied en ik zei: "Ik ga even naar het toilet, ik ben zo terug." In werkelijkheid reed ik naar huis. Als ik had gezegd: "Ik ga nu naar huis," zou ze beginnen te huilen en met me mee willen gaan. Dat zou te veel drama veroorzaken. Dus zei ik liever dat ik naar het toilet ging. Dat was beter voor iedereen. Op de dag van de begrafenis begreep mijn moeder Bets nog steeds niet dat haar man was overleden. Tijdens de dankdienstviering was er geen kist aanwezig. Een besloten begrafenis had plaatsgevonden, waarbij we niet wilden dat moeder Bets aanwezig was. Haar verdriet zou ondraaglijk zijn en haar toestand verergeren. Ze begreep immers niet langer de reden achter dergelijke zaken. Piet werd geëerd door al zijn vrienden en in het bijzonder door zijn werkgevers John en Tom Korevaar. Ze reden een lange weg om naast het graf in de stromende regen te staan. In plaats van bloemblaadjes op de kist te strooien, gooiden we modelboot-accessoires zoals blokken en takels, houten scheepsroosters en stukjes eiken- en teakhout die half in scheepsvorm waren gebogen. De stukjes kletterden op de kist terwijl op de achtergrond, op Port Phillip Bay, misthoorns weergalmden op deze druilerige dag.

Vaarwel, Piet, en tot ziens... tot we elkaar weer ontmoeten.

Bets genoot van de viering van Piet's leven. Ze dacht dat het zijn verjaardagsfeest was, terwijl we zeemansliederen zongen, gedichten als 'Crossing the Bar' van Tennyson voordroegen en werk als 'Two Ships' van Henry Thoreau citeerden. Vele kerkvrienden kwamen om haar te steunen. We zongen het favoriete zeemanslied van mijn vader en ook 'How Great Thou Art'. Jarenlang keek hij elke zondagochtend naar Songs of Praise op ABC, en ik wist dat hij dat lied leuk vond en het zong in zijn schuur, wanneer niemand luisterde.

Na de begrafenis bracht ik mijn moeder naar haar nieuwe thuis in St. Laurence in Lara, op weg naar Melbourne, gelegen naast de majestueuze You Yangs-bergen. Haar kamer was comfortabel en aan de muren hingen foto's van haar ouders, broers en zussen, kinderen, kleinkinderen en vele van Piet. In St. Laurence's dementieafdeling had elke kamer een glazen vitrinekast waar bewoners dingen konden tonen die hen dierbaar waren of wat ze hadden bereikt in hun leven. Mensen die door de met tapijt beklede gang liepen, konden de tentoonstellingen bekijken en genieten van de voormalige glorie van de bewoners. In Bets' vitrinekast plaatsten we handwerk dat ze in de loop der jaren had gemaakt. Ze keek elke dag naar haar kast en aanschouwde bijna voortdurend haar muurfoto's. Tot het einde van haar leven bleef ze de namen van alle mensen op de foto's noemen.

Terwijl ik achter het stuur zat, mijmerde ik, volledig geautomatiseerd, over alles wat aan deze nieuwe overgang in ons leven voorafging. Wat zou ik in Mum's dagboek schrijven? Femke had voorgesteld om een bezoekersdagboek bij te houden, waarin we zouden opschrijven wat we hadden gedaan tijdens ons bezoek aan Bets. Het kon van alles zijn: een ritje maken in de betoverende You Yangs-bergen, genieten van koffie of lunch in het chique Waterfront in Geelong, of onze favoriete roadtrip naar de Queenscliff Yacht Club Pier, waar we zaten, koffie, latte, macchiato dronken, soms zelfgemaakt Italiaans ijs likten, praatten en genoten van het uitzicht, altijd met herinneringen in gedachten. Omdat Bets in een rolstoel zat, moest ik zorgvuldig mijn route plannen en ervoor zorgen dat er onderweg aangepaste toiletten waren, want de natuur riep vaak. Soms bezochten we het graf van Piet en Marianne op de Oost-Geelong-begraafplaats. Als het mooi weer was, namen we een thermosfles met hete koffie of chocolade mee en hielden we een picknick op het gras naast hun graven. We waren niet de enigen die picknicken op de graven; een jongeman zou zingen en gitaar spelen bij het graf van zijn moeder. We vierden de dood als slechts een andere overgang naar God weet waar, maar niettemin een overgang. Al deze activiteiten werden vastgelegd in haar dagboek en wanneer ze haar sprankeling verloor, gaven de medewerkers haar het dagboek.

Het leven met Alzheimer's is pas een probleem als mensen het als een probleem bestempelen. Piet heeft zes jaar lang voor Bets gezorgd, terwijl haar conditie geleidelijk verslechterde, totdat de dag van zijn val een einde maakte aan zijn zorg voor zijn vrouw. Op die dag ben ik bij hen komen wonen om voor hen beiden te zorgen. Zonder de hulp en aanmoediging van mijn zus zou ik dit niet hebben kunnen doen. Al snel bleek dat we een goed team waren, waarbij we voortdurend het welzijn van onze ouders bespraken. Uiteraard betrokken we Piet en Bets bij elke beslissing zolang ze daartoe in staat waren, hoewel we soms hun wensen moesten negeren.

In zijn parkinsonstaat werd Piet erg zuinig met geld, ondanks het royale Nederlandse legerpensioen dat ze ontvingen. Elke keer als ik iets kocht, moest ik hem de bon laten zien en daarna bevroeg hij me of er geen goedkoper alternatief was, om vervolgens bijna met tegenzin het geld te geven. Dit was een verandering in zijn gedrag die we niet eerder hadden gezien. Om grip te krijgen op het huishoudbudget kreeg ik de leiding en ontving ik elke twee weken €250 om hun boodschappen te doen. Ik koos ervoor om geen mantelzorgtoelage te accepteren, omdat ik zelf voldoende inkomen had. Mijn zus nam alle praktische zaken op zich waar ik geen ervaring mee had.

We beseften dat het leven uit verschillende overgangen bestaat en dat leven met Alzheimer's en Parkinson's gewoonweg onderdeel waren van die overgangen. Het was niet verdrietig, maar het maakte ons ook niet blij. We waren vastbesloten om het beste ervan te maken - en dat deden we ook. Zelfs in hun afnemende geestelijke gezondheid maakten we het beste van elke situatie en lachten we veel meer dan dat we huilden.

Elke dag waren er kostbare momenten van gezelligheid tijdens het koffie- en theedrinken. Er was gelach, muziek en voordrachten van Nederlandse poëzie door mijn vader met Parkinson, terwijl Bets in haar Alzheimer-staat meezong en gedichten en psalmen voordroeg. Het was een periode van warmte en liefde, waarin zelfs in de moeilijkste tijden de mooiste momenten ontstonden.

Piet had Bets gedurende een lange tijd geholpen met het nemen van een douche. Hij vertelde me dat het gemakkelijker was om samen te douchen en elkaar in te zepen, en dat was leuk. Hij koos haar dagelijkse kleding uit en legde het op haar bed, waarna Bets zichzelf aankleedde. Gedurende de dag stelde ze voortdurend vragen, zoals "Hoe laat is het?", "Welke dag is het?", "Komt Liz op bezoek?", "Ga je weg?", "Krijgen we bezoek?", "Moet ik vandaag mijn haar wassen?" en "Wanneer gaan we rijden?".

Om de voortdurende stroom van vragen, die ons soms tot waanzin dreven, te verminderen, maakte ik dagelijks een handgeschreven nieuwsbrief voor het gezin. Daarin stond welke dag het was, of ze haar haar moest wassen, informatie over bezoekers en belangrijke Nederlandse tv-programma's op BVN. Telkens als ze een vraag stelde, zei ik: "Het staat op je papiertje, mam, lees het alsjeblieft". Dan was ze de volgende dertig minuten bezig met het lezen van de nieuwsbrief. Meestal herhaalde dit patroon zich een paar keer per dag, waarna we klaar waren voor ons dagelijkse uitje.

Terwijl ik de voltijdse verzorger was, nam mijn zus alle papierwerk voor haar rekening: bankzaken, rekeningen betalen, contact met de thuiszorg van St. Laurence, verpleegkundigen, huishoudhulp en de Maaltijden aan Huis- service. Al deze mooie, meelevende mensen kwamen dagelijks om Bets te wassen en aan te kleden, en naarmate Piet verslechterde, zorgden ze ook voor hem.

Drie keer per week kwamen er mensen om te koken. Voor deze diensten hoefden we geen extra kosten te betalen. Ik kon nooit begrijpen waarom mensen klaagden; misschien waren mijn zus en ik goed in het opkomen voor onze ouders op de juiste manier. De thuisverzorgers bestonden uit verpleegkundigen die kwamen douchen en huishoudsters die kwamen schoonmaken. Omdat ik de primaire verzorger was, kreeg ik af en toe rustdagen en bezocht ik ondersteuningsgroepen voor verzorgers. Daarnaast gaf ik drie keer per week Engelse conversatielessen, waar ik mensen van over de hele wereld ontmoette. Deze lessen hielpen me om te ontspannen en mijn eigen geestelijke gezondheid te bewaren.

Het was tijd geworden voor Bets om in de dementieafdeling van St Laurence te gaan wonen. De overheid had dit nieuwe complex van drie miljoen dollar speciaal gebouwd en ingericht voor mensen die aan dementie lijden. Ik ben nog steeds verbaasd hoe moeiteloos alles verliep; er was genoeg ruimte en plaats voor Bets, er waren geen wachtlijsten en het personeel was zeer behulpzaam en professioneel. Er waren geen problemen met Mama; zij dacht dat dit gewoon weer een uitje met haar dochter was. Alles speelde zich af in het moment, alleen het verleden kon helder worden herinnerd en haar verleden was goed, heel goed. Er waren mensen om haar heen en ze genoot van sociaal contact. Liz zorgde ervoor dat Bets altijd nette kleding en mooie accessoires droeg om onze moeder's aanwezigheid te benadrukken en haar waardigheid te behouden. Elke week werd haar haar gekapt en haar voeten verzorgd; ik vond het heerlijk om haar te bezoeken, ze zag er prachtig uit, net als alle andere bewoners. We kunnen het personeel en de faciliteiten niet genoeg prijzen en zijn hen eeuwig dankbaar voor de zorg en liefde die ze bieden aan zoveel mensen met dementie.

Er waren constant activiteiten: muziek in de muziekkamer, oude films; er was een dierenboerderij op het terrein en Bets voerde de eenden, geiten en schapen of aaide een van de katten. Vaak zat ze in de serre, vol met prachtige planten die vrijwilligers uit de Lara-gemeenschap onderhielden. Deze vrijwilligers gaven ook danslessen voor de bewoners. Het was zo'n gemeenschappelijke inzet van liefde dat we er allemaal in mee werden genomen. Liz, haar dochter Ebony en schoondochter Femke organiseerden de kerstoptredens van Bets' zes achterkleinkinderen en deelden cadeautjes uit, meestal kleine doosjes Belgische chocolade die ik speciaal had ingepakt dit waren cadeaus van Bets. Ongeacht de gemoedstoestand van de bewoners, als peuters en jonge kinderen optraden, glimlachte iedereen en wilde iedereen handen schudden en de haren van de kinderen aanraken terwijl ze de ingepakte chocolaatjes aannamen. Liz en ik bezochten Bets zo vaak als we konden, wat betekende dat ze minstens drie bezoeken per week kreeg; deze bezoeken waren geen snelle bezoekjes, maar duurden meestal enkele uren. Vlak voor Kerstmis 2013 werd Bets naar het Geelong Hospital gebracht met een geïnfecteerde galblaas; de artsen gaven ons twee keuzes: de galblaas verwijderen, wat betekende dat Bets onder narcose moest worden gebracht, wat negatieve gevolgen kan hebben voor oudere mensen met dementie, of ze kon langer in het ziekenhuis blijven en ze zouden de infectie natuurlijk wegdraineren. We kozen voor het laatste. De behandeling in het Geelong Hospital was uitstekend; de artsen, verpleegkundigen en ondersteunend personeel waren vriendelijke professionals, efficiënt. Bets werd verzorgd alsof ze hun eigen kind was.

Toch ging ze natuurlijk sterk achteruit in het ziekenhuis; ze verloor het vermogen om zichzelf te voeden en had niet langer het vertrouwen om zelfstandig te lopen. We wisten door het lezen en praten met medische professionals en verzorgers dat dit een voortgang was; het begin van het einde was begonnen. Onze familie had min of meer Daniel geadopteerd, een jonge Indonesische vriend uit Sumatra waar Piet bijzonder dol op was, omdat Daniel hem herinnerde aan zijn tijd bij de Nederlandse strijdkrachten in Indonesië. Ze brachten veel gelukkige momenten door met praten en Indonesische liedjes zingen. Daniel waste, douchte en deed pedicures. Hetzelfde gold voor Bets - ze had een voorkeur ontwikkeld voor Daniel, vooral vanwege zijn kinderlijke karakter, dat kenmerkend is voor het Batak-volk uit Indonesië. Daniel, een verpleegkundige en verzorger zelf, bezocht Bets maandenlang elke dag.

Daniel, een verpleger en verzorger zelf, ontwikkelde een voorliefde voor Daniel, vooral vanwege zijn kinderlijke karakter dat kenmerkend is voor de Batak-bevolking uit Indonesië. Hij bezocht Bets elke dag gedurende maanden. Twee dagen voor haar overlijden pakte ze Daniel's gezicht vast en zei: 'Daniel, ik hou van je.' Zelden heb ik zo'n grote glimlach gezien als die van Daniel; dit betekende alles voor hem. Bets was zo vriendelijk en vriendelijk tegen iedereen die haar naderde; ze riep en begroette hen vrolijk. Telkens wanneer ik haar zag, vertelde ze me dat ze van me hield, net als van Liz en al haar kleinkinderen en achterkleinkinderen; ze was dol op baby's. Naarmate het einde naderde, zat ik gewoon bij haar, hield ik haar hand vast, zong ik en keek ik naar Andre Rieu of de Gaither Homecoming-gospelgroep. Moeder Bets verslechterde snel. Ze herkende niet meer wie we waren; ze riep me of Liz en we waren er, maar tevergeefs, er was simpelweg geen trooster. Ze was bang om alleen te zijn en werd gekweld. Ik werd even boos; hier hebben we deze levenslange godvruchtige vrouw van geloof, en vlak voor haar dood was ze eenzaam, bang en in een geestelijke vreselijke pijn.

Dat veranderde toen ik bad. Op de een of andere manier kwam er vrede over haar als we baden. Mijn vorm van gebed met haar was gewoon normaal praten, haar in verbinding brengen met Piet en God aanspreken als een vriend. Vervolgens richtte ik me op een positieve gebeurtenis uit het verleden waarmee ze zich kon identificeren, zonder iets speciaals te vragen. We konden niet accepteren dat we voorgetrokken werden, terwijl miljoenen onschuldige kinderen werden gedood, misbruikt en gekweld. We vroegen wel om palliatieve zorg voor Bets, met een infuus van morfine dat haar geestelijke angst zou hebben verlicht, maar om ethische redenen leek dit niet mogelijk te zijn. Op een mooie, zwoele vrijdag 9 februari 2014 verzamelden naaste familieleden en vrienden zich rond het graf van vader. Moeder zou spoedig volgen en het graf voor één persoon werd er twee. Net zoals ze één waren geworden in het huwelijk, werden ze één in de dood.

We hadden deze rustplaats gekozen, met uitzicht op de baai van Port Phillip en in de verte de pieken van de You Yangs, een uitzicht dat onze ouders allebei mooi vonden. De achterkleinkinderen verzamelden zich met manden vol bloemblaadjes in de hand. Hier namen we afscheid van onze geliefde Bets. We hadden Susan Veenstra gekozen als ceremoniemeester; zij had ook de dienst voor Piet geleid. Ondanks dat ze zelf geen Nederlandse was, sprak ze de taal en begreep ze de Nederlandse gevoeligheden. Haar elegantie en stijl pasten perfect bij de gelegenheid. Ze droeg een klassieke zwarte jurk en de mooiste parels die je ooit had gezien. Ze bracht een boodschap die paste bij de viering van Bets' leven, waarvan het grootste deel werd verteld in Vertrek. Janik, Bets' achterkleinzoon van vier jaar oud, met blond haar en blauwe ogen die alles wat Nederlands was symboliseerden, keek in het graf terwijl hij zijn mandje met bloemblaadjes op de kist leegde en zei hardop: 'Zit de deur naar de hemel onderaan het graf?' Dit doorbrak ons verdriet. Er ging een andere deur open, er vond een andere overgang plaats. Wie zegt dat het niet waar is? Vraag het maar aan Janik.

Bets in St Laurence, zij werd nooit vergeten en hield van bezoeken van haar achterkleinkinderen, foto genomen met Kerstmis 2013, Bets overleed in februari 2014, een goed geleefd leven.

HOOFDSTUK 33

Terug in Nederland achter 22 jaar ; Een cultuurschock

Nederland was een compleet ander land in vergelijking met wat wij achterlieten in 1961, toen mijn familie aan boord ging van de Johan van Oldenbarnevelt om zich in Australië te vestigen. De ingrijpende veranderingen en vooruitgang, en soms zelfs achteruitgang, zoals de zorg en de woningnood die zich sindsdien in de Nederlandse samenleving hebben voltrokken, vormden een rijke achtergrond voor de personages in mijn verhaal.

Het voelde alsof ik een hele nieuwe wereld betrad, waarbij ik fascinerende nieuwe sociale gebruiken en taaleigenheden tegenkwam. Maar de meest aangename verrassing was het weer. In tegenstelling tot wat vaak wordt gedacht, weerspreekt Nederland het idee van een eeuwig koud en mistroostig land.

Stel je zonnige zomerdagen voor, waar de zon genereus het land baadt in een gouden gloed gedurende maar liefst 17 uur per dag. Met zoveel zonlicht komen de Nederlandse landschappen tot leven en schilderen ze levendige taferelen die de zintuigen prikkelen. Ik werd meteen verliefd op de lange, zonovergoten dagen.

Ik ben opgegroeid met het idee dat Nederland een "koud Kikkerland" is. Nu ik na verschillende zomerbezoeken aan Nederland niet meer in de mythe geloof dat Nederland een land is van eeuwige regen en somberheid. In plaats daarvan, stel ik me nu een plek voor waar de zon het landschap verlicht met haar langdurige omhelzing, je uitnodigend om haar ongelooflijke poldercharme te verkennen en de wonderen te ontdekken die het te bieden heeft. Welkom in Nederland, waar het weer je met open armen omarmt en een schilderachtige achtergrond biedt voor een goed verblijf; dat is iets heel anders dan het koude kikkerland van weleer.

Het navigeren door de steeds veranderende Nederlandse cultuur voelde als het ontdekken van een prachtig, complex doolhof. Ik vond het fascinerend om getuige te zijn van de veranderingen in geliefde tradities zoals Sinterklaas en Zwarte Piet. Moderne Nederlanders vinden het 'cool' om op Amerikaanse wijze Halloween te vieren, en velen zijn beledigd door Zwarte Piet. Het is paradoxaal dat Zwarte Piet tegenwoordig verboden is. In plaats daarvan vieren Nederlanders nu Halloween, met bloedige gezichten, moordwapens en afgehakte ledematen. Het is maar net wat je je kinderen het liefste voorschotelt, denk ik. Ook waren er prikkelende discussies over nationale helden, zoals de Zeeuw Michiel de Ruyter. Men stelt zelfs de vraag of we de term 'Dutch Golden Age' nog steeds moeten gebruiken vanwege historische banden met gevoelige kwesties zoals slavernij. Dit onderwerp heeft de laatste tijd zeker veel aandacht gekregen.

Daarnaast zijn er levendige debatten geweest over bepaalde uitdrukkingen in de Nederlandse taal. Kun je het geloven? Woorden zoals 'jodenkoeken' en 'afrikaantjes' hebben discussies aangewakkerd over of ze herzien of misschien zelfs helemaal verwijderd moeten worden. Vaak was het nodig voor mij om heel voorzichtig te zijn bij het voeren van deze discussies, om onbedoeld geen aanstoot te geven. Soms voelde het alsof ik op eieren liep en probeerde geen enkel ei te breken!

Ik was oprecht verrast door het aantal Nederlanders dat mijn gebruik van ouderwets en beleefd Nederlands prees, compleet met zinnen als 'alstublieft' en 'dank u wel' en zonder te vloeken. Deze onverwachte reactie zette me aan het denken over de toenemende aanwezigheid van Engelse leenwoorden, of wat ze Dunglish noemen, in het Nederlandse lexicon. Het lijkt erop dat dit mengen van talen in de loop der jaren prominenter is geworden en daardoor een diepgaande invloed heeft gehad op de aard van de Nederlandse omgangstaal.

"Dunglish" zo word er geknoeid met de taal

Bijvoorbeeld, zelfs kernuitdrukkingen zoals 'Dames en heren' hebben hun voormalige algemene acceptatie verloren. Ik kon het begrijpen, het verzet tegen de Nederlandse Spoorwegen (NS) die overschakelen naar 'beste reizigers'. Immers, 'Dames en heren' was jarenlang een vast onderdeel geweest op NS-stations. De plotselinge verandering liet velen in verwarring achter, inclusief mezelf. Waarom zou zo'n lang gevestigde traditie plotseling worden veranderd?

Als Engels sprekende persoon vind ik de Amerikaans- Engelse uitdrukkingen die door Nederlanders worden gebruikt vaak amusant, omdat ze de subtiliteiten missen die deze Engelse leenwoorden met zich meebrengen. Deze observatie heeft me aan het denken gezet over de culturele verschillen in taalgebruik en communicatiestijlen. Nederlanders staan bekend om hun directheid en gebrek aan subtiliteit. Velen van hen zijn mogelijk niet bekend met het concept van subtiliteit en communiceren vaak zonder empathische nuance en toon, wat vaak overkomt als arrogant of onbeleefd. Desalniettemin heb ik al snel geleerd dat dit gebrek aan subtiliteit niet bedoeld is om bewust beledigend te zijn.

Ik merkte ook op dat het niveau van directheid minder prominent was in het gezellige Zeeuws-Vlaanderen en onder Vlaams/Nederlandstalige sprekers in België. Dit kan te wijten zijn aan het gebruik van regionale dialecten die onderscheidende woorden bevatten, waardoor de toon en manier van uitdrukken verzacht worden. Natuurlijk realiseer ik me dat de evolutie van taal een natuurlijk proces is en dat het overnemen van woorden uit andere talen diversiteit en verrijking kan brengen in elke taal.

Mijn Nederlandse vrienden legden uit dat hun directe manier van doen bekend staat als "bespreekbaarheid". Dit kan in het Engels worden vertaald als "discussability". Het verwijst naar de mate waarin een onderwerp openlijk en vrijelijk besproken kan worden zonder aarzeling of ongemak. Het impliceert de bereidheid en het vermogen om te praten over bepaalde onderwerpen, zelfs als ze gevoelig, complex of taboe zijn. Het is het creëren van een veilige ruimte waar mensen vrij hun gedachten, gevoelens, zorgen of meningen kunnen uiten over een bepaald onderwerp zonder angst voor negatieve consequenties of oordelen.

Worstelend met de complexe aard van cashloze transacties in Nederland, is een uitdagingen zijn met betrekking tot digitale betalingen.

Taal was niet het enige grote ding dat veranderd was, maar ook de basisprincipes van geld uitgeven. Dit drong snel tot me door, toen ik merkte dat het aantal fysieke banken was afgenomen en dat cash niet overal geaccepteerd werd. Maar dat is nog niet alles. Luister naar dit, zelfs mijn internationale creditcards werden niet meer overal geaccepteerd.Ik kon het niet geloven.

Ik ging naar een populaire supermarkt, Albert Heijn, en raad eens? Ze accepteerden ook geen internationale creditcards meer! Blijkbaar accepteren ze nu alleen creditcards met een Nederlandse BAN-nummer, wat ze een chipkaart noemen. In Australië hebben we iets dat BBS- nummers heet, vaak niet erkend voor betalingen doen in Nederland. Het voelt alsof ze een hele nieuwe taal spreken als het gaat om betaalmethoden!

Om het nog ingewikkelder te maken, waren de meeste bedrijven overgestapt op betalingen zonder contant geld. Zelfs het Nederlandse spoorwegsysteem accepteerde alleen contant geld in de grote steden. Het was alsof cash aan het uitsterven was! En hier was ik, met zowel de Nederlandse als Australische nationaliteit, in de veronderstelling dat ik speciaal voor mijn boekverkopen een Nederlandse bankrekening kon openen. Maar nee, de Nederlandse overheid wees mijn verzoek af. Ik veronderstelde mij was de vrijheid om je betaalmethode te kiezen een symbool van democratie. Het voelde alsof die keuzes langzaam werden afgenomen. Cash, creditcard, pinpas - het maakte niet uit. De opties werden beperkter.

Het kwam allemaal samen toen ik besloot te dineren in een restaurant in Haarlem, met de volledige intentie om te betalen met mijn Mastercard. Tot mijn verbazing werd mijn kaart geweigerd omdat deze geen BAN-nummer had. Het personeel van het restaurant legde uit dat dit nummer nodig was voor belastingmonitoring doeleinden. Teleurgesteld dacht ik dat ik dan maar op cash kon vertrouwen, maar tot mijn ontzetting accepteerde het restaurant ook geen contant geld. We stonden daar allemaal, onze schouders ophalend in verwarring. Het was een behoorlijk onverwachte wending van gebeurtenissen.Ik hebt niet betaald en was 105 € euro rijker, domme Nederlanders managers dacht ik .

Om het nog uitdagender te maken, ontdekte ik al snel dat openbare toiletten op treinstations alleen toegankelijk waren met een Nederlandse chipkaart. Helaas was mijn internationale creditcard niet compatibel met het systeem, waardoor ik gedwongen werd om een donker hoekje op het treinperron te zoeken voor wat opluchting. Het was een frustrerende en gênante beproeving die bijdroeg aan de cultuurschok waar ik mee te maken had.

Draden van Verbondenheid: Het herontdekken van familie

Terwijl ik aan mijn reis begon, kon ik niet anders dan een significante verandering in mijn familiedynamiek opmerken door de jaren heen. Het verstrijken van de tijd werd des te duidelijker door het verlies van te veel dierbare familieleden, waaronder mijn geliefde grootouders. Deze verliezen dienden als pijnlijke herinneringen aan de vergankelijkheid van het leven.

Maar te midden van deze overpeinzingen bleef een stralend baken van familiebanden over - mijn opmerkelijke tante Dolly. Met bijna honderd jaar was zij de drijvende kracht achter mijn bezoek, en ze ontstak een diep verlangen om onze familierelaties te koesteren en te versterken. Ze blijft nog steeds een inspiratie voor ons allen. Tot mijn groote spijt is tante Dolly op 15 December 2023 gestorven , rust in vreede heel lieve tante.

Tijdens mijn verblijf daar boden mijn lieve cousins Andre en Marina me genereus hun huis aan als uitvalsbasis voor drie maanden. Hun geduld kende geen grenzen en ze zorgden ervoor dat ik werd opgenomen bij familie lunches en diners. Het verbaasde me hoe ze hun leven in evenwicht brachten, gezien ze meestal op hun schip woonden en alleen thuis kwamen wanneer er geen vracht was. Hun toewijding aan familie en de inspanning die ze staken om deze verbindingen op te bouwen, lieten een blijvende indruk op me achter.

Deze veranderingen in mijn familiedynamiek en de inzet van tante Dolly en haar dochter Patricia , Andre en Marina, versterkten mijn vastberadenheid om de banden die we delen te koesteren en te versterken. Het was een reis die ons dichter bij elkaar bracht en me herinnerde aan de waarde van familie in mijn leven.

Fluisteringen uit het Verleden: Het Ontsluieren van Familiegeheimen

En ik ontdekte familiegeheimen tijdens mijn laatste bezoeken, zoals laatst deelde tante Dolly een vertederend verhaal met me. Ze vertelde me dat vader Piet behoorlijk charmant was tijdens zijn tijd als soldaat bij het Zeeland Bataljon (1-14RE), de eerste Nederlandse troepen die Hilversum, de Radiostad van Nederland, bevrijdden. Veel vrouwen, inclusief tante Dolly zelf, vielen voor zijn onweerstaanbare charme. Het was niet alleen zijn uiterlijk en charisma; het was zijn vriendelijke en gulle hart. Piet, die normaal gesproken niet rookte of alcohol dronk, ruilde zijn rantsoenen tabak en alcohol in voor Kwata Chocolade, die hij belangeloos deelde met al zijn vriendinnen in Hilversum. Tante Dolly vond uiteindelijk haar eigen liefde en trouwde met mijn geliefde oom Kees, de broer van Piet. Het getuigt van de verbindingen die worden gevormd tijdens uitdagende tijden en herinnert ons eraan dat liefde alles kan overwinnen.

Een van de reden voor mijn lang bezoek aan Nederland was om veel lange gesprekken te voeren met de 96 jarige tante Dolly , over vroeger en onze familie, zij was nog heel scherp, kon goed horen tenminste als de batterijtjes van haar gehoor apparaat niet leeg waren

Wortels Aangewakkerd: Liefde

Gedurende mijn tijd daar voelde ik me enorm dankbaar voor de liefde en acceptatie die mijn dierbare neven en nichten, inclusief tweede en derde nichten, en vrienden mij schonken. Als schrijver was ik geen onbekende aanwezigheid voor hen, dankzij mijn boeken en sociale media. De banden die ik in de loop der tijd had opgebouwd, bleken van onschatbare waarde toen ik mijn wortels wilde verdiepen en nieuwe vriendschappen wilde smeden. Onder die kostbare connecties bevonden zich veteranen die mij met open harten uitnodigden om deel te nemen aan een aangrijpende kransleggingsceremonie bij het Indiëmonument in Terneuzen. Hier wil ik Wim van der Meer en zijn vrouw Noora hartelijk bedanken voor hun gastvrijheid en de uren die we gesproken hebben over de geschiedenis en voor de introductie aan mijn andere verre familieleden. Samen brachten we eerbetoon aan de moedige Nederlandse dienstmannen en -vrouwen uit Zeeuws-Vlaanderen die hun leven hebben gegeven in de strijd tijdens de Tweede Wereldoorlog. Het was een diep emotionele ervaring, vooral toen ik mijn oom Abraham Paulusse herinnerde, die tragisch omkwam bij een KLM- vliegtuigcrash op 15 juli 1957, terwijl hij terugkeerde van zijn dienst tijdens het conflict in Nieuw-Guinea. Daarvoor had hij op eervolle wijze gediend in de Nederlandse Marine tijdens de Tweede Wereldoorlog, moedig dienend op het eerste vliegdekschip Karel Doorman en op verschillende andere schepen. Enkele fragmenten die werden teruggevonden op de plaats van de crash, bevatten een dierbare foto die geplakt zat in zijn miniatuur Nieuwe Testament.

Maar ik was dolblij om naast mijn Facebookvrienden Frans, Annelise en hun kleinzoon Ruben te zitten. Het was een eer en voorrecht om een krans te leggen ter nagedachtenis aan de gevallenen. Het zelfde weekend in Terneuzen was er ook een groot herdenkingsfestival ter nagedachtenis aan de Slag om de Schelde, met een kostprijs van 20.873 geallieerde slachtoffers, Polen, Canadezen, Britten, Fransen, Nederlanders. De Zeeuwse burgerbevolking leed meer dan 5000 doden. De Slag om de Schelde is een van de bloedigste veldslagen van de Tweede Wereldoorlog, en in heel Zeeuws- Vlaanderen zijn er monumenten in alle steden en dorpen en worden er het hele jaar door herdenkingsdiensten gehouden. Voor mij waren al deze momenten aangrijpend, niet alleen het herstellen van lang verloren familieleden die me als familie accepteerden, maar ook mijn plaats in de geschiedenis en het erfgoed, behorend tot een stam als het ware en het ontdekken van mijn wortels.

Met zorg geleid door de Hartverwarmende Geest: Een Reis van Gulheid, Vriendschap en Culturele Onderdompeling in Nederland.

Ik was diep geroerd door de buitengewone gulheid die ik ervoer van Nederlanders tijdens mijn verkenningen. Vrienden zoals Margareth en Frans namen me mee door adembenemende polderlandschappen, het vredige natuurreservaat Biesbosch, en ook naar het sombere concentratiekamp Vught. Gerrie, een nieuwe vriend, gaf mij een rondleiding door de oude forten die overblijfselen zijn van de tachtigjarige oorlog van de Nederlandse onafhankelijkheid in Zeeuws-Vlaanderen. Het aanschouwen van de opmerkelijke landbouwprestaties van zeer productieve boeren, vooral diegenen die gespecialiseerd zijn in vlasbouw en het creëren van fijn linnen, was een waar voorrecht. Daarnaast had ik de eer om met mijn neef Ewit Tanis de rijke culturele mozaïek te ervaren door het bezoeken van indrukwekkende musea zoals het MAS - Museum aan de Stroom en het Red Star Line Museum. Ook was ik vereerd deel te nemen aan een Nederlandse documentaire over mijn Joodse vrienden die omkwamen in de oorlog en bijna verborgen werden op het schip van mijn grootvader, de ScheldeStroom. De makers van de documentaire gebruikten een deel van mijn boek, 'Scheldestroom'."

Elke dag tijdens mijn heerlijke verblijf van drie maanden werd ik hartelijk uitgenodigd door vriendelijke mensen om samen een kopje koffie te drinken of te genieten van een heerlijke lunch. Ik had het voorrecht om vrienden te maken met Zeeuwse auteurs, waarbij we vrijelijk exemplaren van onze boeken uitwisselden. Deze ontmoetingen met gewone mensen, die buitengewone warmte uitstraalden en mij verwelkomden als familie, hebben een onuitwisbare indruk achtergelaten op mijn ziel. Ze herinnerden me aan de kracht van oprechte menselijke verbinding en de diepgaande schoonheid van het delen van momenten met mensen uit alle lagen van het leven.

Maar wat ik het meest koesterde, waren de uren lange wandelingen met mijn oude vrienden Remy en Rijer van 34 jaar geleden door de oude Hollandse bossen tussen Heemstede en Zandvoort, en de vele bezoeken aan nationale erfgoedbezienswaardigheden."

Nederland, vooral de Randstad, is niet langer het Nederland van de jaren 50, en hetzelfde geldt voor Australië.

Terwijl ik de bruisende steden in de Randstad-regio betrad, bleef de culturele schok doorklinken in al mijn zintuigen. De eens zo prominente Nederlandse cultuur leek te vervagen, vervangen door de opkomst van mondialisme samen met de uitgebreide verloedering van deze steden. De multiculturele diversiteit die naar voren kwam, was onmiskenbaar. Rotterdam, in het bijzonder, had de kenmerkende klanken van de Nederlandse taal verloren, wat me een gevoel van melancholie gaf. Echter, mijn bezoek aan Den Haag bood een ander perspectief. De stad leek versleten, herinnerend aan een verwaarloosde versie van de Bronx in New York. Aan de andere kant voldeed Amsterdam aan zijn stereotype beeld van Noord- en Zuid-Holland, hoewel ik al snel besefte dat stereotypen vaak slechts de oppervlakte raken.

De veranderende wereld van de Nederlandse samenleving door bijzondere architectuur en multiculturele landschappen te verkennen.

Maar te midden van al deze culturele veranderingen kon ik niet anders dan gefascineerd raken door de diversiteit aan architectuurstijlen, van Gerrit Rietveld tot Rem Koolhaas, om nog maar te zwijgen van Herman Hertzberger en Wim Quist, enkele van 's werelds meest gevierde architecten, goed geplande steden en de prachtig onderhouden fietspaden, parken en tuinen die de Randstad sierden.

Wat mij werkelijk boeide is hoe Australië en Nederland vergelijkbare economische verschuivingen hebben doorgemaakt. Ze zijn overgestapt van een sterke nadruk op de productie naar het omarmen van dienstverlenende economieën. Ze lijken wel twee handen op één buik, zich aanpassend aan de veranderende tijden.

Van gelijkvormigheid naar diversiteit: het transformeren van het culturele landschap van Nederland

Toen ik terugkeerde naar Nederland, was ik overweldigd door de culturele en raciale diversiteit die ik tegenkwam. Het was alsof ik in een wereldwijde smeltkroes stapte. Ik was verrast om te horen hoe Afrikaans-Nederlandse kinderen moeiteloos Nederlands spraken, terwijl ik verwachtte dat ze in het Amerikaans Engels zouden praten.

In de jaren 50 en 60, toen ik vertrok, had Nederland geen significante Afrikaanse bevolking. Mijn familie was goede vrienden met Frank Koulen, die zelf benadrukte om als neger te worden genoemd, en zo gingen we naar de Porgy en Bess club van de neger. Maar nu is het een totaal ander verhaal. Dit multiculturele tapijt omvat nu ook Turken, Marokkanen, West-Indiërs, Indo-Afrikanen en recentelijk duizenden Oekraïners. Het is een bruisend mozaïek dat diepte en rijkdom aan de Nederlandse samenleving toevoegt. Maar neger en zwarte Piet zijn nu injaag-woorden, jammer genoeg.

Australië en Nederland, twee landen die behoorlijk verschillen qua grootte en bevolkingsdichtheid. Verrassend genoeg worden beide landen als immigrantennaties beschouwd. Australië, met zijn uitgestrekte land dat zich uitstrekt tot aan de horizon, biedt voldoende ruimte voor immigranten om zich te vestigen en te gedijen. Aan de andere kant laat Nederland, met zijn 186 keer kleinere omvang dan Australië, zien dat diversiteit zelfs in compacte ruimtes kan floreren, maar niet in Ter Apel.

Wat mij het meest trof, is hoe deze landen bijdragen aan het vormgeven van de wereld om hen heen. Ze brengen beide economische verschuivingen, culturele diversiteit en technologische vooruitgang teweeg. Het is een krachtige herinnering voor mij dat diversiteit niet alleen iets is om gevierd te worden, maar ook een essentieel element is bij het vormgeven van onze samenlevingen ten goede.

Ik merkte op dat jongeren in zowel Australië als Nederland vergelijkbare kenmerken, stress en problemen vertonen die veelvoorkomend zijn in veel westerse landen. Dankzij de invloed van globalisering is er een gevoel van eenheid en verbondenheid dat ras en cultuur overstijgt. Het is alsof ze een universele taal spreken van gedeelde ervaringen en ideeën.

De Bijbel Gordel en Culturele Contrasten in Zeeland en verder

Maar hier is een interessante wending. In de Nederlandse Bijbelgordel merkte ik een uniek contrast op. Er leek minder invloed te zijn van sociale media, en deze jongeren waren meer geneigd om gesprekken aan te gaan over de Nederlandse cultuur en geschiedenis. Plaatsen zoals Zeeland straalden een gevoel van monoculturalisme uit, waar tradities en erfgoed bewaard werden, bijna als een momentopname uit het verleden. In Zeeland wonen mensen van diverse culturen die zich hebben vermengd en geassimileerd en perfect Nederlands spreken, een voorbeeld hiervan is mijn kapper in Terneuzen op het Stadhuisplein dat wordt beheerd door twee Syrische vluchtelingen. Ze zijn zo goed dat je een week van tevoren een afspraak moet maken.

Terwijl ik door de straten van Zeeland liep, kon ik niet anders dan een gevoel van gezelligheid en ordelijkheid voelen, herinnerend aan vervlogen tijden. Het was verfrissend om een gemeenschap te zien die sterk verbonden was en trots was op haar wortels. In schril contrast hiermee werd ik, toen ik Melbourne of de Randstad bezocht, altijd geconfronteerd met een andere realiteit. De aanwezigheid van talloze daklozen benadrukte de uitdagingen waarmee een grote stad te maken heeft. Het was een krachtige herinnering aan de diverse sociale landschappen die bestaan binnen verschillende regio's.

In Middelburg, de hoofdstad van Zeeland, woonde ik een fascinerend weekend van culturele evenementen bij met koren en orkesten. Het was opmerkelijk om te ontdekken dat bijna elke stad in de regio haar eigen koor heeft en vaak ook een bijbehorend orkest. Dit toonde hun diepe waardering voor kunst en maakte grote indruk op me.

Zeeuws-Vlaanderen: een betoverende hoek van Nederland die aanvoelt als een andere wereld.

Laten ik beginnen met Zeeuws-Vlaanderen, een plek die echt mijn verwachtingen overtrof. Tijdens mijn verblijf van drie maanden bij mijn neef greep ik de gelegenheid aan om me onder te dompelen in de regio. Ik heb elk hoekje en gaatje verkend, of het nu per fiets, te voet of met het openbaar vervoer was, en laat me je vertellen, de natuurlijke schoonheid van de polders benam me de adem. Het was alsof ik een serene paradijs betrad, een oase van rust te midden van de drukke wereld.

Wat Zeeuws-Vlaanderen nog fascinerender maakte, was zijn eigenheid. Het had een unieke smaak die het onderscheidde van de rest van Nederland. Ondanks dat het een van de dunstbevolkte gebieden van het land was, was het verrassend welvarend. Werkloosheid was praktisch niet aanwezig, mede dankzij grote werkgevers zoals DOW Chemical, die werk boden aan meer dan 3000 mensen. Maar het was de agrarische sector, met name de tuinbouw, die hier echt floreerde. Het zien van welvarende boeren voegde een betoverende charme toe aan de regio, waardoor er een tapijt van welvaart en natuurlijke overvloed ontstond.

Nu verleggen we onze focus naar huisvesting. Zeeuws- Vlaanderen hanteerde een andere aanpak in vergelijking met de hoogbouw die in Australië veel voorkomt. Hier stonden de huizen voornamelijk vrij en onafhankelijk op grotere percelen, wat een gevoel van ruimte en sereniteit uitstraalde. Het was een genot om de unieke architectuurstijlen te observeren en de manier waarop mensen in deze betoverende regio hun huizen omarmden.

Op weg naar Heemstede-Aardenhout, gelegen nabij de bruisende stad Haarlem. Net als Zeeuws-Vlaanderen vertoonde deze plek voornamelijk een monoculturele sfeer. Terwijl ik daar tijd doorbracht, merkte ik dat Nederlands de voertaal was en mensen elkaar hartelijk begroetten met een oprechte verbondenheid en inclusie. Het was hartverwarmend om zo'n sterke gemeenschapsgeest te zien, waar zelfs vreemden zoals ik met open armen werden verwelkomd.

Mijn ervaringen in Zeeuws-Vlaanderen en Heemstede- Aardenhout daagden mijn vooraf gevormde ideeën over Nederland uit. Ik besefte dat de iconische symbolen waarmee we Holland vaak associëren - windmolens, tulpen, klompen en de drukke straten van Amsterdam - slechts het topje van de ijsberg zijn. De ware geest van Nederland ligt in haar multiculturalisme, buitengewone culturele ervaringen, onberispelijke netheid en de diverse regio's die een harmonieuze mix laten zien van welvaart en natuurlijke pracht.

Ik zag dat de meeste Nederlanders zo lang waren, 200 cm was niets. Ik was gewoon kort met 184 cm. Hier sta ik naast mijn vriend Reijer in Heemstede waar ik te gast was bij hem en zijn man Remy. Oh, wat heb ik snel veel geleerd over de Nederlandse cultuur, politieke kwesties, literatuur, architectuur en taal, maar geen Dunglish met hen. Het was de tijd van mijn leven.

HOOFDSTUK 34

Het Onthullen van de Inspiratie van "Vertrek": Fascinerende Verhalen van Nederlandse Migranten en de Verbazingwekkende Reactie op de Eerste Editie

Wat heeft de eerste editie van 'Vertrek' teweeggebracht? Sinds het debuut in 2015 heeft 'Vertrek' een enorme impact gehad, die de interesse heeft gewekt van diverse groepen zoals lezers, immigranten, de LGBTQ+ gemeenschap, sociologen en antropologen. Opvallend is dat het zelfs wordt gebruikt als lesmateriaal in Gambia, Nigeria en Kenia, waar het een ander perspectief biedt op het leven dan het stereotiepe beeld van gemakkelijke privileges voor elke witte jongen in Europa. 'Vertrek' toont aan dat dit absoluut niet het geval is. Integendeel, het benadrukt dat alles een strijd is van vastberadenheid en doorzettingsvermogen.

Sinds de onthulling van de eerste editie van "Vertrek" in 2015 heeft het een opmerkelijke impact gemaakt. Het leek wel alsof er een schatkist aan verhalen werd geopend toen verhalen van andere families begonnen binnen te stromen. Ik kijk ernaar uit om enkele van deze ongelooflijke verhalen met je te delen. De reactie op de eerste editie van "Vertrek" heeft alle verwachtingen overtroffen. Het verkocht meer dan

10.000 exemplaren, zowel als e-book als in gedrukte vorm. Eén e-mail trok in het bijzonder mijn aandacht: die van

Wichert -jan Feenstra, ook wel bekend als Elko in "Vertrek." Hij woont momenteel in Queensland en gaat nu door het leven met de naam Vince. Hij heeft gediend als vrijwilliger bij het 5e Bataljon Infanterie tijdens de Vietnamoorlog. Het was behoorlijk ironisch, aangezien ik zelf met veel anderen was teruggekeerd naar Nederland, niet bereid om verstrikt te raken in de chaos van een Vietnamese burgeroorlog. Naast Wichert's e-mail ontving ik ook aanvullende informatie over zijn vader, Jan Feenstra. Helaas was Jan's vrouw, Annie genaamd in vertrek overleden en besloot hij een nieuw leven te beginnen in Bendigo.

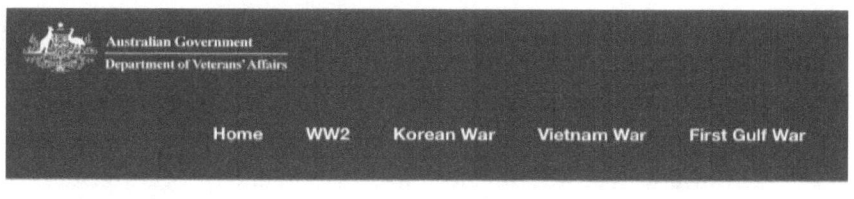

Home / Service Record

Vietnam War Service

Help ❓   About Fields ❗

Veteran Details

Name	FEENSTRA, Wicher Jan
Service	Australian Army
Service Number	313320
Date of Birth	14 Apr 1946
Place of Birth	FRIESLAND THE NETHERLANDS
Rank	Private
National Service	No
Corps	Royal Australian Infantry Corps
Honours	None for display

Unit History

Unit Name	Start Date	End Date
1 Australian Reinforcement Unit	21 Oct 1969	11 Nov 1969
5th Battalion, The Royal Australian Regiment	12 Nov 1969	09 Feb 1970

Wat me nog meer raakte, was de weerklank van "Vertrek" onder oudere Nederlandse individuen, sommigen van hen worstelend met dementie. Het lezen van het boek leek herinneringen in hen op te roepen, en ze vonden troost en verbinding via de pagina's ervan. Velen van hen vroegen om "Vertrek"-posters om die op te hangen in hun kamers, waardoor nostalgie werd opgeroepen en emoties werden losgemaakt. Het was hartverwarmend om te zien hoe dit verhaal met hen resoneerde en een gevoel van comfort bracht in hun omgeving.

Een andere ontroerende ervaring ontstond uit het verhaal over Opa Schreurs, een 70-jarige die naar Australië emigreerde om bij zijn kinderen te zijn. Hij liet zijn oude Nederlandse houten klompen achter bij mij, in de veronderstelling dat geen van zijn kleinkinderen erin geïnteresseerd zou zijn. Maar na het lezen van mijn verhaal kwamen zijn kleindochters naar voren om de gekoesterde klompen op te halen. Het hield daar niet op; zelfs kinderen van tweedegeneratie-Nederlandse migranten meldden zich en vroegen of ze wat van hun grootouders' bezittingen mochten hebben, zoals boeken, lampenkappen en Delfts Blauw aardewerk. Het was ongelooflijk bevredigend om getuige te zijn van deze herleving van familiebanden en cultureel erfgoed.

"Vertrek" heeft werkelijk verhalen, emoties en verbindingen samengebracht die generaties en continenten omspannen. Het is een ongelooflijke reis geweest om de impact van dit boek te aanschouwen en te zien hoe het de levens van zoveel mensen heeft geraakt. Hieronder enkele van deze families met wie ik in contact bent gekomen since 2015.

De Familie Uwland; Liefde, Lachen en een Erfenis: De buitengewone reis van de Familie Uwland

Ik ontving een hartverwarmende brief van Tineke Uwland nadat zij vijf exemplaren van mijn boek "Vertrek" had gekocht. Dit was ontzettend bemoedigend. Tineke noemde me liefkozend een "Polderjongen" en spoorde me aan om mijn ervaringen als migrantenjongen te blijven vastleggen. In haar brief noemde ze ook haar interesse in een onderwerp genaamd "De Veerkracht van Migrantenkinderen".

Ik ben Tineke en haar overleden echtgenoot Henk werkelijk dankbaar voor hun onwankelbare steun en aanmoediging. Ze waren pijlers van de Nederlandse gemeenschap en organiseerden belangrijke evenementen zoals de Koningin Juliana verjaardagsdansen in het St Kilda Town Hall. Deze dansen trokken in de loop der jaren duizenden mensen aan. Daarnaast speelden ze een actieve rol bij het regelen van kunsttentoonstellingen en het begeleiden van jonge schrijvers, waaronder ikzelf.

Tineke had een geweldig gevoel voor humor. Ik herinner me dat ze ooit opmerkte dat ik niet het typische Bingo of Klaverjas, oliebollen-type persoon was. We konden er allebei om lachen en beseften dat iedereen verschillende interesses en passies heeft. Het was altijd een vreugde om met haar in contact te zijn.

Laten we nu praten over het ongelooflijke liefdesverhaal van Henk en Tineke. Ze waren pas 19 en 22 jaar oud toen ze elkaar voor het eerst ontmoetten op het schip Johan van Oldenbarnevelt tijdens hun migratie met hun families. Het was werkelijk een noodlottige ontmoeting en ze werden op slag verliefd. De reis naar Australië voelde als een spannende vakantie voor hen, omdat het een geheel nieuwe ervaring was.

Ze besloten van Australië hun nieuwe thuis te maken en geloofden dat het het land van de toekomst was. Hun verwachtingen werden echter getemperd toen ze in Melbourne aankwamen. Ze werden gescheiden van het schip en vervoerd naar een migrantenkamp genaamd Bonegilla, in de buurt van Albury. Deze ervaring was met name angstaanjagend voor de oudere leden van hun gemeenschap, die zich het tragische lot van hun Joodse buren herinnerden die op treinen naar de dood werden gestuurd. Het moet een ontzettend zware tijd zijn geweest voor hen allemaal.

Na zich aan het leven in het kamp te hebben aangepast, besloot Henk's familie te verhuizen naar Barwon Heads bij Leopold, waar ik woonde, omdat ze daar wat Nederlandse vrienden hadden. Henk, een bekwaam textielingenieur, vond werk bij de Albion Woollen Mills in Geelong. Hij vond de fabriek een beetje ouderwets in vergelijking met die in Nederland. Na verloop van tijd nam hij verschillende banen aan, van het verkopen van lompen voor de Cerebral Palsy Alliance tot het worden van aardappelgroothandelaar, autoverkoper en uiteindelijk bouwer.

Wat betreft Tineke en haar familie, zij runden een melkwinkel in Elwood. Echter, het runnen van een dergelijk bedrijf was geen gemakkelijke taak. De lange uren en het harde werk eisten hun tol. Desondanks besloot de vader van Tineke zich na een week helpen bij een vriend die toiletten schoonmaakte, te wagen aan de schoonmaakbranche. Hij herkende het potentieel en begon zijn eigen schoonmaakbedrijf, waarbij enkele van zijn kinderen zich bij hem aansloten. Ze droegen dweilen, emmers en stofzuigers in trams terwijl ze van de ene klus naar de andere reisden. Het is behoorlijk opmerkelijk om je voor te stellen hoe ze al dat apparatuur hebben kunnen beheren!

Interessant genoeg dachten Henk en Tineke dat hun afscheid definitief was toen hun families het Bonegilla-kamp verlieten. Ze hadden echter geen idee dat hun paden voorbestemd waren om elkaar opnieuw te kruisen. In 1956 bezochten enkele Nederlandse vrienden Tineke in Elwood en reisden ze vervolgens naar Barwon Heads. Het was tijdens dit bezoek dat ze Henk tegenkwamen. Kun je raden wat Henk als eerste vroeg? Hij informeerde vol belangstelling of Tineke al getrouwd was. Toen hij hoorde dat ze dat niet was, verspilde hij geen tijd en pakte meteen zijn koffers voor Elwood. Dat is pas toewijding!

Na een verkering van negen maanden traden Henk en Tineke eindelijk op 23 februari 1957 in het huwelijk. Vandaag de dag zijn ze gezegend met vier kinderen en tien kleinkinderen, variërend in leeftijd van vier tot vierentwintig.

Helaas is Tineke Uwland in januari 2022 overleden, bijna 88 jaar oud. Haar vertrek laat een leegte achter en ze zal zeer gemist worden. Haar impact op de mensen om haar heen, inclusief mijzelf, zal nooit vergeten worden.

Tineke had altijd de mooie Vertek Poster op hangen, zij niet alleen het hangde bij veele

Van Oorlogsgeschonden Nederland tot groot Australisch Succes: De Onverwoestbare Geest van Annie Rijs

Ik kreeg de ongelooflijke kans om een opmerkelijk verhaal te horen van één van de kleinkinderen. Annie Rijs, de drijvende kracht achter Patties Foods, de bekende fabrikant van Patties-hapjes en Four'n Twenty pies, leidde een avontuurlijk leven.

Na de oorlog stond Annie en haar familie zware tijden te wachten in Nederland. In september 1956 namen ze de moedige beslissing om naar Australië te emigreren. Aan boord van het migrantentransportschip Sibajak begonnen ze hun reis met vijf zoons, allemaal jonger dan negen jaar, en verbazingwekkend genoeg was Annie zwanger van nog een kind!

Bij aankomst in Australië verliepen hun plannen niet zoals verwacht. Het beloofde huis werd aan iemand anders gegeven, waardoor ze genoegen moesten nemen met twee kamers in een pension in Seaford. Stel je voor dat je al die kinderen in zo'n kleine ruimte moet proppen! Desondanks waren ze dankbaar dat ze niet in een migrantenkamp zoals Bonnegilla werden geplaatst.

Annie bevond zich in een lastige situatie waarin ze de zorg voor de kinderen combineerde terwijl haar man twee banen had om de eindjes aan elkaar te knopen. Gelukkig slaagden ze er uiteindelijk in om te verhuizen naar een bungalow met twee slaapkamers in de buurt van Frankston, waar ook verschillende andere Nederlandse gezinnen woonden. Annie was bijzonder onder de indruk van een watertank van 1000 gallon die water voor het huishouden leverde, hoewel ze niet begreep waarom dit zo snel opraakte!

In Cheltenham kwam Annie op kansen om extra inkomen te verdienen. Altijd op zoek naar manieren om geld binnen te brengen, overtuigde ze Peter om 'oliebollen' te maken die ze inpakte voor hun twee oudste jongens om te verkopen op het strand van Mentone. Ze verkochten ze slim als "Hollandse fruitbeignets zonder gat". Dit bleek succesvol totdat een jaloerse kioskeigenaar hun feest probeerde te verpesten. Ongestoord zette Annie door en vond werk in een tomatensausfabriek in Mentone en zelfs in een delicatessenwinkel in Cheltenham, een baan die ze geweldig vond.

Toen Annie en Peter het advies kregen om zich in landelijke gebieden te vestigen voor immigratie- ondersteuning, verhuisden ze opnieuw naar het Victoriaanse stadje Bruthen. Dit werd hun vierde verhuizing in minder dan vier jaar. In Bruthen beheerde Annie niet alleen haar gezin, maar hielp ze ook in de bakkerij en verlichtte ze de werklast van Peter. In die tijd slaagden ze erin hun eerste auto te kopen met hulp van een lokale weldoener. Helaas raakte Annie ernstig gewond nadat ze met de auto was gecrasht en tot overmaat van ramp duurde het drie dagen voordat een interlocale oproep van haar zus in Zwitserland Peter bereikte. Wat een reeks tegenslagen!

Annie was een voorbeeld van veerkracht en vastberadenheid. Niets kon haar tegenhouden. Ze werkte onvermoeibaar en droeg bij aan het gezinsinkomen door verschillende baantjes aan te nemen, te werken in een vis- en frietkraam en zelfs een melkwinkel in Lakes Entrance. Toen Peter problemen ondervond met werk, overtuigde ze hem om Patties Cake Shop in Lakes Entrance te kopen. In augustus 1966 kwam Annie's droom uit toen ze eindelijk klanten kon bedienen in haar eigen winkel.

Het harde werk en de toewijding van Annie wierpen vruchten af en het bedrijf bloeide onder hun leiderschap. Maar Annie's energie en passie gingen verder dan alleen haar zakelijke inspanningen. Ze nam actief deel aan gemeenschapsprojecten, zamelde geld in voor het lokale zwembad en bood onderdak aan een Vietnamese familie, een van de eerste "boat people" die in Australië aankwamen. Ze speelde orgel tijdens kerkdiensten, ondersteunde goede doelen, gaf pianoles en was betrokken bij verschillende lokale muziekgroepen. Zelfs na haar pensioen kocht en verpakte ze consequent cadeautjes voor alle kinderen die deelnamen aan de Patties personeelskerstfeesten, getuigend van haar vrijgevige ziel.

Annie leefde een lang en vervuld leven, waarbij ze haar man precies 28 jaar overleefde. Ze overleed op 91-jarige leeftijd in het Domain Aged Care Facility in Bairnsdale. Haar nalatenschap van hard werken, betrokkenheid bij de gemeenschap en vriendelijkheid zal voor altijd worden gekoesterd door degenen die haar kenden. Annie was een ware inspiratie en ik voel me bevoorrecht om haar ongelooflijke verhaal uit eerste hand te hebben gehoord.

Hier word Annie gefiliciteerd door de toen Premier van Victoria John Brumby van het zestig jarige bestaan van Patties Foods

Draden van Moed: Het Onverbrekelijke Erfgoed van de Nederlandse Familie De Vries

Ik heb het voorrecht gehad om talloze verhalen van families te ontvangen, zoveel dat het onmogelijk is om ze hier allemaal te noemen. Maar hier is iets interessants dat telkens weer naar voren kwam: mensen vroegen zich af hoe de Nederlandse families sterk wisten te blijven ondanks dat veel mannen hadden gediend in het Nederlandse leger, vooral in Indonesië. Immers, oorlogservaringen kunnen littekens achterlaten, toch? Toch leken er vreemd genoeg niet veel, inclusief mijn eigen vader, uiterlijke tekenen van trauma te vertonen. Het doet je afvragen wat hen zo veerkrachtig maakte in vergelijking met veteranen die momenteel worstelen met depressie en hoge zelfmoordcijfers.

Na het publiceren van 'Vertrek' werd ik benaderd door de familie De Vries. Ze wilden het dagboek van hun moeder omzetten in een boek dat ze had geschreven voor haar kleinkinderen in het Nederlands, onder haar meisjesnaam Antonia Verboom. Haar vriend vertaalde het verhaal op gracieuze wijze, en het werd bekend als 'Een Gekleurd Doek.'

Nu is er dit gemeenschappelijke historische draadje dat door de verhalen van naoorlogse Nederlandse migranten loopt. Het is het verhaal van de economische depressie in de jaren '30, de vijf lange jaren van invasie en vernietiging door de Nazi-Duitsers en de daaropvolgende massamigratie naar de Nieuwe Wereld, waaronder Australië en Nieuw-Zeeland.

Maar laat me je vertellen, de familie De Vries had meer draden in hun verhaal. Wessel de Vries, het familiehoofd, had gediend in het Nederlands-Indische leger vóór de Tweede Wereldoorlog en belandde als Japanse krijgsgevangene in de beruchte kampen op Ambon en Hainan. En dat is niet alles - Lidy, samen met haar ouders, waren leiders en vochten actief in het Nederlandse verzet. Het is echt ongelooflijk. In de vroege jaren '50 verliet de De Vries-clan hun thuisland op zoek naar een beter leven in Australië. Maar het leek alsof tragedie altijd op de loer lag voor deze migrantenfamilie. Ze werden geconfronteerd met een bosbrand, het hartverscheurende verlies van een kind in een ongeluk - het was zwaar. Gelukkig bracht hun Australische reis hen ook zegeningen. Er kwamen nog vier kinderen ter wereld, en van een van hen bleek dat deze transgender was. Maar weet je wat? Lidy accepteerde haar kind volledig en dat kind had een speciale plek in haar hart.

Ondanks alle tegenspoed toonde deze familie immense veerkracht en een sterk werkethos. Lidy, in het bijzonder, behaalde haar graad in Sociale Wetenschappen aan de Monash University en werd maatschappelijk werker bij Dutch Care. Hun geloof in God en hun onwrikbare geloof in een betere toekomst in Australië, in combinatie met hun directheid en authenticiteit - ze hebben echt indruk op me gemaakt. En ik twijfel er niet aan dat lezers hun verhaal buitengewoon ontroerend zullen vinden.

Helaas overleed Lidy in 2016, maar niet voordat ze het ongelooflijke verhaal van haar familie en haar eigen buitengewone leven had voltooid. Haar verhaal zal voor altijd dienen als een levendig getuigenis voor haar nakomelingen.

In Australië werd zij bij haar koosnaam Lidy genoemd. Zij schreef haar dagboek in het Nederlands maar ontdekte dat geen van haar kleinkinderen Nederlands kon leren, maar haar vriendinnen sprongen ter helpend en zo kwam werd haar dagboek omgetoverd tot een ware best seller

Van Gaanderen tot Girvan: De Buitengewone Reis van Annie Verschuur en haar Nederlandse Familie in Australië

Annie Verschuur, een opmerkelijke Nederlandse vrouw, overleed in september 2015. Haar dochter Marianne, met wie ik bevriend raakte nadat ze een exemplaar van mijn boek Vertrek aan haar moeder Annie had gegeven, deelde de immigratie-ervaringen van Nederlandse families in Australië. De tweede herziene en verrijkte editie van Vertrek bevat de migratieverhalen van mijn lezers, met name de ervaringen van de grote familie Verschuur van Annie en Frank.

Annie en Frank, samen met hun hele gezin, emigreerden naar Australië in november 1958. Ze arriveerden op twee aparte Nederlandse migratieschepen, waarvan de SS Zuiderkruis er één was. Kun je het geloven? Vier families die samen deze grote stap namen!

Annie's moeder, liefkozend bekend als Oma Giesen, had het voor het zeggen in de familie. Ze besloot dat als een van haar kinderen, inclusief Annie, naar Australië wilde verhuizen, ze het allemaal samen zouden doen. Dus verhuisden ze van het charmante Nederlandse dorp Gaanderen naar Girvan in Berwick.

Na hun aankomst hadden Annie en Frank het zwaar. Binnen slechts drie maanden raakte Frank betrokken bij een vreselijk auto-ongeluk op weg naar huis van zijn werk. Het was een angstaanjagende situatie, waarbij Frank aan de kant van de weg werd gevonden met ernstig hoofdletsel en gebroken knieschijven. Hij spendeerde drie maanden in het Prince Henry-ziekenhuis voor behandeling.

Gelukkig woonden Annie en Frank in een groot oud vervallen herenhuis in Berwick, samen met Annie's moeder Oma Giesen en twee andere schoonfamilies. Ondanks hun financiële problemen wisten ze zich te redden met een koe voor melk, kippen voor eieren en zelfs een Nederlandse kostganger in huis te nemen. Ze hadden ook een grote tuin die hen in hun levensonderhoud hielp voorzien. Na twee jaar ontvingen ze een schadevergoeding van £6.000 vanwege het ongeval, wat hun geluk ten goede keerde. Met dat geld kochten ze een dubbel perceel grond en lieten ze hun eigen prachtige huis bouwen. Ze begonnen zelfs een Nederlands schoonmaakbedrijf!

Het is bitterzoet om te weten dat Frank helaas leed aan posttraumatische stress als gevolg van het ongeluk gedurende de laatste 15 jaar van zijn leven. Het is hartverscheurend wanneer gebeurtenissen zoals die zo lang blijven doorwerken op iemand. Maar de liefde en kracht van Annie en Frank kwamen tot uiting. Ze waren gezegend met vier kinderen toen ze in Australië aankwamen, maar hun familie groeide nog meer toen onverwachte tweelingen en pleegkinderen in hun leven kwamen. Uiteindelijk beseften ze dat ze een groter huis nodig hadden om hun groeiende familie te huisvesten, dus kochten ze het naastgelegen perceel grond en bouwden ze een tweede huis.

De Verschuur-familie, een grote en hechte groep, vond al snel hun plek in Australië. Ze barstten van trots toen hun dochter Kerrie als eerste in hun familie afstudeerde aan de universiteit en een carrière begon als verpleegkundige. Het was een opmerkelijke prestatie die zoveel vreugde bracht!

Net als veel Nederlandse migranten omarmden de Verschuurs naadloos de Australische cultuur en pasten ze zich aan de normen en waarden aan, zowel de prachtige als de minder goede aspecten. Vanaf het moment dat Annie in Australië aankwam, bracht ze iets werkelijk buitengewoons in hun nieuwe Australische thuis, doordrenkt met de essentie van de Nederlandse cultuur die bekend staat als "gezelligheid". En geloof me, dit verandert het alledaagse Nederlandse leven in iets werkelijk magisch.

"Gezelligheid" is veel meer dan alleen een woord; het vangt de essentie van het Nederlanders zijn. In onze snelle en vaak onpersoonlijke moderne samenleving, waarin alles losgekoppeld lijkt, biedt "gezelligheid" een heerlijk contrast. Het is alsof je in een warme omhelzing stapt, waarin alles perfect op elkaar aansluit: de sfeer, het gezelschap, het troostende eten, de verkwikkende drankjes en de gastvrije omgeving. Maar bovenal gaat het om oprechte menselijke verbinding en oprechte vriendelijkheid. Niemand wordt ooit buitengesloten in deze hartverwarmende Gezellige momenten.

Annie slaagt er met haar onmiskenbare enthousiasme in om deze sfeer van "gezelligheid" meesterlijk te creëren binnen hun Australische woning. Ze heeft op meesterlijke wijze een ruimte gecreëerd die bruisend is van warmte, inclusiviteit en een oprechte saamhorigheid voor zowel haar directe als uitgebreide familie. Stel je een scène voor waar geliefden samenkomen rond een prachtig gedekte tafel, versierd met flikkerende kaarsen die een zachte, betoverende gloed werpen op ieders gezichten. De lucht is gevuld met aanstekelijk gelach, oprechte conversaties en bedwelmende geuren van huisgemaakte lekkernijen die uit de keuken komen. Dit zijn de kostbare momenten waarin het rinkelen van glazen en oprechte toosten weerklinken, terwijl we de pure vreugde van het samenzijn vieren.

Nu is het tijd om mijn glas Advocaat te heffen op deze buitengewone familie, wiens thuis bruisend is van de eeuwige magie van "gezelligheid." Proost op de warmte die ons omarmt, de inclusiviteit die ons verbindt en de prachtige Gezellige herinneringen die we creëren wanneer we samenkomen.

Annie Verschuur met haar man en kinderen net aangekomen met het schip Zuiderkruis, vol verwachting klopt hun hart, een groot avontuur staat te wachten